CONCORRÊNCIA INTERNA

Francisco da Cruz Silva

CONCORRÊNCIA INTERNA

Como a concorrência interna trava a gestão das empresas brasileiras

© 2002 de Francisco da Cruz Silva

Direitos desta edição reservados à
AMPUB Comercial Ltda.
(Nobel é um selo editorial da AMPUB Comercial Ltda.)
Rua Pedroso Alvarenga, 1046 – 9º andar – 04531-004 – São Paulo, SP.
Fone: (11) 3706-1466 – Fax: (11) 3706-1462
e-mail: ednobel@editoranobel.com.br
Internet: www.editoranobel.com.br

Coordenação editorial: Clemente Raphael Mahl
Preparação de texto: Rafaeli Traduções e Editoração
Capa: Everson Laurindo de Paula
Composição: AGA Estúdio
Impressão: Paym Gráfica e Editora Ltda.

Dados Internacionais de Catalogação na Publicação (CIP)
(Câmara Brasileira do Livro, SP, Brasil)

Silva, Francisco da Cruz
   Concorrência interna — Como a concorrência interna trava a gestão das empresas brasileiras / Francisco da Cruz Silva. – São Paulo : Nobel, 2002.

ISBN 85-213-1221-0

   1. Administração industrial 2. Concorrência I. Título.

02-1933   CDD-658.402

Índice para catálogo sistemático:

1. Concorrência interna : Administração industrial :
   Administração de empresas   658.402

É PROIBIDA A REPRODUÇÃO

Nenhuma parte desta obra poderá ser reproduzida, copiada, transcrita ou mesmo transmitida por meios eletrônicos ou gravações, sem a permissão, por escrito, do editor. Os infratores serão punidos pela Lei nº 9.610/98.

Impresso no Brasil/*Printed in Brasil*

SUMÁRIO

Introdução	7
Parte 1. Ambiente fora da empresa	**11**
Capítulo 1. Análise do ambiente de mercado interno e externo	11
Capítulo 2. Antigo paternalismo	24
Capítulo 3. Busca da eficiência de processos	30
Capítulo 4. Busca da eficácia	35
Capítulo 5. Mercado em ebulição: a busca ao cliente	44
Capítulo 6. Como consigo competir?	56
Parte 2. Ambiente dentro da empresa	**65**
Capítulo 7. Concorrência interna estratégica	65
Capítulo 8. Concorrência interna tática ou gerencial	73
Capítulo 9. Concorrência interna operacional	108
Capítulo 10. Eliminando a concorrência interna	160
Capítulo 11. Conclusões	183

> "Clientes podem demitir todos de uma empresa, do alto executivo para baixo, simplesmente gastando seu dinheiro em algum outro lugar."
>
> *Sam Walton*

Você e sua empresa imaginam estar preparados para vencer...
E sua equipe, está?

Introdução

> "A verdade é um remédio repugnante.
> Alguns preferem ficar doentes a tomá-lo."
>
> *Auguste von Kontzebue*

A maioria das empresas brasileiras não passa dos primeiros cinqüenta anos de existência, muitas delas não chegando à maioridade de vinte e um anos. Contam-se nos dedos algumas que conseguem, a duras penas, sobreviver saudavelmente no mercado, por mais de cinqüenta anos. Se abrirmos totalmente o mercado brasileiro ao mercado internacional, sem as proteções adequadas em alguns setores, como muitos países o fazem, apesar de mais poderosos economicamente, mais da metade das nossas empresas fecham as portas, num período de, no máximo, dez anos.

Essas são verdades com as quais nos acostumamos ultimamente e as aceitamos como contingência de um destino de fracassos que parece irreversível. É como se a derrota, sendo iminente, não nos possibilitasse mais que esforços para absorvê-la, mas esticando-a por um pouco mais de tempo.

Muito se tem falado sobre o assunto; são promovidos seminários, palestras, cursos, convenções, e os anos passam, com o mesmo tema sendo objeto das mesmas dissecações, sem, no entanto, alguém se dispor a postular e interpelar a questão com mais profundidade, indo ao âmago do problema; não se pode entender como, sendo tema tão constante em tantos eventos e promoções, — **normalmente pagos por quem os assiste!** — continuemos todos a assisti-los por tão longo espaço de tempo, sem que alguém levante a voz, da platéia, e grite: — **mas, então, o que fazer? Que soluções temos? Por que ocorre isso?**

O que temos visto, normalmente, são platéias que se sensibilizam sempre com este tema, mas não temos conseguido, através dos eventos até então realizados, nenhuma conclusão de cunho mais prático, que possa realmente levar o assistente a uma reflexão mais realista e profunda sobre o assunto, de modo a conduzi-lo a determinadas alternativas de soluções que possam definir os melhores caminhos e passos a seguir.

O que temos, então?

Simplesmente, um levantar superficial de uma situação muito difícil. Aparece, simplesmente, a ponta de um imenso *iceberg*, mas ninguém se preocupa em descobrir qual o seu tamanho, qual sua origem, quais suas fraquezas, suas virtudes, como podemos destruí-lo — **se for possível!** — ou como podemos conviver com ele — **se for necessário!** Na maioria das vezes, contentamo-nos em ouvir: ouvir explicações superficiais, lamentações contra a política governamental danosa aos interesses do país e, quase sempre, **soluções** apresentadas se inserindo mais numa esperança em gestões e *lobbies* junto ao Congresso e ao Governo, ao invés de soluções mais práticas e de efeito mais mediato e duradouro, feitas pela própria classe empresarial. A maioria dos ouvintes se sensibiliza e apenas espera alguma ação governamental ou das entidades de classe empresarial. No entanto, as poucas e mediatas **soluções** apresentadas até aqui, normalmente, tiveram efeitos pirotécnicos muito bonitos, pois geraram oportunidades de aparecimento de *heróis* de momento, muito comumente alçados a isso via imprensa; mas, como aqueles, foram e são efêmeros: sua durabilidade não passou por um período de mandato, até que, com outro governo ou com outra situação, ciclicamente voltaram e voltam ainda os mesmos efeitos anteriores às políticas à primeira vista miraculosas e implementadas sob o aplauso de todos os oportunistas que se vangloriaram sempre de serem os seus mentores.

Na verdade, nossos governos primam por se dobrarem sempre à força dos *lobbies*, mesmo que uma boa política, danosa à primeira vista, contenha um objetivo de efeito mais a médio e longo prazos; não temos visto políticas de planejamento de longo prazo, em que se pense em soluções que podem não surtir efeitos agora, mas que estruturem o país para o futuro: acabamos ficando à mercê de remendos de momento, e os mesmos problemas e as mesmas conseqüências retornam.

É necessário, então, procurarmos outros caminhos que não passem por **favores governamentais**, mas que estejam ao nosso alcance, no dia-a-dia, ao alcance exclusivamente dos fatores econômicos, ao alcance apenas da geração de riquezas. E, para isso, é imprescindível que façamos um esforço de conhecermos e analisarmos mais friamente nossa própria razão de ser como sistema produtivo, como sistema de geração dessas riquezas.

O que queremos abordar de agora em diante é justamente isso, penetrando nas entranhas do problema, dissecando-o e apresentando não soluções, porque cada uma vai depender de cada caso, mas demonstrando razões, muitas vezes imperceptíveis, de toda essa catástrofe que se chama **competitividade de mercado livre ou aberto**, que nos comprime, que nos arrasa, que não nos dá fôlego para nada, que nos tira os nossos tão exigentes consumidores, não nos deixando alternativas a não ser pensar nos desastres futuros, preparando-nos para uma quebradeira monumental.

Mas vamos dissecá-lo não da forma habitual, de cima para baixo, como que escorrendo pelas laterais do *iceberg*, mas penetrando nele e tentando ir fundo em alguns erros que normalmente cometemos e, muitas vezes, não percebemos.

Não vamos tratar aqui, de temas afetos às questões de concorrência ilegal ou fraudulenta no mercado, pois são assuntos da alçada de governos e entidades de classe. Tampouco da concorrência em desigualdade de condições, pois também é assunto de exclusiva competência das entidades de classe, da classe política e do Executivo Federal. Trataremos do assunto sob o ponto de vista do que é responsabilidade apenas e somente de nossa parte, de dentro das empresas, de maneira a se conseguir nível interno para competir, às vezes até impulsiva e deslealmente, mas competir, com todas as forças de que se for capaz, mas nunca competir ilegalmente!

Em primeiro lugar, esclareço que os conceitos e teorias aqui expressos são de minha inteira responsabilidade, retirados apenas de minha percepção do dia-a-dia, em trinta anos de trabalho e observações: sim, pois nesses trinta anos que passei trabalhando, não me dediquei apenas a fazer o meu ofício com todo o denodo de que fui capaz, mas, principalmente, me dediquei também a aprender e apreender as lições da vida no dia-a-dia de cada empresa em que militei, observando tudo ao redor, desde a própria empresa, até fornecedores, produtos e serviços, clientes de grande e pequeno portes, concorrentes, etc., de modo a, se possível, poder transmiti-las a quem quiser utilizá-las.

O que procurarei transmitir a quem tiver um pouco de paciência para ler com alguma atenção e boa vontade, são alguns pensamentos de cunho muito prático, alguns comentários baseados em observações algo um pouco ligeiras, pois as mesmas conseguem nos transmitir, se e quando tivermos sensibilidade para isso, conhecimentos bem mais profundos do que aqueles que conseguimos em teorias e em bancos de escolas, e que muitas vezes mal utilizamos.

Sinto muito, no entanto, se os conceitos aqui emitidos e que, volto a repetir, são de minha inteira responsabilidade, não forem do agrado de muitas pessoas, principalmente aquelas que ainda teimam em continuar a gestão de seus negócios, de seus setores, de suas fábricas, de seus departamentos, enfim a gestão ou gerência de qualquer atividade produtiva — **é a única atividade geradora de riquezas!** — baseadas apenas nos métodos retrógrados, alienadores, arcaicos e ultrapassados com que vieram até agora.

Nada tenho contra tais métodos. Alguns deles deram certo e ainda darão, durante mais algum tempo ainda, dependendo da organização, da localização geográfica e da situação econômica da empresa em que são empregados. Porém, o mundo, a cada dia, está e estará sempre mudando, e, a cada dia, em maior velocidade, devido, principalmente, à facilidade dos meios de comunicação em transmitir as informações, em conjunto com a percepção mais rápida e cada vez mais fácil de quem está recebendo toda essa carga de informações: mesmo neste ramo, de transmissão das informações, por exemplo, a competitividade por apresentar a informação a mais fidedigna, a mais embasada e muito mais rápido do que o concorrente, serve-nos como parâmetro de como será a nossa convivência com o mundo competitivo de hoje. Os métodos a que me refiro podem ainda dar resultados, mas são resultados tão insatisfatórios, do ponto de vista de sua qualidade e de sua quantidade, que nem sequer poderiam ser avaliados em um ambiente de competitividade global; muitas vezes, no entanto, tais resultados são parametrizados dentro da empresa como boa performance.

O mundo à nossa volta está muito exigente e não aceita mais como normal todas as imposições que, às vezes, tentamos empurrar aos nossos semelhantes, por força de nosso pouco conhecimento ou de nossa pouca disposição de nos adequarmos a essa efervescência que hoje é muito natural.

Há de se levar em conta que as ciências sociais já conseguiram incutir muitas idéias novas na cabeça dos consumidores, que se tornaram bem mais exigentes que os antigos fregueses; o nível de exigência para a qualidade de vida já é muito mais alto do que cinco ou dez anos atrás, e todos temos de estar dispostos a aprender constantemente, e nos atualizarmos, se quisermos ainda compartilhar aquilo que ajudamos a construir e que hoje foge das nossas mãos: é como se tivéssemos criado uma família numerosa e daí a algum tempo, aferrados aos nossos princípios tradicionalistas e antigos, nos sentíssemos superados pelos nossos próprios filhos, que nos abandonassem em busca de suas próprias vidas, suas próprias experiências; ou, pior ainda, não sentindo esse distanciamento, ainda tentássemos, à maneira que aprendemos com nossos próprios pais, manter toda a família sob controle ou subjugada, dentro do nosso próprio território, para que continuem o que começamos, com os mesmos métodos, com os mesmos objetivos. **Muito dificilmente conseguiremos esse intento**, pois aqueles que continuarem nossos negócios, se quiserem perpetuá-lo, tenderão também a se ajustar à modernidade dos tempos, que lhes ditará sempre novos meios, novos métodos, novas oportunidades, para os quais nunca estivemos preparados.

Espero, pois, que o que adiante vai, sirva, pelo menos, para reflexão. É o meu único objetivo, sem nenhuma pretensão maior, de divagar por teorias econômicas ou por discussões acadêmicas.

Para demonstrar que a nossa incapacidade de competir está praticamente toda dentro de nós mesmos, como organizações produtivas, passamos uma primeira parte fazendo uma análise geral de nossa situação como mercado, para depois dissecar o problema dentro das próprias organizações produtivas — porque é aí que está o principal entrave à capacidade de se pensar em competir, por não ter custo compatível, por não ter qualidade compatível, por não saber atender de acordo com o que os clientes desejam.

Parte 1
Ambiente fora da empresa

CAPÍTULO 1

> "Em todas as indústrias há oportunidades ilimitadas.
> Onde há uma mente aberta há sempre uma fronteira."
>
> *Charles F. Kettering*

Análise do ambiente de mercado interno e externo

Qualquer empresa hoje com mais de dez anos teve de, obrigatoriamente, ter passado por um ambiente bastante favorável algum tempo atrás: vendas francas, pouca preocupação com o futuro de suas vendas, clientes afluindo com grande voracidade; muitas vezes, em determinadas épocas, se dispondo a pagar até ágios em busca de sua mercadoria.

Não raros são os exemplos de empresas que, nesse período, distribuíram cotas que eram mendigadas pelos clientes, disputadas em negociações árduas e lentas. Esses clientes, quando as conseguiam, num suspiro de alívio, ainda se julgavam privilegiados, na imaginação de terem superado um dos obstáculos de sua atuação no mercado, à frente de seus concorrentes mais próximos. Não foram poucas as vezes em que, num regime de negociação árdua com fornecedores, se conseguiu um pouco mais de mercadoria para abastecer as fábricas, os comércios, os empreendimentos. Como também não foram poucas as vezes em que se desdenharam clientes, tratando-os *com casca e tudo*, na certeza de que, se eles não comprassem, apareceria logo outro, que pagaria até melhor preço.

Não havia pressa nem necessidade de vender logo a produção, porque, logo adiante, se conseguiria melhor oportunidade de negócio. Os estoques podiam permanecer na estratosfera porque, em dado momento, mesmo que corrigindo os preços acima da elevada inflação, ainda assim os negócios apareciam e davam um resultado muito bom, melhor do que o que teria sido conseguido vendendo a produção em tempo certo. Não era incomum encontrar empresas abarrotadas de produtos, especulando com estoques, aguardando a oportunidade de ganhar mais em alguma venda melhor negociada.

O porquê disso acontecer?

Ora, num mercado de franco consumo, já extremamente acostumado à inflação alta, fechado à concorrência de mercado livre externo, que preocupações poderia haver, a não ser ter um controle razoável dos custos, para saber que preço de venda colocar nos produtos? Se já existia — e **ainda existe!** — um subconsumo *per capita* em todos os segmentos de mercado? Se a situação permitia vislumbrar investimentos para aumento da capacidade produtiva a qualquer custo, pois havia sempre mercado a absorver? Por que se preocupar com globalização da economia, se isso nem de longe passava pelas cabeças nos momentos de euforia?

Não era sem razão que a maioria das empresas mantinha um setor de compras muitas vezes maior e com melhores profissionais do que o setor de vendas. As negociações de compras eram sempre muito mais difíceis, porque do outro lado também existia um fornecedor com vendas francas, distribuindo mendigadas cotas e que, por qualquer motivo, principalmente pela possibilidade de aparecimento de melhor negociação com outro cliente, não entregava a cota de seu cliente já estabelecido, e o deixava na mão.

Algumas permanecem assim até hoje, embora por mais algumas outras razões também. A maior preocupação dessas instituições não consistia em ter um bom produto, em atender bem os seus clientes, em se preocupar com o controle e diminuição dos seus custos, — *lembram-se da era CIP?* — pois os clientes eram praticamente cativos; a grande preocupação era, em muitos casos, apenas com a sucessão de seus administradores, num futuro iminente, para continuar com o mesmo regime de vendas fáceis e de compras árduas.

Vivíamos orgulhosos sobre os nossos frugais triunfos, cheios de ufanismos e de pretensões globais para as quais não havia um mínimo de planejamento de longo prazo: quem não se lembra do malfadado Plano Cruzado, em 1986, quando chegamos a nos imaginar fazendo parte do seleto clube dos países de economia estabilizada, quando imaginávamos a nossa moeda sendo negociada em qualquer parte do mundo, mas quando internamente faltava de tudo, desde alimentos até mão-de-obra para a indústria? Quem não se lembra do ufanismo dos **maiores do mundo,** quando conquistamos o tricampeonato mundial de futebol, em que passaríamos a ser respeitados e reconhecidos em qualquer parte do globo? Quem não se lembra da *5ª Maior Economia do Mundo*, que depois aceitou ser a oitava e depois a décima e hoje não sabemos em que posição efetivamente aceitamos estar?

Ora, durante todos esses momentos de ufanismo nacional, com alguns periodozinhos ruins aqui e outros acolá, nunca foi necessário um esforço maior para vender, pois os clientes simplesmente compravam tudo. E tudo que por aqui mesmo se produzia, é bom lembrar. E ainda podíamos nos dar ao luxo — **cúmulo de economia fechada!** — de exportarmos produtos a preços de mercado internacional, mas completamente abaixo dos praticados no mercado nacional! Existia, até então, uma defasagem muito grande entre os preços internacionais, e os preços praticados dentro do Brasil. O que fazia com que preferíssemos abastecer o mercado nacional — com mercadorias de qualidade muito ruim! — a exportar, pois não tínhamos nem qualidade nem competitividade de preços para o fazer. Poucas empresas de bens de consumo, principalmente, conseguiam ter uma mentalidade exportadora, e estavam preparadas para essa tarefa inglória para as demais.

Pois é, o que nós temos no Brasil é uma memória muito boa para tudo que é bom, mesmo que transitório. E fazemos questão absoluta de termos sempre uma péssima memória para tudo que é ruim, mesmo que sejam lições que devamos aprender para o futuro.

Mas, até dez anos atrás, ou um pouco mais até, convivíamos com um ambiente extremamente controlado: na área política, praticamente fomos manipulados durante muito tempo, e os poucos espaços de pensamento independente que tivemos, ou foram tão poucos que não chegaram a formar uma consciência política verdadeira, ou o formaram, mas num espaço de tempo tão curto, sequer historicamente mencionado. Durante um bom período, inclusive, esses poucos pensamentos políticos foram manietados e censurados, de modo que bem poucas pessoas tiveram oportunidade de acesso a eles. Não formamos nenhuma liderança política de peso, de contextura nacional, de densidade verdadeira, de valor incontestável, nas últimas décadas. Diante disso, por um bom tempo, o cidadão comum passou a ter noção apenas do que estava em redor e muito próximo de si, absorvendo isso — e **apenas isso!** — como seu mundo interior e exterior. E tivemos noção apenas do que estava acontecendo ao nosso redor, do mercado nacional ao nosso redor, dos fatores econômicos ao nosso redor. Poucas pessoas tiveram acesso ao mundo extrínseco do mercado global.

No espaço da discussão política, o contraditório, a argumentação, as posições antagônicas, tão-somente por serem base da discussão e das negociações, são as fontes de riqueza de soluções que influenciam o campo econômico. Por isso mesmo, permanecemos, durante um espaço de tempo muito longo, com, praticamente, uma única linha de pensamento, uma única corrente de soluções, que nos era empurrada goela abaixo, como alternativa viável para nosso país, porque era originada sem nenhuma discussão mais aprofundada, sem nenhuma negociação; e o resultado simplesmente foi desastroso, pois nem sempre essas soluções foram o que de melhor poderia alicerçar o nosso futuro mediato.

Na área econômica, a rigidez através dos tempos foi sempre maior. Além de manipulados, acompanhando a área política — uma é conseqüência da outra! — quando estávamos bem naquela área, e houve algum período curto em que estivemos bem politicamente, sempre fomos vítimas dos gênios de plantão, aqueles que têm soluções miraculosas para tudo, ora fazendo o país se dobrar às suas experiências laboratoriais, ora submergidos e sucumbindo às pressões adjacentes, de *lobbies* e interesses macroeconômicos, sem nunca terem uma política consistente e viável, de alcance de médio para longo prazos.

Há que nos lembrar que, ainda hoje, num regime democrático como é o do nosso país, o autoritarismo democrático — amarras estabelecidas por acordos e *lobbies* pré e pós-eleitorais, — levam sempre a altos e baixos na região econômica, por sermos ainda muito susceptíveis a essas flutuações transitórias, por sermos uma economia muito novata, por sermos uma democracia adolescente, por não termos uma estrutura de poderes bastante definida; somos levados a pensar apenas no presente, sem um pingo de preocupação com o amanhã, quer seja nosso, ou de nossos filhos, ou de nossos netos. Nesse aspecto, **temos de sobreviver hoje!** — que já estará muito bom.

Apesar disso, a consciência política do povo tem aumentado, de poucos anos para cá, e isso faz o mundo econômico também mudar, porque ele só gira em torno de fatos políticos, e de atos políticos na essência. E com o mudar da consciência política, muda-se o ambiente político, altera-se o ambiente macroeconômico e um vai modificando o outro, e sendo modificado por conseqüência, até que, num espaço de tempo relativamente curto, se chegue à plenitude da consciência de cidadão, onde a opinião pública afeta todos os atos políticos e, por conseqüência, todos os fatores econômicos de grande monta. Tal vem acontecendo com o país, de 1988 para cá, com maior ou menor vigor, dependendo da época, mas já está acontecendo.

Antes disso, optara-se por um mercado protegido, politicamente melhor para a época, mas economicamente desastroso para o futuro. Nesse ambiente, nada mais natural que nosso sistema de produção ficasse empedernido, obsoleto, pois sempre havia mercado para os produtos mal elaborados, mal atendidos e com descontrole dos custos. Conseqüência natural desse processo político-econômico, grande parte de nossas lideranças empresariais também não evoluiu em técnicas mais modernas de administração. Ao contrário, permaneceu nos mesmos sistemas antigos que vinham dando certo até então.

Mais adiante trataremos com mais profundidade esse sistema de administração, principalmente no que concerne às relações das pessoas.

E o que víamos nos mercados mais distantes de nós, mercados esses distanciados apenas por serem afastados via proteção que se nos era imposta, que nos era dada? Simplesmente, uma evolução tecnológica imensa, uma revolução, para dizer mais apropriadamente, se bem que com seus mercados internos também fechados para outros países, em termos mundiais, mas com uma mentalidade já totalmente voltada para a concorrência externa, ou seja: de um ambiente interno protegido — **e muitos ainda estão assim até hoje!** — os nossos concorrentes — de hoje! — passaram a **projetar-se para o seu futuro,** transcendendo sua própria concorrência interna, superando-a e, depois de certo período, formando até blocos de empresas para concorrer em determinados segmentos de mercado.

Exemplo dessa guinada? Simples, basta darmos uma passada de olhos no que foi o mercado asiático há uns vinte, trinta anos, e o que é hoje! Basta nos lembrarmos do que representavam os produtos japoneses há algum tempo, e verificarmos hoje o que realmente representam, num exemplo sem igual na história da economia moderna: de sinônimo de cópias malfeitas, passaram a representar o que de melhor tecnologia existe hoje no mercado mundial! Os produtos chineses, quem não se lembra deles, dos *made in China*, nas lojas de R$1,99? Verifiquem as etiquetas de alguns produtos de alta tecnologia e vejam exatamente onde estão sendo feitos hoje: na China! Outro caso: lembram-se da derrocada dos relógios suíços de alta qualidade, trocados por japoneses de alta tecnologia? E hoje, o que aconteceu? A reviravolta total, com os suíços readquirindo sua capacidade de competir no mercado relojoeiro, com outra concepção de produto, mas relógio!

Milagre?

Pode ser, mas devemos juntar uma parcela muito grande de evolução do pensamento empresarial, esforço concentrado, vontade e, principalmente, **projeção para o futuro,** o que os fez superar todas as barreiras internas da empresa, da região e do país. O que seria, então, essa projeção? A alguns tópicos podemos nos referir:

Evolução do pensamento empresarial: deixar de se preocupar com o *modus operandi* da produção, preocupar-se com o *modus operandi* da organização como um todo; preocupar-se com resultados e a qualidade dos resultados, principalmente; oferecer todas as condições para que os resultados sejam alcançados; cobrar, quando os resultados não forem alcançados e, principalmente, analisar as razões desse não-alcance, eliminando de imediato a possibilidade da repetição dos mesmos erros; trabalhar a evolução da equipe como única forma de garantir sempre e continuamente melhores resultados; procurar sempre melhores resultados que os anteriores, como condição *sine qua non* de permanência em atividade.

Esforço concentrado: exigir o máximo de si mesmo; exigir o máximo do escalão logo abaixo; fazer com que o escalão logo abaixo exija o máximo do escalão imediato; fazer com que a organização atue como um único bloco, com um único espírito de corpo, com uma única determinação: fazer o que tem de ser feito, da melhor maneira e o mais rápido possível; não aceitar o óbvio como única solução possível.

Vontade: não desanimar perante os primeiros fracassos; colocar na cabeça, no coração e no sangue a vontade de vencer, apesar de alguns contratempos momentâneos; motivar-se e motivar os demais ao seu redor; perseguir o alcance dos objetivos mais simples, como primeira etapa e base para se alcançar um objetivo maior ainda, que exigirá muito mais esforço; ser o primeiro a chegar, mesmo que o caminho seja mais tortuoso e cheio de obstáculos do que o do concorrente; crer que, com a arma e com os equipamentos que se tem, apesar de não serem o primor dos primores, é possível se conseguir resultados bons; fazer a equipe sentir a necessidade de buscar soluções criativas para os clientes, soluções que demandem menos esforços, menores custos e maior qualidade; fazer a equipe sentir que somente com bons resultados se conseguem melhorias que são imprescindíveis no ambiente de trabalho.

A **projeção para o futuro**, como fermento de toda essa mudança de mentalidade, tem de passar a ser a mola propulsora que transmite velocidade às decisões e fazer com que, sendo o objetivo maior da organização, todos os esforços sejam positivados para aquela direção. Faz, também, com que a organização supere-se a si mesma, passando os conflitos internos a último plano de prioridade. A partir daí, realmente, a empresa passa a estar num patamar de maturidade suficiente para caminhar para onde quiser, pois todas as preocupações viram, no mínimo, segundo plano, face ao objetivo maior: **o futuro!**

Foi assim, penso eu, que houve mudança da atuação dos chamados tigres asiáticos, mormente dos japoneses, e que alteraram brutalmente toda a economia mundial, forçando a aparição de blocos econômicos para combatê-los: União Européia, Nafta, Mercosul etc. Mas, para esses países asiáticos, parece que quanto mais forte forem as economias ou bloco de economias, mais condição de concorrência têm, pois sua estrutura interna é superior, e estão completamente preparados para essa guerra. Estão preparados para o futuro e nada mais do que isso importa muito!

Mas, nessa **projeção para o futuro,** como tratar o mercado? E os clientes? E as crises? E o governo? E os concorrentes? Esses países não têm nenhum problema com governos? Não têm crises? Não têm concorrentes?

Antes de definir sua **projeção para o futuro**, nada disso pode ser preocupação, pois as empresas, ao se definirem, estarão, em alguns de seus aspectos, tratando também desses enfoques, mas como bases estrategicamente secundárias e de suporte à preocupação maior da organização. É claro que o mercado é um item preocupante, pois ninguém vive sem mercado e sem clientes. É claro que os concorrentes preocupam, pois têm estratégias todas próprias de atuação no mercado. É claro que o governo é importante, pois é o órgão regulador do processo, e não pode passar apenas disso, aí deve ser o seu limite. Mas, se não se tratar primeiramente do que é a empresa, para onde pretende ir, quando quer chegar etc. como tratar de preocupações que devem ser secundárias a partir deste enfoque? Como tratar dessas outras preocupações, se pode ocorrer de nem a empresa existir mais?

E as nossas empresas, nesse período de crescimento esplendoroso dos asiáticos, da recuperação dos suíços, como exemplos, o que estavam fazendo? Simplesmente dormindo em berço esplêndido, completamente protegidas pelo pai maior chamado Governo, que atendia a todas as suas exigências, principalmente com um cobertor grande e aquecido chamado proteção do mercado, com alguns privilégios a mais para a indústria nacional, com muitos subsídios.

E os métodos de administração? Simplesmente, eram — e ainda são, na grande maioria de nossas empresas — os mesmos de anos atrás, com raras exceções: ainda bancando privilégios internos, ainda tolerando prepotências, ainda desestimulando o desenvolvimento pessoal dos níveis mais baixos, e ainda arraigados a um sistema pesado chamado **hierarquia**, que continua teimando em continuar a razão de ser de quase toda empresa que se molda nesses métodos mais antigos. Erros de nossa administração? Sim, com base na complacência econômica que tínhamos: se tudo dava certo, para que mudar? Para que complicar as coisas?

As organizações japonesas já haviam, há muito tempo, superado todas as suas barreiras internas de administração. Lembro-me bem que, em 1973/1974, quando fazia um curso técnico no CETIQT — Rio de Janeiro, todas as ferramentas do atualizadíssimo TQC/TQM nos foram passadas, como técnicas de administração para dentro de fábrica. Naquela época os japoneses já as haviam assimilado, não só para dentro de fábrica, mas, principalmente, para o topo das organizações. Nós estávamos tentando copiar os métodos japoneses de administração interna da produção, não da administração das empresas. Os japoneses as depuraram ainda mais, e hoje as mesmas nos são repassadas como única forma de melhorarmos nosso desempenho, nos moldes dos japoneses: mas ainda tão-somente no chão de fábrica.

E por que não as utilizamos desde aquela época, nem no chão de fábrica? E por que não as utilizamos ainda hoje, e se o fazemos por que é com tanta má vontade e em tão poucos lugares? Por que um sistema de gerenciamento pela qualidade total não funciona, ou funciona muito pouco, ou só funciona em algumas empresas específicas, — **e bem!** — onde as mesmas se situam como raras exceções no mercado? Simples: porque, na maioria das empresas, não houve nem haverá a **projeção** da mesma **para o futuro** como os japoneses e os asiáticos, de uma maneira geral, fizeram. O que acontece com nosso programa de Qualidade Total dentro da grande maioria das empresas, com raras exceções, claro, não passa de uma tentativa frustrada de fazer o chão de fábrica engolir uma nova forma de pensar e de agir, sem alterar nada dos vícios e deformidades existentes na linha hierárquica superior das mesmas, ou seja: preserva-se o mesmo tipo de hierarquia, o mesmo tipo de chefias, pois empresa nenhuma quer abrir mão disso, e sequer começa uma discussão mais séria sobre o assunto, e tenta-se empurrar o programa, apenas de determinado nível para baixo. Não se consegue ainda distinguir qual vai ser o bode expiatório dos fracassos de implantação de programas de TQC nas nossas empresas. Restam-lhes, enfim, ou mudar seriamente de postura, ou começar a escolher, com pressa, quem vai *pagar o pato* muito caro, dessa vez. Se houver tempo de se procurar culpados, porque na derrota, ou na bancarrota, não há necessidade de se encontrar os culpados, pois não haverá sobreviventes.

Algumas empresas brasileiras ainda acham que, com um bom plano estratégico, estará resolvido esse problema. E continuam seu malfadado reinado de absoluta tranquilidade, não dando a devida importância para o que está acontecendo à sua volta, imaginando que ainda mantêm absolutamente tudo, principalmente sua performance interna, sob controle. Quando acordarem, nem mais existirão!

A **projeção para o futuro** não é, efetivamente, um bom plano estratégico, apenas. Este, como acontece na maioria de nossas organizações, já chega ao final de sua montagem completamente viciado, ou pela sua origem mal embasada, ou por sua formulação, fruto de apenas uma necessidade premente de se fazer alguma espécie de planejamento que será cumprido às metades. E contempla um espaço de tempo muito curto, mal chegando a três ou cinco anos, no máximo, se a conjuntura fora da empresa assim o permitir.

A **projeção para o futuro** não pode mudar, para um espaço de 10 a 20 anos, podendo chegar até a 50, dependendo do nível das pessoas que projetaram o destino da empresa. Todos os demais planos, podendo chamá-los do apelido mais útil para cada ocasião, não passam de projetos transitórios, que acabarão sendo esquecidos em alguma gaveta ou prateleira, assim que perderem sua referência de momento ou apresentarem a primeira dificuldade de execução. A **projeção para o futuro**, ao contrário, moldará a existência da organização de modo efetivo, tornando-se sua lei maior em todos os momentos, em todos os tempos, principalmente nos momentos de transtornos políticos internos, pois direcionará todos os pensamentos e moldará todas as ações, de modo a levar a organização aonde é o seu destino traçado. Mesmo as ações negativas tenderão a ser apenas uma pedra no caminho, que qualquer tratorada bem dada há de retirar com facilidade. Com a **projeção para o futuro** definida, haverá uma tendência de nem os transtornos políticos acontecerem, pois todos serão regidos por essa *lei maior*.

As pessoas de determinado escalão dentro da organização nem ficam sabendo de imediato e não devem mesmo ficar sabendo da sua **projeção para o futuro**, mas deverão ser moldados em suas condutas diárias, de modo a se chegar à consecução de resultados que, somados, vão conduzindo a empresa à consolidação daquele futuro previsto. Após algum tempo necessário para se atingir um patamar maior de maturidade, aí, sim, todos os níveis funcionais devem ficar sabendo para onde a empresa pretende ir, no seu futuro, e o que ela espera de cada pessoa, de cada nível, qual a importância de cada um deles como partes integrantes do processo de consolidação do alcance desse futuro.

Exemplos de projeção para o futuro de alguns países ou nações: a) os americanos, se arvorando como a polícia do mundo, e tudo fazendo para manter a sua influência, em qualquer parte do globo terrestre; nenhum presidente, de qualquer dos dois partidos que fosse, deixou de exercer esse princípio fundamental da política americana; b) os tigres asiáticos, como exportadores e competidores de tecnologia para qualquer mercado potencial de moeda estável; d) os americanos, como vencedores da corrida espacial, em busca de tecnologia; e) os americanos, como base da democracia política; f) os europeus, na sua ânsia de se tornarem fiscais ecológicos do mundo etc.

Um exemplo mais clássico ainda, do nosso próprio meio, embora hipotético: imagine-se um clube de futebol, de primeiro nível no ranking brasileiro; em determinada temporada, o clube resolve investir para ganhar o campeonato nacional e o faz, comprando alguns jogadores de alto nível, investindo em alguma prata da casa, contratando um bom treinador, e montando no final uma boa equipe; logo após as férias regulares, começam os treinamentos, avaliações físicas, testes etc; com um bom treinador, a equipe começa um razoável entrosamento e, apesar de alguns tropeços iniciais, começa a ganhar seus jogos e, com todos os contratempos, erros de juízes, má fase de algum jogador importante, falta de sorte, ainda assim, consegue seu intento e se transforma no campeão da temporada. Será que o time, ou essa organização exerceu a sua **projeção para o futuro**, e por isso mesmo conseguiu vencer a competição?

É claro que não! Não passou de um plano estratégico, feito para aquele período, e o time vai se tornar comum, a partir daí, com dispersão da equipe, venda ou troca de alguns jogadores, remontagem da equipe para o outro ano, dispensa do treinador, desorganização do serviço médico, troca do presidente etc.

Agora, vamos imaginar, nesse mesmo clube, uma reunião de seu Conselho Diretor, que defina, como principal objetivo da existência do mesmo: estar sempre entre os três primeiros colocados do ranking brasileiro e faturar, por ano, nada menos que algumas dezenas de milhões de dólares, entre patrocínios

19

e receitas de vendas de jogos. Isso é **projeção para o futuro**, pois definirá as estratégias anuais, de maneira a não se perder, após a primeira temporada, todo o trabalho e serviço realizado, que servirá de base e aprimoramento para o outro ano; a equipe não será desfeita, apenas alguns ajustes aqui e ali; nenhum presidente que entrar mudará totalmente os rumos do objetivo, apenas administrará o clube melhor, com o respaldo de todos; vencer a competição será apenas conseqüência da boa organização e da preparação de anos; o desafio será sempre estar nos primeiros lugares, por mais que as demais equipes melhorem, transitoriamente, num determinado ano! Isso, sim, é **projetar-se para o futuro**! Não há um limite de tempo preestabelecido!

Mas, sonhos demais, para quem vive numa situação caótica e decadente! Não somos os asiáticos, é verdade, com toda a sua disciplina. O que é bom para os asiáticos, muitas vezes não é bom para nós. E continuamos nos nossos métodos antiquados de organizar nossos negócios, sempre dependendo da mãozinha de um governo aqui, um subsidiozinho ali, uma proteçãozinha acolá, de modo a garantir todos os privilégios, inconseqüências e incompetências internas. E para que mudar, que gera tanto trabalho e tantos transtornos, adequar-se a novas formas de administração que se dizem mais modernas, democratizar a administração, chamando todos os níveis para uma participação na solução do que deve ser feito, se o que já se sabe é suficiente para fazer o pessoal de fábrica obedecer e dar os resultados que se quer — apesar de serem medíocres e terem possibilidade de serem muito melhores que os atuais? E para o que mudar, se ninguém na empresa define com clareza quais os resultados devem ser alcançados? E para o que mudar, se mudando de postura para os modernismos que querem, sejam também implantados, não irá dar certo?

Dessa maneira, até pouco tempo atrás, com o mercado cativo que tínhamos, não havia como se avaliar os resultados do tipo de gestão até então praticado, porque tudo o que se fazia era vendido com muito lucro. Até então, para que pensar em treinamento gerencial e mudança de enfoque administrativo para se buscar efetivamente melhores resultados? Os resultados que se alcançavam eram completamente suficientes! Tudo que se fazia, de qualquer maneira que fosse feito, estava correto, porque se vendia fartamente e ninguém reclamava de nada!

E o treinamento operacional, então, nem passava pela cabeça dos administradores: treinar para o que, se a mão-de-obra era farta, barata, podia se experimentar a pessoa em determinado ofício, com tempo para verificar se ela dava certo ou não? Se não desse, passava-se simplesmente o coitado para um serviço pior, e procurava-se outro, até se encontrar quem pudesse levar adiante o trabalho! Não se media produtividade alguma, pois não era necessário, uma vez que o que mais se prescindia era de as máquinas rodarem a plena carga, com eficiência alta. Produtos de segunda qualidade, esses eram vendidos até pelo mesmo preço que os de primeira qualidade; quando não, conseguiam-se preços que compensavam plenamente. Ou então se repassava os de segunda como de primeira qualidade, e os clientes aceitavam, porque seus fregueses também compravam sem reclamar, num vício sem igual em toda a cadeia econômica. Então, para que produtividade, se com o que deveria haver preocupação era apenas com um volume imenso de produção? Que qualidade que nada, seus atributos nem eram conhecidos, também os clientes mal sabiam o que queriam, não havia parâmetros suficientes para se definir nada!

Hoje, as organizações já não estão precisando mais nem de treinamento, que é o básico, que é o primário dos primários de qualquer atividade, e que quase nenhuma nem isso possui: já necessitamos urgente de **desenvolver** os funcionários, de modo que eles mesmos tenham capacidade de decidir sobre o que estão fazendo, sozinhos! Imagine-se então o atraso de quem nem treinamento básico possui em sua organização: como querer garantir produtos ou serviços de qualidade para seus clientes? Como repetir esses atributos de qualidade, em um ambiente de completa desinformação?

O pior de tudo é que não podemos tratar esta questão apenas no pretérito, pois na maioria das empresas ainda acontece isso hoje: produtos mal elaborados, fora de especificações, muitas vezes não existem nem especificações claras, lançamentos mal desenvolvidos e que acabam parando nas mãos dos clientes e lá são burilados, quando há boa vontade deles para recebê-los; setor de vendas e vendedores falando uma linguagem de promessas miraculosas para os clientes, vendendo sonhos, e as fábricas teimando em não cumprir o que foi prometido, entregando amargas realidades, ou por falta de capacidade, ou por desentrosamento com a área comercial, falando linguagem diversa daquela; vendedores que não sabem o que estão vendendo, passando informações erradas para os clientes; pedidos entregues fora das datas solicitadas e anteriormente prometidas, porque alguém prometeu sem saber dos entraves que seu atendimento tem; qualidade ruim do produto; mau atendimento aos clientes; reclamações mal processadas, dentro da empresa, sem dar retorno para o reclamante; fábricas trabalhando em dicotomia com a área de vendas e pensando somente no seu próprio ritmo de produção, fabricando somente o que é mais fácil e rápido, esquecendo-se do que é mais rentável e difícil de produzir etc.

Para essa grande maioria de empresas, apesar de pregarem o contrário, o cliente é seu maior problema, pois não passa de um chato, reclamador, por qualquer mínima coisa quer um desconto ou prorrogação de pagamento, quando não ameaça devolver a mercadoria.

Hoje, os clientes não podem mais ser tratados da mesma maneira como antigamente. Quem tiver clientes que apenas ameaçam devolver as mercadorias por qualquer problema, ainda pode por as mãos para os céus e agradecer a Deus, porque, por direito, os clientes devem é devolver mesmo, sem dar nenhuma atenção a choramingos de seus fornecedores, caso constatem que simplesmente foram enganados pelos vendedores, que lhes prometeram maravilhas e lhes entregaram o que não lhes era conveniente; ou entregaram fora do prazo avençado. Os fabricantes que tratem de se adequar a essa nova postura, principalmente treinando seus vendedores para não prometerem o que não pode ser cumprido. E treinando também suas fábricas para cumprirem o que for prometido para os clientes, sob qualquer dificuldade que houver: se já foi prometido, não é ético deixar o cliente na expectativa de receber algo que ele poderia ter comprado em outro lugar e recebido dentro de sua expectativa normal. Na verdade, o que mais se vê é a equipe de vendas prometendo uma coisa e as fábricas entregando outras, num total descaso para com os clientes, como se eles fossem a porção menos importante de todo o sistema. Não sabem as empresas que sem os clientes ninguém sobreviverá, pois são eles que transformam o produto final da empresa em **dinheiro**, com o que todo mundo é pago para trabalhar; a riqueza da organização só é permitida por aquele ente difícil chamado cliente.

O que percebemos de toda esta história de mercado atual é que as nossas empresas continuam a maltratar seus clientes, ora deixando-os esquecidos num terceiro ou quarto plano em seu nível de prioridade, ora atendendo com desleixo, porque se preocupam apenas com quem sairá vencedor desse verdadeiro engalfinhar-se entre divisões, setores e áreas dentro das próprias empresas; algumas, inclusive, por serem produtoras de bens intermediários ou insumos, nem se preocupam em verificar como seus atuais clientes estão atendendo os clientes finais dos produtos, o que seria uma boa medida para ir se prevenindo para a troca desses seus atuais clientes logo em seguida. Enquanto isso, as poucas que já acordaram para a importância de se preservar, de se motivar, de cativar e satisfazer plenamente seus clientes, e mais, de preservar, de motivar, de cativar e satisfazer plenamente os clientes de seus clientes, estão andando a alta velocidade, em busca de sua excelência como organização deste novo século, observando de cadeira as demais que ainda teimam em andar de marcha lenta, quando não estão andando de marcha a ré.

O que não se consegue entender ou admitir é algumas empresas industriais estarem tão bem por seus próprios méritos, aqui no nosso país mesmo, e a maioria estar tão mal que não se agüenta sobre suas próprias pernas. Qual a razão disso?

A resposta é simples, as que vão bem — e são poucas! — têm uma estrutura competente e ativa, partindo principalmente de seu primeiro escalão, de seu nível maior, ele que define a competência que quer de si para baixo; as que vão mal — e são a grande maioria! — têm uma estrutura incompetente, viciada e passiva, partindo principalmente de seu primeiro escalão, ele que define o nível de incompetência que tolera para baixo de si mesmo.

Conseguimos ver, com raras e saudáveis exceções, apenas discursos muito bonitos de que o cliente é o rei, de que o cliente é a razão maior da existência da empresa, de que é o cliente quem paga os salários de todos dentro da empresa. No entanto, o que conseguimos perceber também é que esses discursos, de fundamentação muito boa, não passam de discursos e boas intenções, porque normalmente quem os faz, ou não está disposto a enfrentar internamente uma avalanche de gente que não quer saber de nada, — principalmente dentro das áreas de produção e atendimento! — ou simplesmente também não quer saber de nada e repete o discurso porque é uma filosofia muito bonita e está em moda. Ainda há aqueles que querem mudar, têm intenção de mudar, têm poder para fazer as coisas acontecerem como precisam acontecer, mas as coisas simplesmente teimam em não acontecer, devido ao emaranhado de complicações internas nas áreas de produção, que eles, por desânimo ou falta de percepção, não sabem que existem; esse emaranhado interno, complicado e complacente, simplesmente trava todo o processo de mudança e adequação a uma nova realidade de mercado.

Normalmente, esses gestores bem intencionados não conseguem entender por que tanto se fala em mudança de postura voltada para a qualidade dos produtos e atendimento ao cliente, porque eles fazem tanto esforço para essa mudança, porque eles investem tanto nessa mudança, e as coisas simplesmente continuam da mesma maneira, ou seja, estão mal, e as pessoas continuam a agir como se tudo estivesse indo muito bem. Não entendem que dentro de suas fábricas, dentro de suas organizações, dentro de seus setores de trabalho, se implantou e cresceu um sistema parasitário que se chama **concorrência interna**, fazendo com que, por mais esforço que se despenda, a empresa, como um todo, não consegue vencer-se a si mesma, não consegue sair de sua letargia, movida unicamente por seus vícios e corporativismos, e então não conseguirá nunca chegar ao nível de seus melhores concorrentes, por mais esforço que faça. A imagem é a de um atleta doente, que chega sempre por último em qualquer corrida, incapaz de ser alguma ameaça aos demais atletas que chegam sempre com uma dianteira muito grande.

Isso tudo vamos ver adiante, como, de pequenos em pequenos vícios e defeitos administrativos, se vai criando um sistema que emperra a empresa, até travá-la por completo: aí, se estabelecem dois mundos completamente diferentes entre si, a administração, que às vezes até quer alguma coisa, e as demais áreas, principalmente a industrial, onde as chefias não querem e nem buscam resultados, os subordinados não precisam querê-los nem buscá-los também; apesar de podermos ver que, em alguns lugares, os operadores, como último escalão da empresa, estejam até dispostos a fazer o que é preciso ser feito, dependendo de quem tenha capacidade para liderá-los. Eles normalmente sentem a necessidade de se fazer alguma coisa para mudar, pois são a parte mais fraca do processo de deterioração, e percebem isso com muita nitidez.

CAPÍTULO 2

> "Há pessoas que crêem embaraçar aquele que sobe à tribuna, perguntando-lhe: 'Então, o que fazer?' A essas dou a resposta que me parece a mais equânime e veraz: 'Não fazer o que estais fazendo atualmente.'"
>
> *Demóstenes*

Antigo paternalismo

Em muitas empresas genuinamente brasileiras vigorava até bem pouco tempo um sistema muito peculiar de administração, principalmente nas que vinham dando certo e alcançando resultados positivos nos últimos anos: o sistema personalístico, em que uma só pessoa era a referência de toda a organização, em lugar de a referência ser a empresa como um todo. Este sistema, ainda em vigor em algumas das nossas principais organizações, foi responsável por grandes evoluções no mercado empresarial, e por alguns grandes fracassos também. Quando a empresa era de poucos acionistas, esse sistema primou por ser principalmente o responsável pela evolução e o crescimento da mesma, pois esse dono era quem exercia o poder de mando, como um imperador absoluto. Por outro lado, nas empresas de pulverização acionária, houve muito mais fracassos do que evoluções, embora se tenha de ressalvar algumas raras exceções, de sistemas semelhantes que deram certo. Ter dado certo ou não, dependeu de que empresa era, do seu estágio de evolução, e de quem estava exercendo o poder de mando.

Foi, e ainda é, em algumas organizações, um sistema baseado apenas no desempenho e na vontade e determinação de uma única pessoa no comando da empresa, fosse ela do âmbito familiar ou não: um líder ou proeminente acionista que ascendeu à posição de comando da mesma, e que a moldou, durante certo tempo, à sua pessoa, tornando-se, historicamente, o ponto de referência para qualquer outra pessoa, de dentro ou de fora da organização, quando se tratasse dela; nesse sistema, como não havia quase nada de diretrizes empresariais definidas para delimitar a atuação de seu comandante, de modo que o mesmo tivesse à sua disposição, além do seu próprio tino empresarial, necessário para o bom exercício de sua função, regras e diretrizes estratégicas bem definidas, preferiu deixar-lhe poder de discernimento e decisão em todos os âmbitos da empresa, do mais alto escalão estratégico até o mais baixo. Essa pessoa, normalmente dominadora e de personalidade forte, praticamente cercava tudo, dava notícia de tudo, cabendo a ela a decisão final sobre quase todos os assuntos: a) <u>investimentos</u>: era ela quem decidia e convencia os demais pares ou acionistas sobre o que devia ser feito, como, onde e quando devia ser feito, bem como acompanhava pessoalmente a execução de todos eles; a organização se convencia, aceitava e acatava as suas ponderações e opiniões, e não era comum haver uma outra pessoa de mesma capacidade e com o mesmo poder de decisão e discernimento para discutir em igualdade de condições; b) <u>produção</u>: era ela quem também definia o ritmo de produção e o mix de produtos; opinava e escolhia diretamente o que queria fosse feito, normalmente moldando os produtos e nível de produção à capacidade real técnica e física da estrutura existente; não assumia desenvolvimentos de novas alternativas sem antes fazer uma preparação demorada de todo o seu pessoal, por saber ser um complicador para seu *status quo* de sistema de controle pessoal; c) <u>salários</u>: era ela quem definia com rigor toda a política salarial da organização, que os gerentes descumpriam abertamente em benefício de seus apadrinhados mais próximos, porque não havia disponibilidade de controle eficaz; fazia questão de autorizar pessoalmente pequenas alterações, bem como promoções solicitadas pelos gerentes de área; fazia questão de difundir entre o seu pessoal a sua magnanimidade, concedendo-lhes as promoções, com o que os deixava mais compromissados com a pessoa dele próprio; não delegava o encargo de controle da folha de pagamento para outra pessoa, por saber o risco de descontrole geral neste assunto, principalmente entre os gerentes — imaginava ter controle absoluto!; detestava tratar o assunto salários de maneira global, pois imaginava que o nível salarial era bom e deveria continuar o mesmo, com alterações individuais ocasionais para quem fizesse por merecer; não suportava a atuação sindical e sofria muito quando cedia mais do que gostava que fosse feito para a ocasião; d) <u>vendas</u>: era ela quem decidia como distribuir a produção, onde distribuir, com que preços de venda, com que margem de lucro; achava sempre que, e agia dentro do princípio de que cumpria à área de vendas efetivá-las dentro das definições prévias que ela dera; e) <u>compras</u>: era ela quem ditava as regras de compras, sem no entanto entrar muito neste campo; achava que com um bom comprador, de confiança, que soubesse negociar bem, em nome da empresa, e que de vez em quando atrasasse as compras mais vultosas para equilibrar o fluxo de caixa, os problemas da área seriam mínimos; compras de máquinas e equipamentos e grandes negociações de serviços, principalmente por empreitadas, ela fazia pessoalmente, pois não podia confiar plenamente em outra pessoa menos capaz.

Dessa maneira, a organização, como um todo, passava a *respirar*, durante um período relativamente longo, os ditames desse líder, e os destinos da mesma eram definidos e moldados por uma única linha de pensamento, tal como uma ditadura político-personalística, onde tudo era o ditador. Não é necessário dizer que uma pessoa deste perfil se assoberbava completamente, e que essa maneira de administrar só era possível até um determinado porte de empresa.

Não são poucos os exemplos de organizações que se saíram muito bem com este sistema, pois, com sorte, conseguiram que esse seu líder realmente tivesse sido bem preparado, ou fosse uma pessoa de bom senso e dominante da situação e, na maioria dos casos, tivesse obtido, ou por força de sua posição acionária ou por consenso, ou por não terem outro melhor disponível, o apoio de toda a força política da organização, conseguindo levar a mesma posição de destaque no cenário empresarial. Há exemplos de líderes que, mesmo sem o apoio de parte de sua organização política, ainda assim conseguiram lograr êxito em seu empreendimento de levar a organização a bons resultados empresariais.

Também não são poucos os exemplos de organizações em que o líder levou-as à catástrofe, muitas vezes tendo o apoio de toda a força política das mesmas; simplesmente o mesmo não possuía as qualidades necessárias ao desempenho da posição de liderança e, de erro em erro, foi conduzindo sua empresa para baixo na ladeira. Muitas vezes, por falta de disponibilidade de um líder melhor ou por falta de coragem de substituir, ou envolvimento em demasia de determinada ala política em detrimento de outra da empresa, deixou-se de tomar as providências a tempo de salvar a organização. Na maioria das vezes os fracassos ocorreram devido, principalmente, à falta de visão empresarial do líder, que se contentou apenas em **tocar** a empresa, operacionalmente, no feijão com arroz. Normalmente, nos exemplos de fracasso, o líder não conseguiu exercer sua função plenamente, não conseguindo fazê-la andar na velocidade que seria necessária. E a concorrência em volta, e o mercado, acabaram engolindo-a, apesar de todas as proteções existentes no âmbito nacional. Outras vezes esse líder procurou tão exageradamente preservar o sistema de proteção familiar, que isso passou a ser sua razão de atuar, enquanto os resultados de sua própria empresa iam ruindo vagarosamente, sem ele perceber. Nesse aspecto, a solução era por demais dolorosa para o ambiente familiar, pois para se substituir a pessoa de liderança, ter-se-ia de substituir também em conjunto um número muito grande de parentes e apadrinhados, o que colocaria em polvorosa o ambiente de trabalho. Aí, com resultados ruins sobre resultados ruins, sem nenhuma ação corretiva mais forte, a catástrofe foi ficando inevitável.

Mesmo onde este sistema apresentou resultados, ele se moldou em determinadas características de comportamento, tanto no topo quanto na hierarquia subseqüente: a) <u>a escolha pessoal dos líderes intermediários da corporação:</u> além de definir com vigor o organograma e conseguir sua aprovação pela cúpula diretiva, o líder principal ainda se encarregava de escolher todas as demais lideranças mais expressivas dos escalões inferiores; embora em alguns casos se buscassem resultados efetivos para a empresa, mediante a escolha de pessoas mais ou menos adequadas, na maioria das vezes se buscava apenas dar um auxílio e oportunidade a pessoas mais ligadas às gerências, de modo a expressar-lhes prestígio pessoal, com isso aumentando o sistema corporativista, sem se olhar muito a capacidade individual de liderança ou a capacidade técnica de quem estava sendo nomeado; nesse ambiente, a pessoa nomeada passava a exercer apenas uma forma de representação de quem a nomeara, em nome de quem a nomeara; b) <u>a definição de um organograma que preservasse a hierarquia:</u> era normal o organograma intermediário ser definido ou ajustado em função da nomeação de determinada pessoa, que de antemão era sabidamente inadequada ou incompetente para o cargo; aí, então, com intuito de fazer as coisas andarem, se nomeava ou se armava em volta dele uma estrutura de apoio, de maneira que essa estrutura anulasse a ineficácia do nomeado para cargo de liderança; quando isso não acontecia após a nomeação, alguns desses nomeados, sentindo o peso da responsabilidade para a qual não estavam preparados, tratavam de, por si mesmos, estabelecer um *staff* não oficial que os ajudasse a exercer o seu ofício, principalmente nas áreas de produção e administrativa e, após algum tempo, solicitavam a complementação ou adequação do seu organograma, porque "aquela pessoa estava dando muito certo naquele serviço"; normalmente o pedido era prontamente atendido, sem nenhum questionamento, porque vinha sempre acompanhado da indicação de pessoa a qual já exercia o cargo e atuava na função que nem existia oficialmente; essa aceitação se baseava somente nas qualidades da pessoa indicada, em lugar de um questionamento do para que houvera o acréscimo de função; c) <u>as decisões de cunho apenas pessoal:</u> mesmo nas lideranças intermediárias, cada decisão representava apenas a questão do momento, e quanto ela iria influir positiva ou negativamente na imagem do gerente ou líder, não havendo nenhuma preocupação maior quanto a envolvimento ou correlação com o passado ou o futuro da organização; como não existia preocupação com essa correlação, tomavam-se decisões completamente diferentes umas das outras, embora sobre o mesmo assunto, em ocasiões diferentes, em lugares diferentes; cada decisão só dependia de quem estava decidindo, em nome de quem se estava decidindo e do humor de quem decidia. Isso levou, invariavelmente, a uma postura de poucas discussões, muito pouca crítica e um acobertamento de erros, com conseqüente supervalorização de acertos.

As posições hierárquicas mais abaixo dos líderes principais, como conseqüência de também serem ocupadas por **afilhados**, nem sempre tiveram oportunidade de um aprimoramento específico, pois sempre se mantiveram em atividade graças aos laços de parentescos ou de afinidade pessoal com o líder da organização; na maioria das vezes não chegavam a liderar nada, apenas ali estavam, exercendo um cargo para o qual não estavam preparados, por falta de capacidade, mas eram sempre respeitados, e a equipe trabalhava e dava resultados, mercê de uma necessidade premente de trabalho e emprego, pois, mesmo com a capacidade de produção sempre aumentando, devido ao **boom** econômico, a mão-de-obra disponível era, em princípio, a que residia nas proximidades das fábricas, ou em cidades pequenas que nasceram em função das indústrias; mas, com o passar do tempo e as crises e, principalmente com o êxodo rural e o crescimento demográfico desordenado, o emprego foi ficando mais difícil, mais disputado, por um número maior de pessoas, pois sempre havia mais mão-de-obra disponível, por mais crescimento de produção que houvesse para aquela época; havia uma disponibilidade de escolha tão grande que as organizações não se davam ao trabalho de treinar a mão-de-obra existente, pois só e apenas necessitavam ensinar o básico do ofício; as pessoas, quando não conseguiam aprender, eram simplesmente trocadas ou de emprego ou de função dentro da própria organização. Havia ainda a busca de parentes mais próximos para ocuparem as diversas funções, num modelo de recrutamento no qual se imaginava que, tendo dado certo com o pai, com os irmãos e filhos também daria certo.

Ainda dentro desse mesmo modelo, não havia uma busca de aprimoramento da mão-de-obra, no sentido de se fazer um trabalho de recrutamento mais eficaz, de maneira a pelo menos selecionar melhor, diminuindo o tempo de aprendizado. Quem decidia tudo, embora muitas vezes pelas avessas, era o líder, através de favores pessoais e definições baseadas na intuição: muitas vezes falhava, mas havia alguns acertos. E quando falhava, havia sempre um sistema que encobria tudo, pois ninguém sabia o custo dessas falhas. E pior, todo mundo, em quase todos os níveis, também cometia falhas e conseguia sempre um jeito de acobertá-las: ninguém apresentava falhas e erros de ninguém, nem os cobrava, sujeito que estava a ser cobrado pelos seus próprios.

Os métodos administrativos e gerenciais primavam por um amadorismo atroz, pois os administradores eram sempre ligados às famílias, não importando muito o nível intelectual e de competência. Sendo pertencentes ao ramo familiar, eram dotados de grandes poderes de decisão, de independência e de autoritarismo: as decisões eram tomadas pelo senso de quem geria o negócio ou a fábrica, ou setor, de modo que não havia uma linha de pensamento comum da empresa. Tudo dependia de quem era o gerente ou administrador local, que, em nome praticamente da família e dos parentes, tomava as suas decisões. Nas dúvidas, não consultava ninguém, usava seu tino administrativo, simplesmente optando por um caminho ou outro.

Na hierarquia então reinante, quase todos os níveis de média gerência eram exercidos também por parentes ou por alguém de extrema confiança, que espelhava em suas ações tão-somente cumprir com fidelidade os mandos de quem o nomeara. São bem poucos os exemplos de médios administradores que tiveram coragem de tomar decisões próprias, embasadas em bom senso e critérios menos personalistas: não havia uma orientação segura da empresa, de maneira que todas as ações e decisões fossem tomadas seguindo um critério preestabelecido. Dentro de fábrica, o gerente era o rei, e a administração superior não acompanhava de perto o que ali era feito; parte, porque os meios de comunicação eram difíceis; parte, porque também pouco entendiam do que estava acontecendo dentro de suas próprias fábricas. E sendo o gerente o rei, era quem definia e implementava todo tipo de ação, no sentido de bem representar a empresa na cidade ou no setor, fazendo o papel de padre, delegado, prefeito, juiz de paz etc.

Algumas vezes as empresas optavam por ter como seus gerentes pessoas da família que tivessem cursado alguma universidade, mas sem nenhuma relação com a atividade produtiva das mesmas. Em geral, esses recém-formados já vinham de suas escolas bem preparados, já com um nível de discernimento maior, de modo que lhes facilitava muito gerir aquela área da empresa, com muito bom senso.

Dessa maneira, podemos chamar essa fase administrativa por que passou a atividade empresarial brasileira de paternalismo muito amador, ou seja, decisões de cunho apenas pessoal, tomadas sempre por uma única pessoa, que detinha um poder enorme, frente ao qual não havia muitas barreiras. Salários, punições, admissões e demissões, promoções etc., eram assuntos da exclusiva competência do gerente local, que reportava tudo a um mandatário-mor, mas que procurava bem representar a organização, dando todo o seu esforço para fazer andar uma fábrica, mas sem muitos critérios, porque não fora preparado para isso, nem a empresa cuidara de ter um conjunto de normas que estabelecesse critérios para a atuação do mesmo.

> "Em um clima adverso, o homem, sendo obrigado a criar os seus meios para se defender, é assim obrigado a progredir. Num clima amistoso, onde se sobrevive sem esforços, ninguém é obrigado a progredir."
>
> *Ilie Gilbert*

CAPÍTULO 3
Busca da eficiência de processos

Após uma primeira fase de completo amadorismo em termos de técnicas gerenciais e posturas administrativas em todos os níveis, as nossas empresas passaram para uma segunda fase, de amadurecimento e melhoria da gestão gerencial, conseguida com investimentos nos níveis de média gerência. Isso não foi resultante de uma definição estratégica das empresas, mas muito mais porque os produtos foram se diversificando, novas tecnologias foram sendo introduzidas, se bem que já ultrapassadas em termos mundiais, ficando difícil para o gerente tradicional também conduzir tecnicamente a unidade de produção. Assim, num lampejo de maturidade e inteligência, as empresas tiveram de optar por um treinamento mais aperfeiçoado dos seus níveis intermediários, de modo que tivessem, dentro de fábrica, mas ainda seguindo um modelo de gerência sem grandes evoluções, alguém que soubesse absorver com certa facilidade os novos conhecimentos que se faziam necessários, para introdução de novos produtos e novas tecnologias.

Esses novos produtos, se é que poderiam ser hoje caracterizados como tal, o eram para a época, porque demandavam um pouco mais de treinamento para serem introduzidos no sistema de produção, ou seja, chegaram para complicar aquela rotineira fabricação de sempre a mesma coisa, simples, sem grande tecnologia.

O grande entrave da época era: como começar a introduzir esses novos produtos, se a real capacitação tanto gerencial quanto operacional mal suportava a simplicidade do que vinha sendo feito, bitolada e rotineiramente no mesmo marasmo, sem nada de preocupações com a qualidade, com a produtividade e com o controle dos desperdícios? Além disso, como absorver novas máquinas já mais desenvolvidas e automatizadas, porque o mundo já estava mudando as suas máquinas e não dispunha nem de peças de reposição daquelas antigas, e se as novas despendiam conhecimentos e treinamentos bem mais aprofundados do que aquelas que existiam e que datavam dos primórdios do início do século?

Essa época corresponde à implantação de programas nacionais de aprendizagem, tipo Senai e Senac, que se encarregaram, e muito bem, de efetuar o treinamento e a preparação desses níveis intermediários. Ainda assim, em princípio, se pode distinguir uma fase de investimentos nos próprios familiares, para em seguida abrir oportunidades a pessoas fora do ramo familiar, mas de extrema confiança dos gestores de então.

A partir desse período as empresas começaram a acordar de sua letargia secular e começaram a se normatizar, criando parâmetros para a atuação de seus gerentes, de modo que os mesmos tivessem uma linha de decisão mais coesa e mais lógica, mais voltada para os interesses dos resultados produtivos da empresa. Assim mesmo, as primeiras normas e diretrizes eram mais voltadas para as áreas administrativa e financeira, onde havia muita liberdade de atuação dos gerentes locais. Coincide também a época com o surgimento de algo que viria a ser o terror de todas as empresas, de todos os clientes após um certo tempo, e de todo o sistema produtivo que teve de se adequar, e que, a partir daí, passou a fazer parte de nossa cultura: a inflação.

Há, pois, alguma relação periódica entre o recrudescimento da inflação e a normatização então realizada nas áreas financeira e administrativa: os gerentes, que ainda detinham uma exagerada liberdade de ação em todos os campos, mal preparados que estavam para um regime inflacionário em que uma decisão mal tomada causaria um prejuízo infernal, mas de difícil mensuração imediata, passaram a ser monitorados por normas mais rígidas, que acabavam por limitar-lhes a ação; a liberdade até então vigente poderia tornar impossível a preservação das empresas em ambiente inflacionário. É que, num regime inflacionário recrudescido, o resultado das ações gerenciais, não sendo de fácil mensuração, só eram conhecidos após um certo período, através da contabilidade histórica, quando já não havia medidas corretivas; às vezes, a própria malfadada correção monetária conseguia fazer o papel de cobrir os erros gerenciais, que perduravam por mais outros períodos de contabilização. Esses erros administrativos e gerenciais acabavam por, de um lado, solapando a capacidade produtiva da empresa, beneficiar algumas pessoas; de outro lado, criando um regime de continuidade de benesses que não podiam ser cortadas muito facilmente, fazer a estagnação administrativa continuar; nalgumas empresas não se conseguia nem saber da existência desse regime de proteção paternal que só beneficiava alguns integrantes do círculo de amizade dos gerentes. Aí, os custos ficavam maiores, e os preços ficavam maiores. A produtividade ficava menor, dada a inapetência dos processos, já agora com medições mais acuradas, e os preços ficavam maiores. Os parâmetros de produção e qualidade começaram a ser medidos com mais exatidão, demonstrando toda a ineficácia dos processos. Automaticamente, toda essa ineficácia era jogada para os custos e, por conseqüência, para os preços dos produtos.

Mesmo com a introdução de normas, muitos gerentes, dada a força política que ainda detinham, continuaram a burlá-las e a exercer seu enorme poder de mando por mais tempo. Nota-se, no entanto, nesse período, uma ação corretiva das empresas, fazendo com que, com muito vagar, esses gerentes fossem sendo substituídos gradativamente, por outros mais técnicos e melhor preparados, mais domáveis e sujeitos às normas e diretrizes implantadas, embora ainda pertencentes, num primeiro momento, ao ramo familiar ou da relação de amigos mais íntimos. O que se nota nessa época é que os resultados se alteraram, mas não até o nível em que deveriam ter se alterado, devido, principalmente, à seleção malfeita na escolha de quem ia ser treinado para os níveis intermediários: salvo raras e excelentes exceções, uma grande parte dessas pessoas técnicas, principalmente as do ramo familiar, não era a mais conveniente a ser treinada, e voltou para suas empresas arrastando os mesmos vícios de parentes que já estavam acostumados a exercer seu poder de mando qual rei ou ditador.

Assim é que até hoje temos grande número de exemplos de gerentes que ainda tentam manter o mesmo estilo ditatorial, apesar de existirem normas e mais normas que lhes ditam até onde podem ir. Essa teimosia parece ser derivada ainda da origem familiar das empresas que a toleram, e é um vício histórico, que tende a permanecer ainda algum tempo, até desaparecer por completo, com muita dificuldade.

Pois bem, concomitante com a introdução de normas administrativas e financeiras, houve o retorno dos gerentes de médio escalão que estavam em treinamento, e novos conceitos de produtos e controles foram sendo introduzidos. Com algum tempo, as indústrias, que apenas funcionavam e produziam sem saber com que qualidade, com que custo, com que parâmetros, foram se dando ao luxo de saber que poderiam produzir melhor, em menos tempo, com menor custo, apesar da precariedade de dados e informações que se podia obter. Ora, em qualquer situação em que não havia controle nem acompanhamento mais eficaz, e, de uma hora para outra, se implanta um sistema de controle, por mais ínfimo que seja, começam a aparecer coisas que até então não eram preocupantes: **os erros!** E adivinhem o que aconteceu depois dessa descoberta!

Em algumas empresas os antigos gerentes foram sendo substituídos sem muito alarde, mas com maior rapidez; noutras, o que aconteceu por algum tempo foi o tolher da ação técnico-gerencial, de maneira que os erros não aparecessem. Quando algum erro ou a informação do mesmo conseguia extrapolar o limite do ambiente industrial, principalmente, onde a maioria deles sempre acontecia, uma série de ações de neutralização era encetada, de modo que a informação mudava de teor ao caminhar rumo ao primeiro escalão: curioso sistema em que os erros, por um milagre da manipulação das informações e de seus aspectos, se transformava em acertos dignos dos maiores elogios! Coincidentemente, as empresas que optaram por substituições daquele corpo gerencial com alguma rapidez são as que estão na vanguarda do mercado nos dias de hoje.

Nesse sistema familiar do exercício da gerência, com mutações para uma atitude mais técnica e embasada, com normas e diretrizes delimitando o poderio ditatorial dos gerentes e estabelecendo limites às suas ações, não foram raros e ainda não são, os exemplos de médias gerências tolhidas em sua atuação dentro da indústria, às vezes sendo preteridas em benefício de alguém muito menos competente, com o objetivo único de não deixá-las crescer na escala hierárquica, nem deixar transparecer erros e incompetências de quem era responsável pela área. Num regime desse tipo, a alta administração não conseguia perceber como havia certas manipulações tão bem-feitas, tão bem engendradas, que só lhe chegava aquilo que fora censurado, refeito várias vezes, modificado: não conseguia perceber o que realmente acontecia dentro das unidades fabris, pois só recebia informações eivadas de vícios, da maneira, quando e onde o sistema permitia.

Essa gerência da época — e ainda existem muitos que atuam dessa mesma maneira, embora consigam disfarçar melhor hoje do que antigamente! — se especializou demais em montar uma estrutura de *staff* toda pessoal, de sua estrita confiança. O fito principal era o de privilegiar toda uma turma de amigos e parentes, de modo a estabelecer um elo forte consigo, visando, principalmente, obter informações de dentro da fábrica, escondê-las quando lhe era conveniente, manipulá-las quando lhe fosse desfavorável, mas, principalmente, ser a única ligação, a porta de entrada ou de saída de qualquer informação sobre a indústria que ele geria.

Nesse sistema, de troca e favorecimento de benesses, o mais importante, mais ainda que o sistema produtivo, era a manutenção do *status quo*, do equilíbrio de erros se somando e permanecendo encobertos, de maneira a se tornar uma verdadeira confraria. Praticamente todos, e mais, e principalmente os operários, sabiam quem eram os incompetentes, mas não tinham oportunidade — **e ninguém tinha!** — de os apontar, pois dependiam de um emprego disputado por um número muito grande de mão-de-obra disponível, emprego esse cuja manutenção era da alçada exclusiva do seu chefe imediato.

Assim, num modelo de administração ou gerenciamento que podemos chamar ainda de paternalista, nunca houve — **nem haverá!** — uma única decisão gerencial baseada apenas na lógica, no bom senso, numa razão de ser de resultados para a empresa, já possíveis de serem medidos; pelo contrário, a empresa era sempre a última parte a ser considerada, apenas prevalecendo sempre a vontade do líder de exercer ou não a demonstração de sua influência, através de uma decisão que lhe parecesse, na hora, ser a de maior demonstração de seu próprio poder. Ainda assim, essa fase, pelo conhecimento mais técnico e medições dos fatores de produção, pode ser chamada de busca de melhoria desses fatores, pois algumas empresas conseguiram essas melhorias.

CAPÍTULO 4

> "Deve-se ter em mente que não há nada mais difícil de executar, nem de processo mais duvidoso, nem mais difícil de conduzir do que iniciar uma nova ordem de coisas."
>
> *Maquiavel*

Busca da eficácia

Há uma grande verdade nas grandes decisões e políticas estabelecidas no Brasil: como sempre, a gente teima em ser sempre o último a aderir, mas depois de aderir, quer ser apenas o primeiro, fazer melhor do que o melhor existente no mundo: e exatamente aí começam os nossos atropelos, as nossas imprevisões, as nossas decisões mal estudadas e mal preparadas. Normalmente teimamos em continuar sendo o mesmo país de terceiro mundo em alguns aspectos sociais e econômicos, mas com regras mais evoluídas do que a maioria dos países de primeiro mundo.

Bem, após uma fase ou algumas fases em que vigorou um sistema de gerenciamento pouco produtivo e mais voltado à atividade de sustentação política familiar ou de um círculo restrito de amigos, embora tivesse havido certa evolução em termos de normatização de certas ações nas empresas, — principalmente aquelas ações que geravam conseqüências na legislação trabalhista, resultante da Consolidação das Leis do Trabalho, de 1943, e que obrigou as empresas a se precaverem acerca dessas conseqüências, muitas vezes originadas em atitudes pessoais de seus gerentes, — a atividade gerencial extremamente paternalista e absoluta foi obrigada a evoluir para um posicionamento mais aberto e democrático; mesmo assim, havia pouca evolução técnica e tecnológica, o que permaneceu assim até há bem pouco tempo; havia, por outro lado, medições mais eficazes dos fatores de produção.

Com o advento da Segunda Guerra, principalmente após a definição de seus resultados e do loteamento promovido por seus vencedores, caracterizou-se, na verdade, uma bipolarização mundial em torno de dois sistemas econômicos que iriam estabelecer uma rivalidade entre si e que permanece até hoje, definindo ganhos de posições estratégicas para o futuro: a guerra tecnológica. Cada lado mantinha seus aliados e alinhados, que procuravam se acomodar em um dos blocos para dele tirar o máximo de proveito econômico, o que acabou por exacerbar essas duas polaridades vigorantes até poucos dias atrás, definindo claramente um mundo de tendências comunistas e um mundo de tendências capitalistas, ou um mundo mais evoluído e outro mais atrasado tecnologicamente.

Na verdade, a polarização estabelecida entre esses dois blocos distintos foi a responsável direta e indireta por todo o processo de desenvolvimento ou pelo processo de estagnação econômica das áreas sob sua influência. Assim foi que a corrida armamentista, de possíveis efeitos catastróficos para a humanidade, a corrida espacial, que fez explodir o nível tecnológico, principalmente das comunicações, o controle e a influência políticos, que determinaram mudanças e transformações sociais violentas ou não em diversas partes do globo terrestre, ora patrocinadas por um, ora por outro dos dois grandes blocos, foram objeto de constante preocupação, e cada área influenciada teve de se moldar à maior ou menor potencialidade tecnológica de seu influenciador. Exemplo disso? Simplesmente a ajuda americana à Inglaterra, na medíocre Guerra das Malvinas, onde, sem essa ajuda, este país estaria simplesmente numa dificuldade muito grande e na iminência de perder uma guerra para outro país totalmente desestruturado: os ingleses tiveram de se moldar à tecnologia americana.

Do bloco socialista, a conseqüência devido à imposição de um sistema por demais centralizado e burocrático das tomadas de decisão, foi a derrocada, em um emperramento econômico brutal, com economias extremamente dependentes do sistema-mãe, que subsidiava todas as performances negativas, apenas com o intuito de manter a dependência e a influência política: esse órgão centralizador tanto de poder econômico quanto de poder político, que arrastava seus satélites na cauda dessa dependência, era a chamada União Soviética, que serviu de modelo para todas as economias estatais do pós-guerra. Todos os países sob influência direta do sistema comunista centralizado em Moscou permaneceram num vigoroso e arcaico atraso econômico que culminou com o mesmo nível de atraso sócio-tecnológico, o que determinou a rebeldia de quase todos os participantes desse elo, a partir da década de 1980. Foi com as notícias advindas após essa rebeldia que se pôde realmente verificar a enorme distância existente entre os dois mundos, o capitalista de um lado, e o comunista de outro. Nos dias de hoje, até a China já esboça algumas reações em busca de uma abertura econômica nos moldes capitalistas, embora ainda mantendo um sistema político centralizado.

Do bloco capitalista, a partir do final da década de 1940, os americanos, principais artífices do final da guerra e da derrota do eixo alemão-japonêsitaliano, trataram de aumentar seu poder de influência mundial, através da reconstrução rápida dos países derrotados, e da criação de um estado de dependência tecnológica imposta a todos os derrotados e a todos os seus aliados capitalistas de menor expressão. Em determinados países essa dependência quase não foi e ainda não é percebida, de modo que permanece uma influência elevada, principalmente após a institucionalização do dólar americano, não mais lastreado em ouro, como padrão monetário e moeda mundial. Ao mesmo tempo em que os países eram recuperados e reconstruídos, essa dependência tecnológica era criada e introduzida virtualmente, e com a qual os americanos conseguiram sobrepujar o bloco comunista, principalmente em termos de inteligência ao explorarem economicamente seus dependentes tecnológicos, se beneficiaram e se impuseram em atividades de coordenação mundial; com isso procuravam também mostrar a seus parceiros e a seus inimigos da guerra, quão poderosos e superiores tecnologicamente estavam, que eram capazes de reconstruir todos os países destroçados, capazes de refazer todo um sistema de produção e finanças sobre os próprios escombros da guerra; se fosse preciso, no entanto, tornariam a destruir tudo, porque conseguiriam com muita tecnologia reconstruir novamente e tornar ainda maior a influência tecnológica e econômica.

Todos os aliados, principalmente os mais atrasados e mais pobres, se ressentiram dessa benevolência dos americanos para com seus antigos e maiores inimigos, Alemanha, Itália e Japão, pois os mesmos eram tratados como prioridade, ao passo que esses amigos e aliados permaneciam no mesmo patamar de estagnação e atraso, relegados a segundo plano. Derivados desse inconformismo, os países aliados de menor importância foram também aquinhoados com pequenos programas de desenvolvimento, principalmente os da América Latina, dentre os quais o Brasil. Assim é que foram criados diversos organismos de fomento ao desenvolvimento em determinadas regiões do planeta, com o objetivo específico de trabalhar o desenvolvimento tecnológico dessas regiões, de maneira a não deixar algum campo de possibilidade de se alinharem com o bloco comunista que tentava também expandir suas fronteiras: são dessa época o CEPAL, OEA, Aliança para o Progresso etc., que tiveram funções dessa natureza no continente e no Brasil.

Apesar da pouca importância desses programas em comparação com os grandes projetos estratégicos e continentais de desenvolvimento implementados na Europa e na Ásia, alguns resultados satisfatórios foram obtidos, principalmente no sentido de alerta aos empresários da época, para as mudanças mais recentes no que concernia a técnicas mais aperfeiçoadas de administração e tecnologia mais avançada de produção. Novas alternativas de produção e novos produtos foram implementados no Brasil, bem como um novo instrumento, um conceito sem o qual as indústrias não poderiam conviver dali por diante, se quisessem ter uma melhor performance para continuar em atividade: a produtividade! Não se poderia admitir mais como correta a posição gerencial de paternalismo exagerado e absurdo, que tudo admitia em vista da preservação de pessoas, sem olhar sua performance dentro da fábrica, e em detrimento da preservação da própria empresa; novas técnicas de administração, implantadas com sucesso na Europa e na Ásia, que estavam sofridas pela destruição da guerra, e cujo povo, humilhado, detinha uma condição disciplinar bastante forte e favorável para sua implantação, obtiveram resultados reconhecidamente surpreendentes, necessários a serem implementados em outros países aliados, para não transformá-los em sucatas administrativas e tecnológicas.

A única grande diferença entre a implantação dessas novas técnicas no Brasil, em relação aos demais países do pós-guerra, foi que, aqui, elas foram encontrar um terreno petrificado, uma situação de empresas totalmente familiares, de vícios gerenciais totalmente arraigados, e cuja preservação como sistema familiar e paternalista ainda era possível, devido ao atraso econômico e social então reinante: população elevada, com poucas indústrias, já algum êxodo rural colocando em disponibilidade mais mão-de-obra, subserviência generalizada, ganhos sociais, trabalhistas e previdenciários contados ainda como dádivas dos patrões. Na Europa e na Ásia, essas técnicas revolucionárias foram encontrar indústrias totalmente destruídas pela guerra, e que tiveram de partir praticamente do nada para sua reconstrução, assim mesmo com a ajuda dos americanos: ou seguiam esses novos métodos impostos pelos vencedores da guerra, que não queriam mais os mesmos sistemas patriarcais até então existentes, e que eram de fácil domínio e de manipulação das opiniões dos empregados, ou simplesmente passariam a não ter mais condição de existir. O que os vencedores, principalmente os americanos, queriam, no fundo, era uma democratização do sistema produtivo, de maneira a haver uma participação maior de todo o corpo laboral, de todos os envolvidos com a criação e manipulação de riquezas, e que se eliminasse, através desse princípio de democratização, a possibilidade de aparecimento de novos ditadores e manipuladores da opinião pública: ao invés de um ou de poucos líderes, com a democratização do sistema produtivo fatalmente se diluiria a capacidade de liderança isolada, segmentando e fragmentando esse tipo de liderança. Com a democratização no seu sistema produtivo, então imposto aos derrotados, sistema esse que deveria ser o primeiro a se recuperar do impacto da destruição, e logo a seguir espalhado pelo país como um todo, se democratizaria todo o restante por conseqüência, inclusive o sistema político, com o povo, a partir dos operários, criando maior consciência e maior responsabilidade e participação nas decisões e nos destinos futuros nacionais.

O que aconteceu na realidade foi justamente isso, e com tamanho vigor, que passou até a influir no bloco rival, de maneira a ir vagarosamente minando e chegando quase a destruir todo o sistema comunista mundial.

No Brasil, infelizmente, o terreno não estava, e pode-se dizer que ainda não está, propício a mudanças tão radicais no modo de ser e de agir das empresas: totalmente familiares, vinham dando lucros e gerando dividendos e dando certo, não foram destruídas pela guerra, não tiveram nenhuma imposição de vencedores a cumprir; havia, isso sim, muitas reivindicações a fazer aos vencedores da guerra, porque éramos aliados e alinhados. Resultado disso é que o mesmo sistema paternalista continuaria por anos a fio, embasado por um sistema econômico protecionista de mercado fechado, e somente agora, aqui e ali, apresenta algumas exceções no burilamento de novos métodos de medição de resultados e novos métodos de cobranças de resultados. O que houve de mudanças no posicionamento gerencial brasileiro nessa época foi que o mesmo passou a ter certos instrumentos mais aprimorados de cobrança, bem mais eficazes e rápidos. Alguns executivos de poucas empresas mais avançadas em termos de desenvolvimento gerencial passaram a ser treinados fora do país, adestrando-se e absorvendo rapidamente as novas técnicas recém-introduzidas no exterior.

Com a economia girando em torno dos dois grandes eixos mundiais principais, a necessidade de exportar produtos passou a ser uma das principais alternativas de mercado, principalmente levando-se em conta que os países em reconstrução não possuíam, em princípio, uma capacidade produtiva imediata. No entanto, com o passar dos anos e com o restabelecimento da normalidade da situação daqueles países, já agora com uma nova estrutura industrial muito mais aprimorada e avançada, com metodologia de gerenciamento muito mais eficaz para o novo momento, os países originariamente exportadores de matéria-prima ou de *commodities*, como o Brasil, abastecedores do mercado mundial, foram gradativamente sendo dilapidados em sua economia, tal a improdutividade de suas fábricas e da falta de qualidade de seus produtos, ainda que primários.

Aos poucos, também o mundo moderno advindo do pós-guerra e vinculado à ala capitalista dos vencedores foi aumentando o nível de exigência dos produtos e de seus meios de produção, de modo a chegar quase a descartar os produtos muito baratos, muito mal elaborados e de pouca tecnologia do bloco comunista. Sem contar que, impositivamente, todos os aliados de menor potencial econômico simplesmente foram forçados a não travar relações comerciais de grande monta com o bloco comunista, mercado que ficou disfarçadamente explorado apenas pelas grandes potências vencedoras da guerra.

A reboque desse processo de exclusão de produtos sem qualidade, sem tecnologia e sem produtividade, para não perder sua condição de principal referencial e alinhador do processo de polarização global, os detentores de tecnologia foram obrigados a cederem-na parcialmente aos países do terceiro mundo, como o Brasil, sob pena de os verem alinhados ao bloco comunista. Assim, é dessa época também o fomento e a criação de diversos órgãos que procuraram desenvolver o treinamento e a readequação do corpo gerencial médio das empresas, como o Senai, Senac e alguns institutos universitários, bem como algumas fundações com o mesmo fito.

Os conceitos de administração mais moderna, que dificilmente seriam disseminados do alto escalão para baixo, primeiro pela falta de preparação do terreno para isso, segundo pelo estilo por demais forte em seu paternalismo até então vigorante, foram histórica e gradativamente sendo introduzidos pela média gerência, já preparada dentro desses novos conceitos, pelo incremento de novos órgãos e de instituições então criados. Com o tempo, essas médias gerências passaram a ocupar postos de alta gerência, substituindo os antigos patriarcas, de modo que, lenta e gradualmente, numa velocidade menor e pouco condizente com o que era imposto ao restante do mundo na mesma época, se fosse chegando ao patamar desejado.

Nessa época, já a necessidade de produtos novos, de melhor qualidade, mais diferenciados, e de melhor nível, se apresentava; no entanto, o despreparo para essa nova situação era total, pois as indústrias simplesmente teimavam em repetir sempre o mesmo tipo de produto, cuja tecnologia, embora arcaica, dominavam com razoável tranqüilidade; e o sistema até então existente para preparar o nível operacional e as gerências era, metodologicamente falando, de sucessão familiar, ou seja, sem nenhuma metodologia que não fosse o simples repasse de sentimentos e percepções pessoais através do tempo: o pai ensinava para o filho e este para os netos, repassando-lhes todas as suas dificuldades, inseguranças e vícios, bem como uma rudimentar adequação apenas para o tipo de produtos que aprendera a fazer, de tecnologia simples, barata e bastante acessível para o nível intelectual da época. No entanto, a clientela, ainda que acostumada a apenas repassar os mesmos produtos de antigamente com preços exageradamente majorados e, mesmo assim, encontrando quem os comprasse, forçados por um mercado amplamente protegido, já era questionada pelos consumidores finais, acerca de produtos mais bem elaborados e com preços mais acessíveis.

Foi somente com a introdução dessas novas técnicas gerenciais, ainda no médio escalão, que as indústrias passaram a sentir a necessidade de melhor adequar também sua mão-de-obra operacional, principalmente através de um processo mais seletivo no recrutamento, em que se conseguisse uma melhor qualidade da mesma, a fim de facilitar o aprendizado nos ofícios operacionais, pois a visão de busca de resultados da média gerência já solicitava melhores requisitos desse material humano, para, dentro desse novo enfoque, diminuir perdas de tempo e de material, enobrecer o produto e baixar os custos, o que não era muito comum até então. Dentro desses novos conceitos, era imprescindível que o operário recém-admitido assimilasse com rapidez seu ofício, já dentro de alguns padrões preestabelecidos. O nível de desperdício de material passou a ser também melhor medido e acompanhado, de maneira que a performance industrial das empresas pudesse saltar de um patamar apenas ridículo até então conseguido, para um nível aceitável em termos de produtividade da mão-de-obra e aproveitamento das máquinas da produção, comparados agora com níveis internacionais. Em conseqüência, a qualidade também subiu, diminuindo o índice de segunda dentro das empresas, em razão do amadurecimento técnico-gerencial do escalão médio para baixo, porém mantendo o mesmo nível de produtos para os clientes, de concorrência apenas marginal no mercado global; poucas empresas possuíam produtos de nível de primeira linha de mercado, e as que os possuíam se dedicavam a pouco oferecê-los no mercado internacional, preferindo abastecer o mercado nacional.

A partir da existência da necessidade de melhoria de performance das empresas, através da melhoria da qualidade e do nível de seus produtos e de sua organização industrial, a introdução também de novos modelos de sistemas de treinamento, principalmente operacional, foi realizada. São dessa época alguns programas governamentais específicos de incentivos ao treinamento, através de vários órgãos, dentre os quais se pode salientar o PEBE (Programa Especial de Bolsas de Estudo), dirigido especificamente à classe trabalhadora sindicalizada; CFMO (Conselho Federal de Mão-de-Obra), que financiou por anos a fio, através de incentivos fiscais, os programas de treinamento operacional das indústrias; por último, ainda em vigor, o PCE (Programa de Crédito Educativo), que, não especificamente vinculado à indústria, possibilita que vários jovens concluam seus cursos universitários específicos e amortizem os custos dos mesmos depois de formados: dentre os beneficiários, também vários industriários. Ainda se pode fazer referências a algumas tentativas aqui e ali do Fubrae e outros órgãos e fundações que tentam elevar o nível intelectual dos operários na indústria. De todos, no entanto, o órgão que mantém a dianteira em sistema de treinamento industrial, tanto operacional quanto de nível médio-gerencial para baixo é o Senai, que mantém uma estrutura aprimorada e bastante eficaz nesse processo.

Esses programas de treinamento específico dentro da indústria, também chamados por algum tempo de TWI (*Training within industries*), se basearam, sobretudo, no enfoque de melhoria urgente e intensiva da mão-de-obra operacional, no chão de fábrica, imaginando que seria por aí o ponto de partida para melhorar o nível da qualidade, aumentar a produtividade, e diminuir custos, passando pela diminuição de todo tipo de desperdícios, que eram muito elevados. Ganhos enormes foram conseguidos, embora partindo-se de um patamar muito aquém do que era o comum nos países mais evoluídos: alcançou-se uma média ainda relativamente baixa para os padrões mundiais, porém, num nível muito mais alto do que era comum nas indústrias brasileiras até então.

Naturalmente, depois de ganhos enormes em comparação com a situação existente anterior, arrefeceu-se um pouco o nível de busca de novas melhorias, até que o mercado novamente desse o seu sinal de alerta e de inconformismo, e exigisse novo esforço, já agora com a demanda por produtos um pouco melhores dos que ainda eram apresentados, e bem mais diversificados. Nesse aspecto, somente com o sistema simples de treinamento em execução, não era mais suficiente e bastante para se conseguir mudar novamente de patamar a partir da situação já alcançada.

Novas introduções de técnicas gerenciais mais atualizadas foram necessárias e novas posturas administrativas foram surgindo, agora também com a implantação de sistemas gerenciais mais complexos, com enfoque principalmente na obtenção de resultados programados: as empresas passaram a projetar alguns dos resultados que desejavam e a buscá-los através de ações e programas mais integrados e mais globais, de modo a perseguir a obtenção de melhorias sempre além das que eram esperadas e previsíveis. Os treinamentos não mais passaram a focar apenas a mão-de-obra operacional, mesmo porque houve um grande desperdício de tempo e incentivos fiscais nos programas financiados pelo governo, com algumas empresas apenas forjando a execução de treinamentos operacionais para auferirem os incentivos permitidos por lei. Passaram a focar o processo industrial como um todo, com o treinamento da mão-de-obra operacional passando a participar apenas como uma das partes do conjunto, e não como o ponto crítico e único foco de atenção. Passou-se então a exigir não só o treinamento propriamente dito, mas a adequação de cada pessoa ao processo de produção, começando-se a ter noção mais clara de equipe como célula importante na consecução dos resultados empresariais globais.

Os resultados individuais passaram a ter menor importância, em função do resultado geral; os resultados das equipes passaram a ser o foco das atenções gerenciais, e os resultados das empresas passaram a ser buscados com mais ênfase, já agora projetados e analisados previamente.

As atitudes gerenciais sofreram uma guinada muito grande, pelo efeito da melhoria de posicionamento e desenvolvimento das gerências de médio e baixo escalão, pelo melhor poder de discernimento da classe de operadores já bastante treinada e mais orientada, e, principalmente, pela postura mais exigente dos clientes, que já não mais aceitavam as mesmas desculpas ou a falta de justificativas plausíveis, tão comuns até então. A diversidade de produtos também era um complicador. Os escalões superiores também passaram a ter um nível de exigência bem maior em relação à performance industrial, pois a medição dos resultados globais das empresas passou a ser mais acurada, assim exigida por auditorias cada vez mais especializadas.

Todos os desenvolvimentos, tanto de produto quanto de produção e de gerenciamento, já eram tratados como um processo empresarial, e não mais direcionados a este ou àquele setor, ou a este ou àquele escalão da empresa. No entanto, com o passar do tempo e cada vez maiores exigências do tão volúvel mercado, somente com tão poucas mudanças de específico para global nas empresas, de pessoal para mais coletivo e profissional, de programático para sistemático, ainda não era suficiente: algo faltava, e era pura e tão somente mudar o foco, do ponto de vista de, ao invés de solucionar problemas que afligiam a empresa, passar a solucionar os problemas que afligissem os clientes, dar vez ao cliente de ser valorizado e levado em conta em tudo que se fizesse dentro da empresa que iria atendê-lo e entendê-lo. Por mais mudanças que tenha havido, elas ainda estavam muito atrasadas no tempo, porque partíramos de um patamar muito baixo, e nossos concorrentes mundiais já estavam muito mais adiantados.

As atitudes gerenciais praticamente não mudaram de determinado escalão para cima, e a revolução então ocorrida, se podemos realmente chamá-la de revolução, se deu do escalão médio para baixo, mas apenas em uma parte de nosso sistema produtivo, em determinados ramos de atividade. Podemos, por exemplo, quase situar a mudança do perfil de atuação gerencial nas estatais, nas grandes corporações, e em multinacionais aqui estabelecidas. Nas empresas nacionais, a postura gerencial quase não mudou nesse período.

Isso, no entanto, deverá ser visto no próximo capítulo!

> "A adversidade é benéfica, pois cria um ambiente de sóbria reflexão. Os homens vêem com mais clareza nestas circunstâncias. As tempestades purificam a atmosfera."
>
> *H.W. Beecher*

CAPÍTULO 5
Mercado em ebulição: a busca ao cliente

De uns poucos anos para cá, o mundo parece ter dado uma reviravolta tão grande sobre si mesmo, em todos os aspectos, que alguns noticiários gravados pouco tempo atrás e hoje assistidos, parecem fazer parte de um passado remoto. Os exemplos dessa reviravolta não são poucos, e a maioria deles conseguiu passar quase despercebida de sua importância histórica por, gradativamente, a população ter se acostumado com muitos fatos em um espaço de tempo relativamente curto; olhados, no entanto, à luz da história, se levarmos em conta que o tempo para que todos os fatos acontecessem quase em série foi muito curto, com os inúmeros efeitos conseqüentes que eles legaram, faz-nos crer numa efervescência de um mundo em que o que valeu até vinte, trinta anos atrás, hoje não está valendo mais nada. Assim o foi com o esfacelamento do bloco comunista, iniciado com a rebeldia e o grito de independência da Polônia; a queda do muro de Berlim, que tantas vitimas causara desde sua implantação; a reunificação da Alemanha; a desintegração da União Soviética; o processo de paz entre judeus e árabes, iniciado com o pioneirismo de Egito e Israel e prosseguindo agora com Israel e os Palestinos, com todas as dificuldades de um antagonismo histórico, mas que está acontecendo; a guerra do golfo Pérsico; a queda do xá do Irã e sua substituição por uma república islâmica; a queda da ditadura na Indonésia; a guerra do Vietnã e a perda da mesma pelos americanos, mesmo com toda a sua parafernália militar; a queda de várias ditaduras mundo afora, como Haiti, Brasil, Espanha, Portugal, Grécia etc., culminando com o fim do regime de *apartheid* na África do Sul; a independência de quase todos os países da África.

Bem, a esses acontecimentos de grande monta que conseguiram produzir efeitos além das fronteiras onde aconteceram, outros de menor monta aqui e ali no globo terrestre foram somando efeitos regionais ou apenas locais, mas que não deixaram também de provocar mudanças, inclusive de comportamento das pessoas envolvidas, direta ou indiretamente, com eles. Salienta-se sobretudo a formação recente dos grandes blocos econômicos, como a União Européia, o Nafta, o Mercosul, e os tigres asiáticos que, embora não formando oficialmente um bloco econômico, usam de um mesmo tipo de estratégia mercadológica; a Opep, que hoje se encontra enfraquecida e numa posição de berlinda, mas que foi a responsável por uma grande transformação econômica, provocando uma avalanche de acontecimentos num passado por demais recente; o avanço da tecnologia americana no espaço, terminando por conseguir levar a cabo o projeto dos ônibus espaciais totalmente reutilizáveis, ao invés das descartáveis astronaves anteriores; o desenvolvimento extraordinário e extremamente rápido acontecido no campo da informática, conseguindo superar obstáculos num espaço de tempo muitíssimo curto, quando se imaginava levar décadas até se conseguir a realidade virtual no nível em que está; o desenvolvimento do sistema de informações e comunicações via satélite, transformando em disponibilidade em tempo real quaisquer informações oriundas de qualquer parte do globo terrestre, a qualquer hora, em tempo recorde; etc.

Ora, não se consegue imaginar neste universo de transformações brutais e rápidas, o homem alheio a esse processo, pois todas essas transformações, de âmbito geral ou não, só tiveram lugar e só aconteceram em função do homem e, indo mais além, em função do homem-consumidor, sua necessidade de informação, seu potencial de futuro consumidor. Todas essas transformações só foram levadas a cabo motivadas por razões econômicas, muitas delas apenas vislumbradas para o futuro, através da criação de novas necessidades especuladas antecipadamente por visionários que já se antecipavam aos próprios acontecimentos. Todas elas, em virtude disso, só foram empreendidas em função de um potencial ganho estratégico no mercado futuro, antecipando-se a possíveis outros visionários que pudessem ter o mesmo tipo de imaginação.

Razão dessa antecipação de um mercado consumidor muito mais evoluído, é que o mercado presente mundial — e o Brasil não fugiu à regra! — também entrou em ebulição, com as transformações inerentes a um poder maior de percepção e discernimento dos homens, por mais simples que forem, sempre em busca de maior conforto, de maiores benefícios com menores custos, de maiores reivindicações e menor aceitação do que era lugar comum e já estava disponível, de querer realizar seus sonhos já de imediato e não esperar quando for possível. O nível de avanço tecnológico adjacente foi tão grande, em função dessa evolução arrasadora no perfil de consumo e nas expectativas pessoais da população, e mexeu tanto com a cabeça das pessoas, que elas simplesmente passaram a exigir o mesmo nível de evolução em todos os aspectos de sua vida, principalmente na satisfação de suas necessidades mais elementares, compatíveis com o que estivesse disponível no lugar mais evoluído, ou na região mais evoluída.

É tão alto o nível de exigência que se faz hoje, que ninguém aceita com complacência certos descasos e abusos à inteligência do consumidor e que eram comuns e normais até poucos dias atrás: quem aceita assistir com atenção e bom grado, para se divertir realmente, a um filme que não tenha um mínimo de tecnologia, por exemplo, de efeitos especiais bem dosados, de boa técnica de montagem, de enredo bem claro e definido, de bons atores etc.? Não há mais lugar para mediocridades e lugares-comuns em quase nenhum ramo de atividade! Ninguém aceita com bom grado, por exemplo, assistir a um simples telejornal que não tenha capacidade de enriquecer o que está sendo locutado com imagens locais e recentes, imagens bem-feitas, com um bom repórter, de dicção perfeita e inteligível, mostrando detalhes do que está acontecendo, e não do que já aconteceu e que já foi noticiado por outra emissora: quando não há ineditismo e tecnologia, o expectador apenas muda de canal em busca de melhor qualidade da informação. Poucas pessoas aceitam hoje em dia, por exemplo, retirar um veículo novo de uma concessionária e logo em seguida se arrepender e sentir que poderia ter feito melhor negócio comprando em outro concorrente, com melhor preço, com melhor prazo, um carro muito melhor, pois o que comprou não correspondeu exatamente ao que queria, principalmente se algum amigo próximo seu tiver exatamente um modelo igual àquele que ele gostaria de ter comprado. Qualquer consumidor que adquira um eletrodoméstico, nesses tempos atuais, não está pensando apenas em mecanizar o trabalho manual que vinha fazendo até então, exige inteligência de soluções baratas embutidas, de maneira a lhe trazer conforto, segurança, satisfação e economia por, além de ter resolvido um problema que o affigia, lhe dar conforto, segurança, status.

Pela disponibilidade e rapidez da disseminação de informações, todos os recursos disponibilizados pelos avanços tecnológicos mais recentes são levados a todos os rincões e recantos, de modo que os consumidores sempre têm em mente — e os meios de comunicação, como veículos de propagação, se encarregam de forçar isso com bastante veemência por ser o seu meio de vida! — que também têm direito a um mínimo de disponibilidade dos recursos desenvolvidos, e passam a reivindicar tais desenvolvimentos, aumentando o nível de exigência daquilo que consomem.

Até bem pouco tempo atrás as indústrias, ou uma grande maioria delas no Brasil, ainda teimava em desconhecer o poderio dessa grande evolução de pensamento, de postura e de exigência de um consumidor que elas continuavam na teimosia irracional de simplesmente oferecer-lhe soluções básicas, o óbvio, produtos de tecnologia barata e de preços caros, de fácil produção, e que eram voltados mais à solução de possíveis problemas internos de fabricação do que à solução inteligente de problemas do consumidor. Uma grande parte de empresas ainda continua assim, e ainda continua a vender seus produtos básicos, mas não se sabe até quando continuará sua labuta de ir gradativamente baixando seus preços, sem baixar seus custos e sem melhorar o nível dos seus produtos, pois não consegue perceber a mudança de perfil dos consumidores de uma maneira geral: apenas procuram resolver solicitações imediatas de seus clientes ou fregueses também imediatos, clientes que também ainda não atentaram para a satisfação de um consumidor final muito mais exigente, bem informado e inteligente, que procura, além do preço baixo, também inteligência intrínseca e extrínseca nos produtos.

O consumidor ou cliente final de qualquer produto é e continua sendo tratado como o grande problema das empresas, pois as mesmas se julgam possuidoras de um enorme crédito tecnológico perante ele. É que a grande maioria delas não consegue perceber que, apesar dos nossos dicionários considerarem praticamente sinônimos, há uma diferença mercadológica muito grande entre clientes e fregueses, diferença essa imposta por pressão do próprio consumidor ao cliente imediato da indústria, ou seja, do consumidor ao repassador, do consumidor ao atravessador, do consumidor àqueles que simplesmente fazem o papel de distribuição dos produtos, ou que recebem o produto básico e o transformam em bens e utilidades para consumo, transformando-os em utilidades.

Essa diferença era um pouco sutil, mas hoje já é bastante perceptível, se se atentar para o que ocorre no mercado: **freguês** é uma palavra que faz inevitavelmente voltar o pensamento ao Brasil colônia, ao Brasil império, aos séculos passados, dando uma idéia de botequim, de venda, de armazém, de empório; é aquele comprador de caderno, contumaz, que é obrigado a comprar só ali, por falta de opção melhor, que não tem dinheiro nem disponibilidade para procurar outra alternativa de se abastecer; sempre no mesmo local, sempre a mesma mercadoria, às vezes boa às vezes ruim, pela falta de constância de qualidade de abastecimento de seu fornecedor habitual; ludibriado várias vezes pelo dono do estabelecimento, mesmo assim se sente satisfeito, pois se imagina dotado de um grande prestígio por ser atendido com presteza; pode estar até devendo, espicha as suas contas ao máximo, que não deixa nunca de ser atendido, é mandar buscar, através até de recados, que a mercadoria vem; não reclama nunca, pois o fornecedor ainda lhe presta o favor de atender, embora não sabendo ele quantas vezes já foi enganado e até roubado; estará sempre ali, de caderno na mão, comprando mais e às vezes pagando a reboque, por ser sua única opção, por necessidade, por não ter acesso a outro estabelecimento ou por indisponibilidade de fornecedor; apenas busca se abastecer; **cliente**, por sua vez, é diferente; primeiro, tem a opção de comprar onde e quando quiser; segundo, percebe todas as manhas do fornecedor e do vendedor e se insatisfaz com facilidade, fugindo deles e buscando novas alternativas; não tem caderno, compra muitas vezes à vista e se recusa a receber o que não lhe agrada; compra a prazo se lhe for conveniente, se lhe fizerem boa condição de compra; não procura apenas se abastecer de produto barato, mas procura receber algo de nível bom, para transformá-lo e disponibilizá-lo em características e atributos muito melhores para si próprio ou para seus clientes, se for o caso; tem orgulho daquilo que usa, que faz ou que vende e exige que lhe forneçam apenas o que for capaz de mantê-lo com o mesmo nível ou maior satisfação; não se conforma com a mínima diferença entre o que pensou estar adquirindo e o que realmente recebeu; volta a comprar apenas se não lhe aparecer outra alternativa com melhor qualidade, com melhores opções e com melhores preços; troca de fornecedor como troca de roupa, não tem a menor fidelidade com o fornecedor habitual; não procura habitualmente nenhum fornecedor para lhe fazer a proposta de fornecimento, para lhe pedir o favor de ser atendido, para pedir o favor de que lhe forneça algum produto, pelo contrário, repele-o com certo vigor; quando muito, apenas olha com certo desdém para as *maravilhas* que lhe são apresentadas como soluções a seus problemas; pechincha pouco, mas só compra na *bacia das almas*, quando já arrancou praticamente os ossos do fornecedor, que teve de lhe ir abaixando os preços para conseguir um mísero pedido; deprecia ostensivamente a grande maioria dos produtos que compra, achando-os de nível insuficiente para a solução de seus problemas; exige que o fornecedor lhe apresente coisa melhor da próxima vez, para ter algum interesse; guarda, quando muito, uma posição de silêncio sobre o melhor produto que lhe é apresentado e, após algum comentário pouco lisonjeiro, vem sempre com a clássica expressão *"só pago tanto"*, ou *"eu tenho outro fornecedor que me faz por tanto"*.

Não obstante, o cliente, apesar de todas essas diferenças em relação ao freguês, é muito melhor para qualquer empresa industrial, por ser a real estampa do consumidor final, e por outras razões de extrema importância: a) é repassador de tecnologia: como optar por um **freguês** que recebe a mercadoria para fabricar produtos de baixo nível, ou que tem fama de só vender produtos de baixo nível, e para o qual não existe nenhum requisito maior que o próprio fornecimento, em lugar de um **cliente** que é sempre sinônimo de primeira linha de produtos no mercado? b) faz a empresa melhorar o nível dos seus produtos: como ficar com um **freguês** cuja opinião sobre o que lhe está sendo entregue é sempre a mesma, em lugar de um **cliente** que, através de suas reações, expurgados os excessos, sempre vem dizer à empresa onde ela está errada, que produto deve ser melhorado, que outros seus fornecedores já estão no mesmo nível e mais baratos? c) desenvolve a equipe de vendas: como permanecer com uma equipe de vendas que só se esmera em atender **fregueses**, se na hora de mercado ruim só se depende de **clientes** que pagam, que são osso duro de roer, mas que compram, e quando chegam a fazê-lo é porque o produto é bom, de preço compatível e o satisfaz? Como permanecer com uma equipe de vendas que não tem a mínima sensibilidade para entender a necessidade do cliente, não consegue convencê-lo de que está realmente adquirindo um bom produto a preço compatível de mercado, se não consegue trazer nenhum feedback para dentro da empresa? d) determina uma seleção de vendedores: como a empresa pode permanecer com vendedores que apenas se esquivam dos **clientes** que consideram mais chatos, que atendem só os seus fregueses de caderno, extremamente fiéis quando o mercado está ativo, mas que somem ao primeiro sintoma de dificuldade de vendas, porque têm produtos de péssima qualidade? e) força a empresa para um melhor nível de concorrência: o que a empresa irá fazer quando os fregueses de seu **freguês** não mais se interessarem pelos mesmos produtos baratos e sem qualidade, não mais se interessarem pelo mesmo tipo de tratamento que dele recebem e passarem a exigir ou a buscar outros lugares de produtos mais nobres, de melhor qualidade e de mesmo preço?

Na certa, a empresa que optar por continuar o atendimento de seus **fregueses** só terá um caminho para continuar a existir no mercado: ir baixando vigorosamente seus preços de venda até começar a dar prejuízos atrás de prejuízos, sem saber a razão. Até que um dia, um visionário qualquer dentro dela dê a brilhante idéia de desenvolver um produto novo, que exija um melhor nível de preparação e adequação: se esse coitado conseguir levar adiante sua *futurística* idéia, se alguém não conseguir podá-lo no meio do caminho, se algum gerente aferrado à idéia de que a sua fábrica está muito certinha com os produtos que faz atualmente e não boicotar a nova idéia, aí sim, a empresa voltará, com pouca desenvoltura, é claro, pela falta de prática, a bater às portas do **cliente** anteriormente desprezado, se ele ainda quiser recebê-la.

* * * *

No Brasil, como já se tem visto, teima-se sempre em demorar a resolver e implementar ações que já são lugar comum em muitos países mais desenvolvidos do mundo, ações essas de correção de rota e de projeções de desenvolvimento. A única diferença é que, quando se resolve fazer, se procura também fazer melhor do que aquilo que já existe em outros lugares: o que acontece é o estabelecimento de paradoxos dignos de fazer inveja a qualquer gênio que se dedique ao estudo da sociologia, pois continuamos a ser socialmente um país de terceiro mundo, com algumas ações e legislações de fazer inveja a qualquer das sete maiores economias do globo terrestre. Os exemplos são muito claros, mas basta ficarmos com dois deles: a nossa própria Constituição da República e o Código de Defesa do Consumidor.

A Constituição atual foi promulgada em outubro de 1988: cheia de direitos e ganhos sociais, muito bem-vindos, — necessários até! — dado o imenso fosso existente entre as classes menos favorecidas e as mais favorecidas; várias legislações complementares, no entanto, necessárias para regulamentar e implementar alguns desses direitos e ganhos sociais constitucionais, os quais representavam avanços extraordinários, simplesmente são objeto de discussões e mais discussões, e não foram regulamentados, de modo que se tem no papel algo que seria de primeiro mundo, mas ainda inexeqüível. E os remendos periódicos e casuísticos vão sempre acontecendo, à mercê de legisladores de ocasião. E a nossa Constituição, nos moldes em que está, virou simplesmente uma colcha de retalhos gigantesca, assim como todo o nosso sistema de legislação ordinária, com normas contradizendo normas, direitos sendo contestados por outros direitos, poucos deveres para equilibrar.

Assim também foi com o Código de Proteção e Defesa do Consumidor: legislação por demais necessária para estabelecer limites e um relacionamento de igual para igual entre o desprotegido consumidor e o poderio econômico dos fornecedores; ela foi implementada sem a necessária preparação de ambas as partes. Primeiro, o texto do Código é bastante ousado, ao propor direitos dos cidadãos e medidas corretivas ao nível dos melhores códigos do primeiro mundo, quando se está vindo de uma situação de economia aos frangalhos, parques industriais ainda, em média, completamente ultrapassados e sem condições de se reequiparem, com urgente necessidade de investimentos de médio e curto prazos. Segundo, não se deu às indústrias, ao comércio, e aos serviços, de uma maneira geral, um período de adaptação e preparação para melhorarem seu desempenho em termos de qualidade e informações: é por demais sabido que o parque industrial do país é obsoleto em vista do nível de qualidade e das informações requeridos pelo Código; haveria, pois, a necessidade de programas especiais de investimentos direcionados para a indústria e para o comércio, principalmente, para se adequarem às novas exigências, e estes recursos não estão disponibilizados para tal; não houve nenhum programa especial para reequipamento e adequação, e o que acontece é que, com uma legislação forte e amplamente tendenciosa para o lado hipoteticamente mais fraco — do consumidor! — a outra parte, o fornecedor, ficou prejudicada para ter condições de atender, — já de imediato! — com toda a eficácia, tantos requisitos que seriam a obrigação normal para esse tipo de parceria. E aí, a tolerância começa a acontecer, desmoralizando a legislação. Para atendimento a esses requisitos, seria necessário ainda um amplo programa de treinamento de vendedores, de balconistas, de atendentes, o que não se consegue de uma hora para outra, muito menos com dinheiro escasso e caro. Não houve preocupação ou projeto de esclarecimento ao próprio consumidor, beneficiário final da legislação. O que se vê hoje são determinados absurdos serem levados aos Procons instalados pelo Poder Público, na maioria das vezes problemas irrisórios e possíveis de serem atendidos e resolvidos dentro dos próprios pontos da venda ou da prestação do serviço, enquanto grandes dificuldades ainda continuam a acontecer, sem que o consumidor se dê conta deles à luz da legislação que foi criada para protegê-lo; como exemplo, quando a legislação lhe assegura "a adequada e eficaz prestação dos serviços públicos em geral". Basta dar uma passada de olhos no nosso sistema de saúde, nas nossas escolas públicas, nos nossos investimentos em desenvolvimento e pesquisa etc, para ver que não há um mínimo de respeito à legislação.

Para se ter idéia do teor do Código de Proteção e Defesa do Consumidor, não existe um item sequer que permita ou preveja a retroação do fornecedor contra reclamações indevidas e mal fundadas, pois o Código, embora claramente se refira à harmonia das relações de consumo, não procura regular essas relações, apenas trata com bastante vigor da **proteção** pura e simples. Apesar de tudo, no seu capítulo II, que trata da Política Nacional das Relações de Consumo, artigo 4º, estabelece como princípios dessa política:

*III — **harmonização dos interesses** dos participantes das relações de consumo e compatibilização da proteção do consumidor com a necessidade de desenvolvimento econômico e tecnológico, de modo a viabilizar os princípios nos quais se funda a ordem econômica (artigo 170 da Constituição Federal), sempre com base na boa-fé e equilíbrio nas relações entre consumidores e fornecedores;*

*IV — **educação e informação** de fornecedores e consumidores, quanto aos seus direitos e deveres, com vistas à melhoria do mercado de consumo;*

*V — **incentivo** à criação pelos fornecedores de meios eficientes de controle de qualidade e segurança de produtos e serviços, assim como de mecanismos alternativos de solução de conflitos de consumo.*

Pois bem, no artigo 5º, que trata exatamente da execução dessa Política Nacional das Relações de Consumo, relaciona cinco itens com que o Poder Público poderá contar para executá-la. Em nenhum desses cinco itens consta alguma coisa relacionada ao que está expresso nos itens III, IV e V do artigo anterior, no que se refere à parte do fornecedor.

Apesar de todas essas falhas que são perfeitamente corrigíveis, o Código é um grande instrumento na definição das relações de consumo, e pode ajudar a elevar o nível de qualidade dos produtos e das informações inerentes a eles. Às indústrias cabe, por outro modo, buscar alternativas, principalmente na preocupação constante de estar sempre pensando no consumidor, quando estiver desenvolvendo as soluções que, supostamente, sejam em benefício do mesmo. Mesmo que essas soluções sejam transformadas por outra indústria intermediária entre o primeiro fabricante e o consumidor final.

Bem, juntando-se todos os avanços mencionados, em termos de desenvolvimento tecnológico, desenvolvimento da capacidade e da velocidade das comunicações que ainda hoje se tornam mais e mais rápidas e cômodas, facilitadas que estão por já serem disponíveis via modem ou multimídia (exemplo Internet), e se se conseguir cruzar tudo isso com a legislação forte e avançada de proteção à figura do consumidor, vai se estabelecer um regime ou um *status quo* de solicitações e reivindicações avançadas, de exigências de qualidade e de disponibilidade à curiosidade cada vez maior, se compararmos com os já disponíveis, e sem paralelo na evolução das relações de consumo. Podemos dizer que o mercado está num ritmo tão acelerado de desenvolvimento, em ebulição tão constante, que ninguém tem poder para conseguir imaginá-lo nas primeiras décadas deste século XXI.

Imagine-se então, o que poderia ser um mercado imenso, cheio de alternativas cada dia mais avançadas em relação ao dia anterior, disponibilizando essas alternativas a **todos** os consumidores e principalmente a **todos os potenciais** consumidores, com todas as garantias impostas pela legislação: chega-se sem dificuldade à conclusão de que o consumidor virará finalmente o rei todo-poderoso, cercado de mimos e bajulações por todos os lados, bajulações e mimos cada vez mais avançados, tudo isso com um único intuito, buscando-lhe apenas uma das palavras ou ações de decisão: eu compro! Eu escolho! Eu quero! Eu vou levar!

Imagine-se, no entanto, por outro lado, que esse aparato todo, que ainda hoje está apenas começando a ser implantado, e o está sendo feito numa velocidade vertiginosa, em progressão geométrica, vá tomando gradativamente seu lugar, diminuindo a atividade intermediária de quem atua fazendo a ligação entre os fabricantes e o consumidor, alvo de todo esse desenvolvimento. É claro que nesse espaço de tempo ainda sobrará, por força das diferenças sociais e das diferenças de poder aquisitivo da atual população economicamente ativa, uma camada que continuará com a mesma relação de consumo tradicional, e parte dessa camada também ainda continuará a consumir os mesmos produtos de baixa classe, de baixo nível de tecnologia, de qualidade ruim. É claro que se vai levar algum tempo para se conseguir expandir o acesso a esse aparato todo e generalizar as possibilidades de compra da grande maioria da população, pois isso demanda aproximadamente uma geração. Mas vai acontecer, embora de forma gradual; e não temos capacidade de prever que velocidade será essa.

E o que representa uma geração hoje, se o nível de conhecimento da juventude está precocemente sendo aumentado? Se o menino de hoje já detém muito mais conhecimento do que os adultos detêm?

O que as empresas têm de levar em conta hoje são aspectos que vão definir sua existência no mercado futuro, a partir de ações efetivas no presente, visando resultados muito mais adiante: a) o acesso das camadas da população ao desenvolvimento tecnológico, e mercadológico por conseqüência, é gradativo e cada vez maior, em velocidades crescentes; b) através da modernização das escolas, principalmente, e isso é inexorável para os tempos de hoje, a próxima geração vai ser economicamente lançada ao mercado muito mais rápido, e com a mentalidade desenvolvida em novo ambiente; c) com o aumento gradativo desse modelo de consumidor, como e o que deverá ser feito para estar à altura de atendê-lo e satisfazê-lo?

Imaginação, nessa hora, é o que não deverá faltar!

* * * *

Nestes novos tempos de início de guerra mercadológica, cujas armas preferenciais são tecnologia, ousadia, criatividade, risco, houve ainda um fato complicador que trouxe também um impacto muito grande no Brasil para a maioria de suas empresas: a globalização da economia e a entrada do país nesse processo de abertura global, com o corte de barreiras à entrada de produtos estrangeiros, de uma maneira súbita, drástica e definitiva. Por mais que as empresas e as entidades de classe tivessem gritado, o processo, às vezes remendado temporariamente aqui e ali, foi, é e será inexorável, como sendo um dos pilares que os organismos internacionais de fomento ao desenvolvimento exigem para continuarem a financiar projetos no país. Não deixa de ser também um dos pilares da própria democracia, pois não se pode imaginar o cidadão sem o direito de adquirir produtos muito mais baratos e mais bem desenvolvidos do que os que as empresas nacionais oferecem. Além desses pilares, se imaginarmos, numa postura normal de mercado, as ou algumas empresas brasileiras conseguindo concorrer globalizadamente, em igualdade de condições com qualquer outra de qualquer parte do mundo, pode-se também imaginar as mesmas empresas sendo objeto de interesse de potenciais investidores de qualquer parte do globo. Por outro lado, se conseguirmos visualizar empresas brasileiras que não se prepararam e nem estão se preparando para a guerra neste mercado aberto, contra gigantes poderosos ou muito fortes, estarão fadadas a desaparecer completamente, mesmo que devagar, a partir de quando não conseguirem mais ir baixando por decreto seus preços, sem um grande planejamento que culmine na resultante baixa programada dos custos e preços, e elevação do nível de qualidade.

Há ainda, no caso do Brasil atual, uma dificuldade maior, aliada forte da abertura do mercado: a estabilização da moeda, com a baixa da inflação com que quase nenhum industrial estava mais acostumado, e a mudança do perfil do consumidor atual em função disso. Se este regime de inflação baixa continuar, e todos torcem por isso, os clientes e consumidores continuarão a ser arredios como estão, com dificuldade nos créditos, simplesmente contingenciados pelo governo. O que acontece é que os prazos na ponta são cada vez maiores, e na retaguarda não há prazo, pois o sistema financeiro não conseguiu esticar financiamentos de médio e longo prazos para giro ou para os consumidores, sem exorbitar das taxas de juros.

A grande maioria das empresas brasileiras passa por momentos muito difíceis, por falta do personagem familiar e principal a que estava muito acostumada, e por isso mesmo não lhe dava muito valor: **o cliente**. O cliente desapareceu da praça, e desaparecerá sempre, de vez em quando dará as caras, exigirá muito, comprará pouco e desaparecerá novamente. E as empresas ainda estão aí, com todas as suas antigas estruturas, seus antigos produtos, aguardando o retorno dos mesmos. Algumas, mais ousadas, até saem à procura dos seus clientes, mas os encontram tão desanimados, que não há outro jeito senão voltar para casa e acreditar e dizer que *a coisa está realmente muito feia*, que o governo tem de resolver como vai ficar.

Ora, numa linha de raciocínio muito simples, se no país cair a atividade econômica de um nível 100 para um nível 80, o que não deixa de ser uma queda brutal, mesmo assim continuará em 80! Imagine-se mais, que caia não para 80, mas para 70 ou 60: ainda assim, temos um país de porte brutal, acima de vários outros no mercado mundial, com uma atividade econômica nada desprezível! Nessa atividade econômica alguém ainda estará produzindo — e bem! — alguém estará comprando — e bem! — alguém estará vendendo — e bem! — e alguns estarão pagando — e muito bem! Como se acomodar então e se debruçar em lamentações de que os clientes estão mal, o mercado está em baixa, os produtos estrangeiros invadiram tudo? **Alguém os está comprando!**

As empresas industriais em dificuldade atual, no mínimo cometeram uma série de erros de avaliação e posicionamento: a) não conseguiram dimensionar oportunamente a extensão das conseqüências da estabilidade monetária e a abertura do mercado, principalmente no aspecto de um poder maior de planejamento financeiro do consumidor — que apanhou muito nos primeiros momentos de euforia, mas que, já escolado, simplesmente não se ilude com propagandas e promoções que não sejam comportadas dentro de seu parco orçamento; b) continuam a oferecer os mesmos produtos com que concorriam no mercado fechado e protegido, sem evoluir nada, ou quase nada, sendo facilmente superados pelos produtos do mercado externo; c) continuam a oferecer seus produtos aos mesmos clientes de sempre, que também continuam a oferecê-los aos seus mesmos clientes; algumas empresas ainda se justificam, dizendo que conseguiram aumentar o número de clientes, mas a classe deles é a mesma dos anteriores; poucas empresas, raras exceções, realmente implementaram algum desenvolvimento ousado em relação à sua distribuição e busca ao cliente consumidor final, de maneira que o mesmo tenha acesso direto à própria fábrica, sem intermediários, e com isso aumentando o nível de comunicação entre quem fabrica e quem consome — crítico final! — os produtos; quem evoluiu nesse aspecto está muito bem e não anda reclamando da falta de clientes; d) não conseguiram ainda reverter sua formação de preço de venda, ou seja, continuam a calculá-lo a partir de suas estruturas de custo ainda viciadas internamente, jogando sobre ele uma margem de lucro razoável, para depois saberem o preço de venda; nenhum cliente ou consumidor está disposto a comprar, junto com o produto, embutido em seu preço de venda, erros internos da empresa fabricante, seus vícios, suas incompetências, seus desatinos administrativos, a falta de visão de seus dirigentes, a sua falta de planejamento, a sua falta de capacidade; tudo isso é muito caro para ser pago pelo cliente! O preço de venda tem por obrigação de partir do mercado — e do mercado globalizado! — e a partir daí as empresas têm de se esmerar em proficiência interna para conseguir dar lucro com aquele preço de venda, pois é o que os clientes e principalmente o consumidor final pagam; e) não entenderam que a guerra é para valer, e continuam no mesmo sistema arcaico de paternalismo mercadológico, preservando equipes de venda fracas e sem criatividade, distribuidores antigos e sem mobilidade, além de formas de venda inadequadas; f) sua estrutura interna continua a mesma, com os mesmos vícios de fabricação, com o mesmo sistema de feudalismo administrativo, sem uma mentalidade forte de atendimento ao cliente final.

Encontrar o cliente não é tarefa fácil. Principalmente o cliente que compra e paga sem problemas, cujo perfil já foi anteriormente traçado. Ele existe, mas não procura mais nenhum fornecedor, quer ser procurado, quer ser encontrado e reconhecido, quer ser bem tratado e bajulado. Bajulado não com atitudes e ações de subserviência e de pouca valia, nem com elogios baratos dos quais ele sabe não ser merecedor, mas bajulado com preços justos, produtos avançados e inteligentes, qualidade, informação técnica, facilidades de acesso e rapidez no atendimento. Ele quer, principalmente, não continuar a ser enganado como vinha sendo até agora!

O cliente ou consumidor final é hoje um desafio para as empresas. De cima de seu pedestal, ou de cima de seu trono, ele define a continuidade ou não de qualquer empreendimento, mesmo que público e estatal. Entendê-lo é necessário, para saber antecipadamente quais suas necessidades, atuais e futuras, e satisfazê-lo nessas necessidades não passa de razão de permanência em atividade, dando maior importância, porém, na imaginação de quais serão suas necessidades futuras, e começar por desenvolvê-las rápido, antes que o concorrente ao lado o faça!

CAPÍTULO 6

> "O inimigo avança, retiramos. O inimigo acampa, provocamos. O inimigo cansa, atacamos. O inimigo se retira, perseguimos."
>
> *Mao Tsé-Tung*

Como consigo competir?

Nessa nova era de intensas relações, principalmente as comerciais, a busca da competitividade, em conjunto com uma série de outras ações que visam, sobretudo, a busca ao cliente, cria-se um ambiente de profunda cumplicidade com o mesmo: o fundamental é que ele se torne a cada dia tão envolvido e tão responsável pelo futuro de sua parceira comercial quanto se estivesse cuidando do futuro de seus próprios negócios, pois um depende do outro; simplesmente se tornou uma guerra total para chegar na frente, para atender primeiro ao consumidor final. Guerra fria, suja, traiçoeira, cheia de batalhas completamente desiguais, coroada de fenomenais e impiedosos massacres dos mais fracos, onde a regra geral é a sobrevivência a qualquer preço, mesmo que para isso se tenha de destruir quase todos que passarem pelo caminho. Guerra de titãs, visto que aquela empresa que não se preparou convenientemente para ela simplesmente tende a desaparecer, como um simples e passageiro figurante de uma cena muito rápida que não ficará marcada na memória de quase ninguém. Algumas empresas, neste terreno, acabam por se vergarem sob os seus próprios tropeços, sendo presa fácil para os que melhor se prepararam para essa exaustiva batalha.

Ora, o que as nossas empresas não conseguiram ainda entender é que não existe a competição de um só, ou seja, somente por se estar presente no mercado não quer dizer absolutamente nada, não quer dizer que se esteja competindo. É necessário se ter sempre um ponto de referência, aquele auge ou ápice, aquele competidor que é eficaz e que, à primeira vista, é insuperável e inatacável, que seja uma boa base para comparação, nosso *benchmark*: a primeira grande questão a ser resolvida para se chegar ao nível de competição razoável no mercado é definir exatamente esse ponto de referência, tê-lo praticamente na ponta da língua, no meio do cérebro, na ponta dos dedos, buscar comparar-se com ele, buscar alcançá-lo e superá-lo. Para se começar a falar em competitividade, então, a primeira idéia que se deve ter na cabeça é o concorrente! **Quem é a concorrência! Quem é o meu concorrente!**

Muitas empresas buscam ser competitivas somente por si só, imaginando que, ao conseguirem melhorar a qualidade de seus produtos, ao conseguirem baixar seus custos e seus preços de venda, ao conseguirem com algum esforço atender melhor seus clientes, dando-lhes um pouco mais de atenção, estarão num patamar melhor de competitividade e conseguirão competir! Em muitos casos, isso acontece de verdade, e o nível de competitividade realmente melhora um pouco, com a empresa conseguindo mudar o enfoque de atendimento de seus clientes, naturalmente resultado de um esforço realizado; a qualidade consegue melhorar em relação ao que ela conseguia anteriormente, e se tem a impressão, diante desses resultados, que daí por diante a tendência será abocanhar um naco melhor do mercado e ter lucro com isso, melhorando a performance geral.

Não sem surpresa essas empresas que conseguiram essa melhoria de performance notam, após algum tempo que, não tivessem promovido as melhorias que promoveram, teriam simplesmente desaparecido de cena e não teriam conseguido chegar nem onde estão na atualidade; no entanto, os concorrentes, para desânimo geral, ainda continuam muito na dianteira, tanto no que se refere à qualidade, ao custo, ao preço de venda, à tecnologia, quanto também em ações integradas principalmente de marketing-produção. E a pergunta óbvia vem então: o que aconteceu? Tanto esforço, tanto trabalho realizado, tantas ações efetivadas, que de nada valeram, tendo em conta que o concorrente continua tanto ou mais longe do que antes? As empresas tornam a efetivar novas tentativas de ações de melhoria, implementam-nas com redobrado esforço, e ao fim de algum tempo tornam a notar o mesmo fenômeno: permanecem no mercado ainda, à custa dessas poucas ações implementadas de melhoria de competitividade, mas continuam apenas catando as migalhas mercadológicas que os concorrentes mais fortes lhes abandonam, ou seja, essas empresas continuam sobrevivendo num submercado rejeitado pelos concorrentes mais fortes, por não lhes ser atrativo.

Qual a razão de tanto trabalho com bons resultados, aliados a tantos insucessos? É simples, a resposta: de nada adiantará se nunca as empresas continuarem seus árduos e sacrificantes trabalhos de poucas melhorias, se não atentarem para o ponto de referência, o seu referencial de mercado, que é extremamente importante para direcionar seus esforços e concentrar todo o conjunto de força de vontade empresarial: **o concorrente!** O que anda fazendo **o concorrente**? Para onde **o concorrente** pretende ir? Como está fazendo **o concorrente**? Como **o concorrente** age no mercado? Onde **ele** está? Que nível de qualidade tem? Posso almejar chegar ao menos perto? Tenho condições de me ombrear com ele?

O ponto de referência principal de qualquer empresa que queira ser um bom competidor no mercado tem de ser sempre **o concorrente**, mas aquele que é excelente, aquele que é o melhor, aquele que está na ponta ou vai estar, e não o vizinho que se encontra no mesmo nível de dificuldade no mercado: este serve apenas para se tomar distância dele o quanto mais rápido se conseguir. O ponto referencial deve ser sempre aquele concorrente que vai incomodar e não aquele que está momentaneamente incomodando e que pode ser afastado com um simples gesto de intolerância. Esse concorrente referencial deve ser objeto de vigilância constante, a empresa que quer concorrer deve estar sempre com ele na mira, de olho nos seus passos, antecipando ações de superação antes de ele poder pelo menos tomar fôlego. Ainda assim, cada empresa deve também ter em mente que, se não se consegue superar esse ponto referencial de uma vez, por ser muito grande o seu porte, que se tente superá-lo em etapas muito bem definidas e planejadas, e executadas com esmero, com vontade e com muita determinação. É assim que as multinacionais fazem!

No entanto, a grande dificuldade que se tem é realmente de se definir quem é seu ponto de referência específico, sem o qual qualquer empresa pode sempre encetar as maiores ações de melhoria de sua competitividade, mas só o vai conseguir com referência a si mesma, e sempre dará com os burros n'água, porque o seu ponto de referência continuará na frente, por estar também sempre encetando ações de prevenção contra seus possíveis concorrentes, para não ser nunca alcançado.

O que as empresas que buscam competir devem levar em conta a cada momento de reflexão e desânimo frente aos concorrentes que não lhes dão o mínimo de espaço, é que o seu ponto referencial, que o incomoda sobremaneira e pode estar dominando amplamente todo este mercado, não é infalível e sempre vai abrir a guarda em algum ponto, o que deve ser imediatamente aproveitado por quem estiver na sua cola, bafejando em seu pescoço, atento aos seus deslizes. Competir, pois, é estar ali, preparado para assumir a primeira posição, seja por um erro de quem estiver à frente, seja por um esforço superior de quem estiver tentando alcançar o primeiro lugar, seja por uma ação de grande porte que consiga colocá-lo na dianteira de uma vez por todas; é colocar o líder sob tensão constante, é estar prontíssimo a assumir o principal papel a qualquer tempo e lugar, é não esperar apenas o tropeço de quem estiver na frente, e sim fazer uso de todos os recursos e de toda a sua própria capacidade de performance para superar o rival e ficar no seu lugar; se esse rival der algum tropeço, melhor ainda, mas não esperar apenas por isso, e não precisar contar só com isso para conseguir ser o líder.

Para ser competitivo, qualquer bom concorrente deve procurar acompanhar seu rival e ponto de referência de perto, conhecer seus produtos, quais suas próprias vantagens e desvantagens em relação a ele; um bom adversário não procura conhecer apenas suas próprias vantagens e desvantagens, mas as procura conhecer em relação a alguém, que é seu concorrente direto e seu ponto de referência, ou ao mercado; e procura conhecer também todas as vantagens desse seu referencial, de modo a tentar superá-las. Muitas empresas conseguem fazer uma listagem de seus próprios pontos positivos e negativos, mas sempre em relação a quase nada, a si mesmas, e sempre alçados a essa condição pelas próprias pessoas interessadas em assoberbar uma situação que os beneficie direta ou indiretamente. Se essas mesmas empresas conseguissem, num processo isento e idôneo, listá-los em relação ao seu concorrente, aí sim, haveria literalmente uma lista de vantagens competitivas e desvantagens competitivas para o momento analisado, de modo a direcionar esforços para maximizar todas as vantagens competitivas e eliminar ou minimizar todas as desvantagens competitivas. Importante nessa hora de esforço concentrado, é se lembrar sempre que o concorrente estará fazendo a mesmíssima coisa, procurando aumentar ainda mais sua lista de vantagens competitivas e minimizar ou extinguir suas desvantagens em relação ao mercado ou em relação a seus possíveis concorrentes.

Não existe uma regra definida ou determinada para se conseguir concorrer no mercado. Qualquer um pode conseguir concorrer, como também qualquer um, mesmo que sejam as empresas mais bem preparadas para isso, pode não conseguir concorrer. A principal alternativa é sempre vencer o principal rival, vencer sempre o melhor que existe em comparação consigo mesmo, sempre e constantemente, não lhe dando tréguas em nenhum momento, estando sempre à sua frente, não lhe dando o menor espaço possível, mas com um único e principal foco, que é a razão da existência delas: **o cliente**, ou o consumidor final dos produtos! Para isso é preciso que a empresa tenha plena e absoluta consciência de **todas** as suas potencialidades e as explore ao extremo, até o último recurso, de maneira a não desperdiçar nada daquilo que possuir e que possa ser utilizado para melhorar sua performance ou para não deixar ninguém tomar-lhe espaço no mercado. Do mesmo modo, é preciso que se esteja completamente alerta para **todos** os pontos que possam colocar em risco sua performance, principalmente os pontos negativos em relação ao concorrente principal, estabelecendo ações rápidas de correção e superação dessas dificuldades. Os outros concorrentes secundários, que continuem secundários, na sua própria mediocridade. Importante é aquele que está na frente ou ao lado, os de trás são apenas figurantes no processo, e irão permanecer assim até sua própria sucumbência.

A maior necessidade e também a mais difícil de empreender é a eleição de quem será o adversário contra quem se vai concorrer por um período relativamente longo. É necessário, nessa escolha, também estabelecer todos os pontos de convergência e divergência mercadológica entre ambos, de maneira a se saber com certa exatidão onde uma empresa é pior do que a outra e por que razão isso ocorre, se não há meios de se igualar, pelo menos; onde uma empresa é melhor do que a outra, se não há meios de manter essa diferença por muito mais tempo ou aumentá-la. Apesar de os que concorrem na retaguarda não serem problemas iminentes, pois tenderão sempre a permanecer na traseira, também não podem de todo ser esquecidos, pois pode aparecer um franco atirador qualquer entre eles e correr por fora, atrapalhando tudo. Estes devem ser impiedosamente massacrados, tendo em vista sua própria fraqueza e despreparo para essa guerra; quando muito, de acordo com conveniências de momento, podem ser absorvidos em alianças no sentido de reforçar ataques e defesas contra o concorrente principal, nalguma etapa do percurso, mas logo essa aliança deve ser desfeita, pois o mais fraco acaba se tornando um fardo muito pesado para se carregar.

Concorrência no mercado, principalmente num mercado globalizado, significa, pois, não simplesmente achar que vai competir por estar ali presente, abocanhar algum naco pequeno e se satisfazer com isso, mas ganhar a guerra em seu nicho ou sua modalidade de negócio, ou estar na iminência de ganhá-la. Significa também superar-se em relação ao rival e superá-lo primeiramente naquilo em que ele é pior e, de pulos em pulos, muito bem calculados para não tropeçar e ser também superado por outro concorrente que venha atrás, alcançá-lo naquilo em que ele é melhor. Significa surpreender sempre o adversário com ataques bem planejados, de maneira a colocá-lo tonto, sem defesa, surpreso, ou com uma preocupação tão grande que não lhe dê tempo para recuperação, enquanto se engendra outra bordoada. Significa, antes de qualquer coisa, ter uma retaguarda de produção ativa, dinâmica e competente, que possa dar suporte às loucuras da vanguarda, de maneira que o **cliente, razão principal da existência da concorrência**, se sinta completamente seguro de estar comprando o que é certo, de estar optando pelo melhor, de estar levando vantagem em adquirir os produtos e serviços oferecidos pela empresa mais ágil, mais dinâmica, mais inteligente. Significa fazer o novo a cada dia, adiantando-se às vontades dos clientes, não lhes passando apenas o óbvio, adivinhando-lhes os pensamentos e as expectativas, apresentando-lhes as mais engenhosas soluções, muito melhores e mais baratas do que ele próprio imaginaria conseguir. **Isto é concorrer com competência!**

* * * *

As empresas industriais, para conseguirem concorrer com competência, devem estar preparadas para um mundo que vai lhes parecer meio maluco, por não estarem acostumadas a lidar com ele, em que cada lance sempre será dado com uma dose muito forte de engenharia de solução, muito bem embasada, de maneira a se prevenir qualquer descuido e evitar qualquer possibilidade de erro; essa engenharia de solução sempre também vem acrescida e motivada por uma parcela de ousadia e determinação.

Há empresas nacionais que, apesar de possuírem bons produtos, preços razoavelmente baixos, equipes de marketing e de vendas muito boas, mesmo assim não conseguem concorrer e vivem na berlinda de mercado, se arrastando atrás dos líderes até se cansarem e desistirem. Muitas vezes o que lhes falta é aquele detalhe a mais que faz a diferença para o cliente: encantamento, ousadia e determinação na hora de apresentar as soluções; normalmente têm de mais: tecnologia atualizada, junto com falta de entusiasmo com seu próprio produto, com a própria equipe de vendas fazendo tudo para desmerecer o que vende; vendedores finais mal informados e mal preparados, muitas vezes recrutados de uma maneira errada, sem nenhum critério que não simplesmente a capacidade de trabalho e a vontade de ganhar dinheiro, apenas repassadores de pedidos, que não prestam qualquer serviço a mais do que aquele burocrático de preencher papéis e repassá-los para os fornecedores. Este, por sinal, é um dos grandes erros cometidos por quase todas as empresas em sua postura de mercado. Às vezes elas até possuem um razoável sistema de definição de seus produtos: bons produtos, preços competitivos e disposição de concorrer com os melhores do mercado; porém acaba destruindo tudo, principalmente o seu trabalho de retaguarda, conseguido à custa de um enorme sacrifício de sua equipe e da organização interna, apenas pela má escolha daqueles que vão passar para os clientes toda a necessidade de ele, cliente, comprar e utilizar aqueles produtos: têm o que o cliente deseja, mas não sabem vender ao cliente.

Nenhum cliente, por mais ignorante que pareça ser, aceita ser tratado com a mesma arrogância e desdém como era comum até então no mercado fechado em que vivíamos: ao primeiro sinal de desagrado, ele simplesmente procura outro fornecedor diante do qual se sinta mais confortável e mais parceiro, para não ser maltratado e ludibriado. Além disso, todo cliente, seja de que nível for, não se satisfaz mais em adquirir apenas um produto que lhe estiver sendo ofertado; quer e exige, ou passará a exigir cada vez mais, além do **preço** que vai pagar, **tecnologia embutida**, de maneira que não vá se sentir o mais logrado dos fregueses ao deparar-se logo à frente, na primeira esquina, com um produto muito mais avançado, muito melhor, pelo mesmo preço, quando não mais barato do que o que acabara de comprar; **informação técnica**, fácil, de maneira que possa fazer uso adequado e total daquilo que comprou, usufruindo toda a sua capacidade de geração de prazer, e não simplesmente pagar por algo complicado que pouco ou nada vai lhe ser útil — nesse aspecto, a postura do vendedor ou pessoa de contacto final com o cliente é a parte mais importante no repasse das informações, sem deixar o cliente inferir que está desatualizado ou tecnologicamente atrasado; **garantia** de que aquilo que está adquirindo não vá se deformar ou lhe trazer transtornos, apresentando defeitos com muito pouco tempo de uso — também nesse aspecto, todas as possibilidades de boa utilização do produto têm de ser declinadas abertamente, incluindo-se advertências de má utilização, o que poderá gerar conseqüências desagradáveis para o cliente.

Por seguro, um bom vendedor, ou distribuidor, ou representante, ou assistente técnico, enfim quem vá ter a obrigação de apresentar as soluções engendradas pelas indústrias para satisfazerem as necessidades dos clientes, tem de ser escolhido com tanto esmero e cuidado quanto se se estivesse escolhendo um gerente de alto nível da organização. Além desses cuidados no recrutamento e seleção, são necessários acompanhamentos constantes e periódicos, principalmente da performance desta ligação entre parcerias tão importantes, de modo a se prevenir possíveis descréditos de um em relação ao outro. Tem-se de entender que o vendedor ou essa ligação é um facilitador da interface da empresa com seu cliente, de maneira que não pode de antemão tomar partido pura e simplesmente de qualquer dos lados, sendo elemento quase neutro nesse processo; em caso de pequena dúvida, o melhor é dar razão ao cliente; e por isso mesmo a empresa, que é quem inicia esse movimento em busca de seu cliente, deve se prevenir sempre com um tempo de preparação e avaliação suficientes das pessoas que exercerão esse papel de ligação, de modo a ter certeza plena do acerto de sua escolha; dessa prevenção estará dependendo todo um processo de investimentos realizados, de trabalho, de dedicação, de amor àquilo que foi realizado, de tecnologia, **de inteligência!**

Dentro das empresas deve haver sempre uma ou mais pessoas pensando como o cliente, **querendo ser atendido como o cliente, brigando pelo cliente:** o crítico, o chato, o aborrecido, que não aceita como normais todas as baboseiras que lhe digam como desculpas esfarrapadas de mau atendimento, ou de atendimento fora do que fora prometido para o cliente, de modo a fazer um trabalho de prevenção, e, principalmente, garantir que aquele personagem, que é a razão de ser de todo o funcionamento da empresa, seja atendido sempre melhor do que lhe fora prometido. Sobre essas promessas, aliás, é sempre bom lembrar que todos os vendedores treinados pela empresa devem se preocupar sempre em prometer o factível, e saber os limites do factível da empresa, não exagerando em suas promessas miraculosas, que a organização não cumprirá ou o fará apenas parcialmente, frustrando a expectativa do cliente; por outro lado, deve-se abusar da capacidade de fazer da empresa, exigindo inovações, exigindo rapidez de atendimento, exaurindo todo o potencial existente em benefício do cliente, à frente do concorrente. Lembrar-se sempre de que o cliente intermediário aceita até de bom grado, de antemão, que a empresa, dentro daquilo que foi solicitado, não tenha eventualmente condições de atender; por outro lado, se irritará sobremaneira e não aceitará nunca que lhe prometam soluções maravilhosas e lhe enviem o mais comum dos produtos, que encontraria na esquina mais próxima. É necessário que a organização também entenda, principalmente nos setores de produção e despacho, que estão ali a serviço daquele ser quase invisível a quem foi prometida uma solução inteligente e rápida, mesmo que tenha sido algo inusitado e de difícil atendimento: entenda que a **empresa já prometeu**, então ela tem de cumprir e honrar a promessa que deixou alguém fazer em seu nome!

* * * *

Se bem que não se pode definir uma regra básica para que cada empresa consiga concorrer no mercado e ser lucrativa, existem, por outro lado, determinadas posturas no relacionamento concorrente-concorrente e concorrentes-clientes. O normal é que essas regras e posturas estejam inseridas no contexto dos Códigos Comercial, Civil e de Defesa do Consumidor, mas o mercado é tão dinâmico que acaba por estabelecer novas formas de relações, de tempos em tempos.

Uma concorrência salutar, no entanto, deve se basear na legalidade de seus atos e na correção de sua atuação. Tudo que a lei não proíbe pode ser feito, procurando-se levar todas as vantagens possíveis contra o virtual concorrente no mercado, procurando atordoá-lo sempre com ações-relâmpago, massacrá-lo com ações de médio e longo prazos bem planejadas e eficazes: no entanto, o que diferenciará um grande concorrente de um espertalhão e apenas oportunista de mercado, será sempre a legalidade, a legalidade de sua atuação. Um concorrente que abata seu rival mais próximo mediante ações ilegais será sempre um virtual fracasso, pois tão logo o poder moderador chamado: autoridades constituídas ou governo, ou justiça, assuma seu efetivo papel, este concorrente ilegal simplesmente deixará de existir. E a própria Opinião Pública no país, com a evolução rápida que está tendo, pouco ou nada admite de ilegalidade de concorrência. No entanto, ações desleais são regras comuns e são sempre aceitas como normais pela opinião pública, se efetivadas dentro do limite legal: fazem parte do jogo de mercado, porque se estará com enfoque exatamente nele, cliente. E ser desleal é usar de armas e recursos mais poderosos que os do concorrente para massacrá-lo e o tirar do mercado. As autoridades constituídas é que têm o dever de estabelecer regras mais rígidas nesse relacionamento.

Qualquer concorrente tende a ser desleal, e o mercado absorverá com certa naturalidade, pois é justo se usar de toda arma disponível, mesmo e principalmente daquelas que o concorrente ainda não conheça, para afastá-lo do caminho, para vencer a guerra, para estar na frente, para ganhar o dinheiro que fatalmente iria irrigar o cofre ao lado. No entanto, não é admissível uma empresa empreender ações acima do limite estabelecido em lei, pois se estará tão-somente envolvendo toda no processo legislativo-executivo-judiciário do país, execrando a cidadania, mofando do sistema principalmente judiciário, o que não é permissível nem pelos próprios consumidores e ainda menos pelo concorrente prejudicado.

Assim, a palavra concorrência desleal não passa do reconhecimento da própria incapacidade de concorrer em pé de igualdade, da própria incapacidade de reação, da incapacidade de, por seus próprios meios, procurar andar com suas próprias pernas. Se o concorrente dá golpes baixos não proibidos pelas regras de mercado, dá-se-lhe um bem maior, mais ousado, mais contundente. No entanto, a se falar em concorrência ilegal, todo o processo se deverá revolver para expurgo, pois se estará apenas chamando o país de pouco sério e de brincadeira: aí, sim, as ações de correção drástica transcendem os limites da empresa, e pulam para o nível oficial do país, da comunidade, da população. Nesse caso, a concorrente algum será permitido cometer o mesmo tipo de crime, por tê-lo visto ser cometido ao lado; cumpre, isso sim, coibi-lo e extirpá-lo, para não colocar em risco a população, os consumidores, que estarão sendo lesados indireta e indiscriminadamente.

Bem, essa é a forma de concorrência a que as empresas devem se acostumar de ora em diante: quem estiver preparado para ela, permanecerá no mercado, forte e saudável; quem ainda não conseguiu se questionar, rever seus métodos, sua postura, quem não a percebeu ainda, não sentiu os bafejos estonteantes desse mercado em ebulição e mudança a cada dia e a cada hora, a cada minuto e a cada segundo, em busca de seu próprio aprimoramento em relação ao que se faz em lugares economicamente muito mais adiantados, quem não sentiu que o mercado há muito tempo vinha alertando para todas essas mudanças que iriam acontecer num curto espaço de tempo, estará fadado a se transformar apenas numa vaga lembrança de uma existência até áurea, num passado até recente.

Hoje, a maioria das indústrias não está preparada para essa concorrência. Um grande número, por desconhecimento do mercado, ou de sua própria condição interna, acha que está, e não é verdade. Começa o seu erro pela sua própria desorganização, pelo emperramento de seu sistema de base — o produtivo! — e do atendimento ao cliente. Esse emperramento, principal razão de nunca se conseguir um nível razoável de performance em igualdade de condições ou muito próximo dos melhores, é a **concorrência interna**, que existe no âmago dessas empresas, e que não permite que elas ganhem velocidade para conseguir competir. Essa **concorrência**, desastrosa sob todos os aspectos, ocorre com características específicas em cada um dos níveis empresariais. Serão tratados a seguir, para cada um deles: no nível estratégico, no nível tático ou gerencial e no nível operacional.

Parte 2

Ambiente dentro da empresa

> "Você precisa ter metas a longo prazo para evitar ser frustrado por fracassos a curto prazo."
>
> *Charles C. Noble*

CAPÍTULO 7

Concorrência interna estratégica

No nível estratégico das empresas, que é o nível determinante de todas as ações e comandos que a fazem andar como um todo — de maneira mais acelerada ou menos acelerada, da maneira mais correta ou menos correta! — os sintomas de concorrência interna são muito acentuados, mas menores do que no nível gerencial mais abaixo. Mas essa malfadada concorrência interna, quando estabelecida e arraigada nesse nível, é a que permite mais nefastos resultados para baixo na empresa, pois é a mais prolongada, sendo também a mais difícil de ser eliminada, porque na grande parte das empresas nacionais, por serem oriundas de um berço familiar e já bastante diluídas em sua distribuição acionária entre esses familiares, seu nível estratégico ainda é formado de acionistas familiares, e a maioria delas ainda mantém um sistema estritamente fechado e familiar de escolha de seus executivos. Este sistema de escolha ainda é baseado apenas numa composição de forças políticas de sustentação, ora quebrado aqui, ora remendado ali: ocorre que, para fazer funcionar esse esquema de sustentação política da empresa, muitas vezes se abre mão e se descuida de pontos altamente melindrosos que definirão com certeza a possibilidade de perpetuação e continuidade da mesma.

Em primeiro lugar, para a situação de mercado de hoje, não há, nas áreas de execução, ou seja, abaixo do primeiro escalão — e que são, na verdade, as áreas que fazem a empresa realmente andar! — lugar para equilíbrios políticos mal remendados e costurados às pressas com o fito exclusivo de dar sustentação ao insustentável, sem se olhar com bastante responsabilidade para o que vai ser aquele objeto de acordo na empresa daí por diante: só se admitem acordos na empresa, nas áreas executivas, com o objetivo de dar mais velocidade, de retirar quem trava o processo e toda a empresa, por conseqüência, quem não admite ser o empecilho para as pessoas crescerem, embora o sendo. Ou a empresa, através de seu órgão superior, elabora e institui uma única política empresarial, uma única linha de pensamento, uma única razão de existir da organização, ou simplesmente não existirá a organização, dentro de certo tempo muito curto. Costuras e remendos políticos são extremamente importantes, mas somente e tão-somente na cúpula superior da empresa, no seu órgão legislador e definidor dos seus mais altos objetivos, órgão que tem por obrigação viabilizá-la através dos tempos. Só nessa alçada cabem remendos e arranjos políticos, assim mesmo somente durante a formação e montagem desse escalão, através de seu processo específico de eleição ou escolha de seus membros.

É necessário reconhecer como imprescindível que da linha executiva para baixo, ou da Diretoria para baixo, qualquer interferência política significará o definhamento e morte da empresa, com agonia mais lenta ou menos lenta, dependendo do nível de interferências e do nível de maturidade e tolerância dos escalões imediatos. O que deve ser certo, no entanto, é o afastamento de executivos incompetentes e que não dão resultados, ou os que dão resultados aquém dos esperados pela direção maior, ou os que, por qualquer meio, tentam travar o processo de modernização do nível de pensamento empresarial ou gerencial.

É também necessário ser esclarecido que na legislação do Código Civil Brasileiro, qualquer pessoa maior de idade, porque assim pressupõe um regime democrático, tem o direito de dispor de seus bens da maneira que lhe convier e quando lhe convier, exceto os legalmente interditados. Podemos dizer que assim acontece quando um acionista, dono de parte do dinheiro da empresa, começa a ingerir politicamente dentro dela, atrapalhando seu fluxo de crescimento e de melhoria de performance: estará atrapalhando e fazendo mal utilizar os recursos disponibilizados, estará dispondo de seus bens de uma maneira avessa aos processos normais, que são a troca de bens por outros bens.

Hoje ainda, o que existe em um grande número de empresas nacionais é o nível acima do da Diretoria, o Conselho ou os acionistas mais poderosos, completamente envolvidos com o dia-a-dia dessas empresas, acompanhando-as até em detalhes operacionais — que deveriam estar a cargo de pessoas extremamente preparadas e que precisariam apenas ser responsabilizadas para isso! — palpitando aqui e ali, impondo sua opinião pessoal sem que a mesma tenha sido depurada por discussões abertas no foro específico, pressionando e cobrando à revelia de Diretores e gerentes, em *by-passes* espetaculares, colocando em risco todo um sistema que deveria ser totalmente profissional. As ingerências, principalmente daqueles que foram votos vencidos em suas proposições e que não se dão por satisfeitos só naquele foro adequado, acabam por transgredir a ordem natural das coisas, perpetuando a desordem e os canais por onde sempre escorrem as maledicências e os mal-entendidos.

Não se vê, em várias empresas, seu Conselho Diretor se preocupando somente em estabelecer seus grandes objetivos e traçando as grandes diretrizes-mestras por onde a organização como um todo tenha de trilhar soberanamente, por onde os seus executivos consigam trabalhar exercendo seu papel de grandes comandantes, onde consigam se sentir como navegadores-comandantes a mando de um determinado reino, mas donos das decisões pelos caminhos, sabendo que deverão chegar ao destino final, mas, na viagem, tendo completa autonomia de decisão. No fundo, é conceder o espaço próprio para cada nível exercer o seu mister. A grande maioria das empresas nem sabe, nem tem estabelecidos esses grandes objetivos, tampouco as suas diretrizes-mestras, porque o órgão que deveria se encarregar disso simplesmente diminui de tamanho e de performance todo dia, com seus membros se metendo em rusgas de outro nível e intromissões inadequadas e inoportunas dentro da operacionalidade da empresa, para ainda fazer valer uma imagem — que está em decadência no mundo todo! — de amplo poder sobre todas as coisas, de donos absolutos sobre todas as decisões; e isso não é feito só para o público restrito a este exclusivo ambiente, mas também para fora da organização; na verdade, a única forma de demonstração de poder para fora do ambiente das empresas deveria ser a pujança e o crescimento e o vigor com que elas atuam no mercado, o resultado delas. Pode-se ver esses órgãos diretivos de um sem número de empresas apenas preocupadíssimos em cercar possíveis e pequenos furos operacionais, estabelecendo quando muito normas e diretrizes de operação, de conduta e de funcionamento diário, específicas e direcionadas, e pouco se preocupando com o futuro e com a perpetuação da própria empresa. Isso quer dizer simplesmente que os sócios, ali representados pelo Conselho, quando muito, estão se preocupando com o retorno **imediato** do seu próprio dinheiro investido, com o que deve acontecer **agora**, e não com o **retorno** dos investimentos em geral, com a vida **futura**. Acabam por não conseguir nenhum dos dois!

É normal se ver muitas empresas numa labuta terrível para conseguir definir com alguma clareza qual o papel de sua Diretoria e de seu Conselho de Acionistas, e chegar ao fim de algum árduo e penoso tempo com uma crise enorme de relacionamento entre ambos, sem nenhuma conclusão. Tudo isso é simplesmente derivado de pouca ou nenhuma discussão séria e mais aberta sobre a questão, com cada acionista-conselheiro procurando resguardar a sua própria opinião, sem abrir mão de um milímetro sequer em suas antagônicas posições, mesmo que a empresa só arque com os prejuízos desse faccionismo exagerado. Nessa hora, cada acionista-conselheiro que assim age não exerce seu mandato, seu verdadeiro poder de representação, pois se vale única e exclusivamente de sua posição pessoal, acabando por exercer essa representação apenas para si próprio, ou seja, recebe uma delegação de poder de vários acionistas, e a usa em seu próprio benefício. O que é pior, na verdade, não está exercendo esse poder nem para si próprio, pois avacalha toda a estrutura da empresa, dilapidando sua capacidade de alavancar resultados, e diminuindo sensivelmente a capacidade de obter retorno do próprio dinheiro investido: no fundo, esse acionista-conselheiro estará causando prejuízo a si próprio, utilizando para isso o nome de seus representados para valer sua força de imposição na hora e nos locais mais inadequados, deixando o primeiro escalão tonto, ineficaz. Se toda essa força, desde que sejam posições divergentes não antagônicas, fossem direcionadas em benefício da empresa, em busca de sua perpetuação, em busca de uma posição privilegiada ante a concorrência — que não toma conhecimento sequer desses antagonismos a não ser para tirar proveito, — aí sim, se criariam gigantes, contra os quais seria muito difícil uma vitória.

É aí, nessa forma errada de exercer a representatividade dos acionistas que começa o primeiro grande erro das empresas nacionais. E é aí também que começa a criar força e a se arraigar aquilo que se chama o primeiro entrave para distorcer toda a capacidade de a empresa estar em pé de igualdade com qualquer concorrente, em qualquer parte do mundo: a **concorrência interna** desleal e desnecessária. Se esse exercício errado de representação ficasse apenas no campo político, dentro do âmbito do Conselho, que tem a obrigação de acolhê-lo, suportá-lo e restringi-lo, tudo para baixo poderia ainda seguir sua trajetória normal e a empresa seguiria seus rumos tranqüila, com seus executivos tendo também a tranqüilidade necessária para exercer suas funções sem nenhum percalço que não fosse a cobrança dos resultados solicitados e definidos pelo próprio Conselho; mas quando se imiscui com a operacionalização propriamente dita da empresa, tudo fica ainda mais complicado e difícil: a começar dos executivos, todos, além de terem de se esmerar em suas funções para fazer a empresa dar certo, dentro de restritos limites oferecidos, ainda têm de entrar em manobra com as ingerências políticas de posições exclusivamente pessoais!

Acontece que, sem uma discussão bem aberta e profunda, de modo que se defina o papel fundamental de cada órgão da empresa, para que o Conselho Diretor assuma o seu papel principal de legislador em nome dos acionistas e ao mesmo tempo se porte como o órgão judiciário de penúltima instância, só cabendo recursos após ele à Assembléia Geral, e somente essas duas funções básicas, que são, em última análise, os pilares para se exercer o poder absoluto de determinar os destinos e de cobrar dos escalões abaixo de si mesmos que os cumpram com determinação e fidedignidade, a empresa simplesmente não andará a não ser em redor de si mesma, ou andará para o nada, ou caminhará em tamanho lodaçal que acabará por cair nas armadilhas de areia movediça que o destino e os acontecimentos externos se encarregam de preparar-lhe, de graça, e da qual só sairá com alguma ajuda de fora, se houver tempo e alguém com coragem e abnegação suficientes para fazê-lo.

O destino dessas empresas, no final das contas, estará fadado a ser sempre o mesmo, muito difícil, pois não se vê ninguém antagônico disposto a abdicar de suas regalias e de suas posições em benefício do todo, principalmente as pessoas que têm um ego assoberbado e gostam de que o afaguem, e se permitem e se contentam demais com uma demonstração externa de poder e de mando, não importando por quanto tempo, e não percebendo nessa hora de enlevo egocêntrico e de superlação, que a empresa seja a mais prejudicada e que vá se definhar daí a pouco.

Nessa situação toda, o mais estranho é que as rusgas acionárias e políticas são acontecimentos comuns e os contendores não fazem o mínimo esforço para pelo menos dissimulá-los, tanto para o público interno, quanto para o externo, de maneira a transparecer um mínimo de ambiente de coesão possível para permitir o bom andamento da empresa. Ao contrário, cada sectário de uma facção e de uma posição política simplesmente se esmera em colocar seu antagonismo às claras, tanto para dentro da empresa quanto para o ambiente que a rodeia externamente. Não foram e não são até hoje poucos os exemplos de pessoas externas com algum interesse na organização, que a conseguem manobrar ao seu bel-prazer, auferindo vantagens e mais vantagens, apenas com a utilização oportuna da abordagem ora de uma das facções ora da outra, tirando o máximo proveito para si próprios e para outrem.

Não são também poucos os exemplos de pessoas externas à organização da maioria dessas empresas, que conseguem desfilar como um rosário de contas todas as situações de antagonismo acontecidas dentro das mesmas, e com uma riqueza de detalhes de fazer inveja a qualquer bom escritor de novelas de televisão. E em todas essas oportunidades, quem cuidou para que esses episódios extrapolassem o âmbito de onde e como e quando ocorreram, foram os próprios envolvidos, na ânsia de demonstrar para fora da empresa o que na realidade não são e não foram dentro dela, principalmente nos próprios episódios que fizeram questão de relatar: detentores de poder!

Na realidade, em assim agindo, o que essas pessoas conseguem é tão-somente colocar a sua própria empresa numa situação ridícula, de maneira que aos poucos todos os conhecedores de sua situação de antagonismo interno comecem a duvidar e a desconfiar da sua perspectiva de continuidade.

Alguns começam de imediato a torcer por sua queda o quanto mais rápido. Enquanto isso, principalmente nas rodas de conversas em eventos oficiais, a empresa se apresentará como entidade séria, ali representada por uma pessoa que quase sempre estará apenas representando um mero papel de ator para a platéia que sabe exatamente sua condição real. No final, somente a imagem da empresa sairá arranhada e distorcida.

Quando os acionistas não conseguem ficar ou se posicionar apenas como os grandes definidores dos destinos de seu próprio dinheiro empregado no capital da empresa, entregando a realização desse destino a pessoas mais bem preparadas para consegui-lo em menor tempo e a um custo mais baixo, e não conseguem exercer também apenas o papel de fiscal absoluto dessa consecução, através do órgão que existe justamente para exercer esse papel em seu nome, chamado Conselho Diretor ou outro nome mais adequado, toda a empresa, de cima abaixo, correrá sério risco de se ver envolvida numa concorrência interna acirrada, violenta, destruidora. Ninguém, por mais profissional que seja, estará alheio a esse processo, nem estará imune a seus funestos resultados e efeitos colaterais. É normal, nesses casos, o bom profissional de nível alto ou intermediário suportar esse ambiente durante um certo tempo e simplesmente ir procurando alternativas para sair da empresa, até conseguir realmente sair para outro ambiente mais salutar.

Pois bem, no nível estratégico, a concorrência interna começa e se instala através da indefinição ou a mistura indesejável de papéis entre os acionistas, através de seu Conselho Diretor ou Conselho de Administração e a própria Diretoria. Os conselheiros ou muitos deles tentam, por apenas vaidade pessoal, exercer o papel de executivos também, porque é o meio que acham mais fácil de se apresentar como pessoas importantes dentro da empresa, através da tomada de decisões. Não entendem esses senhores que a Diretoria, nomeada por eles, é quem tem o dever de fazer andar a organização, dentro das diretrizes estabelecidas, e dentro dos prazos e condições definidas pelos próprios acionistas.

Há, no entanto, empresas que têm alguma definição mais aprimorada desses papéis de legislação e execução, mas que mantêm, destarte, um regime acirradíssimo de concorrência interna dentro de sua Diretoria. O que acontece é muito simples, é que o Conselho, apesar de uma definição de papéis claros, não foi capaz de amortecer e abrigar todas as seqüelas do faccionismo político dos acionistas principais, e deixou transbordar rusgas para dentro da Diretoria, com a nomeação apaziguadora de alguém de uma facção, em detrimento de outra.

Por outro lado, em um grande número de empresas, mesmo com a não intervenção de acionistas em seqüelas com seus Diretores, ainda assim se estabeleceu e vigora o clima de concorrência interna, muitas vezes tolerado e até estimulado. Isso acontece na maioria das vezes porque: a) as áreas são faccionadas demais, sectárias ao extremo, e cada Diretor, não conseguindo eliminar esse sectarismo de sua própria área, absorve-a e começa a disputar com seu par um maior nível de importância dessa sua área na organização; b) um Diretor assumiu uma área muito pequena, que não lhe ocupa muito tempo, por ser superdimensionado para ela, então se imiscui com a outra área de responsabilidade de outro Diretor, e as disputas e desavenças se instalam; c) há um quadro de pessoal gordo demais abaixo do Diretor de determinada área; cada assessor ou gerente quer mostrar serviço de qualquer maneira e começa a cruzar invasões de áreas, atritos, desavenças, mal-entendidos, informações mal elaboradas e maldosas, para comprometer alguém etc; d) não há uma coordenação perfeita entre o Presidente e os demais Diretores: alguns se sentem um pouco mais prestigiados do que outros, e alguns conseguem mais "**sim**" do que outros, e alguns estão mais presentes do que outros; e) não existem regras definidas de atuação e autonomia, de modo que todos podem fazer quase tudo, inclusive atrapalhar o bom andamento da empresa; os mais afoitos tratam de aparecer mais, tanto para dentro quanto para fora da empresa; não há sintonia no grupo de Diretores, de modo que sempre alguém que não o Presidente vai ficar sempre em maior evidência do que outro, causando ciúmes e disputas; f) algum Diretor muito incompetente ocupa uma área por demais importante e os demais, por ciúme, procuram massacrá-lo em qualquer oportunidade, principalmente na presença de sua equipe; não se contentando com isso, procuram desestabilizá-lo também fora da empresa; g) um Diretor, por precaução, nomeia seus **olheiros** na área do outro, de modo a ficar sabendo tudo que acontece, antes mesmo do titular da área, e fomenta essas informações dentro da empresa, procurando meios de mostrar ser mais competente que o outro; h) um Diretor omite propositadamente informações vitais para outro Diretor, de modo que o mesmo nunca vá ficar sabendo com exatidão o que está acontecendo, inclusive dentro de sua própria área; i) dois ou mais Diretores apenas se toleram dentro da empresa, nunca se relacionam, um fala sempre mal do outro, procuram caracterizar-se assim e transmitir essas diferenças para dentro das respectivas áreas; j) um Diretor mantém, propositadamente, em seu quadro, um desafeto do outro Diretor, de maneira acintosa para demonstrar-lhe quem realmente manda dentro dessa área.

Com qualquer um desses ambientes não é preciso se imaginar onde é que a empresa vai parar, mesmo que isso possa demandar um pouco mais de tempo. A fragilidade e pouca decisão dos atos da Diretoria também ajudam a aumentar o ritmo da decadência. A permissividade de Diretores que não conseguem pensar no todo, no conjunto, às vezes não se sacrificando em benefício do que é melhor para a empresa, torna a consecução de resultados muito mais difícil, enquanto o mesmo não acontece no concorrente mais próximo. A visão antiga de se medir apenas o custo do que é feito, descuidando-se de medir também o custo do que não é feito, e contabilizar essa pesada conta a cada responsável, levará sempre a empresa a ter os custos e a qualidade de seus produtos e serviços bem acima do que os do concorrente mais próximo.

Sem contar que, estimulada de cima, as intrigas, as rusgas, as dissidências, as maledicências, se espalham totalmente para baixo, com toda a voracidade, cada um tentando tirar mais proveito em benefício próprio, às vezes para se resguardar, às vezes só para levar vantagem pessoal mesmo. E o nível imediato, o tático ou gerencial, por natureza, é o que absorve mais facilmente toda essa situação.

CAPÍTULO 8

> "No mundo dos negócios, todos são pagos em duas moedas: dinheiro e experiência. Agarre a experiência primeiro, o dinheiro virá depois."
>
> *Harold Geneen*

Concorrência interna tática ou gerencial

No nível tático, que é aquele ocupado pelas altas e médias gerências, imediatamente abaixo do primeiro escalão, em quase todas as organizações industriais nacionais, há dois pecados, todos os dois acabando por levar a níveis que beiram desastres administrativos, que determinam a perda gradativa de competitividade interna e externa: o primeiro grande pecado é a falta absoluta de profissionalismo nas relações de um nível em que esse detalhe, pequeno detalhe às vezes, é o aspecto fundamental da razão de ser dos cargos e funções; o segundo grande e não menos gritante pecado é a falta de domínio da situação interna da organização, por parte de quem ocupa o cargo ou função. Os dois contribuem de forma bastante eficaz para a indução inexorável a um ambiente de intrigas, fofocas e de preferências pessoais nada interessantes para a empresa como um todo. Esse ambiente fértil de intrigas e fofocas faz cair o ritmo da organização, porque induz as pessoas a perderem rapidamente a motivação — as pessoas realmente mais profissionais, — ou a se aproveitar da situação para provocar mais intrigas, auferindo benefícios para si próprios ou para terceiros.

E não é só nas médias e grandes empresas que isso acontece com tanta voracidade e freqüência: também nas micros e pequenas, também nos grandes e pequenos setores, nos pequenos e grandes departamentos, nas divisões, nas unidades de produção em geral, quase sempre se encontram esses dois pecados capitais que, presentes e fortes, trarão sempre, como conseqüência de sua existência e de seu fomento, com o passar do tempo, maior ou menor desastre, este tamanho dependendo apenas da situação em que se encontrar a empresa, de sua força em tentar se superar, do quadro funcional e da experiência de seu próprio pessoal interno, levando-a para a perda gradual da capacidade de competir em qualquer mercado globalizado. A empresa vai definhando por falta de oxigênio no seu sangue, oxigênio que se chama produtos bons, produção efetiva, ambiente saudável, custos baixos, domínio de processos; a empresa só vai conseguindo competir em mercados cada vez mais restritos, até que outro concorrente mais esperto e mais bem estruturado chegue e a expulse daquele território até então ocupado, para que ela procure seu lugar em outro espaço mais restrito ainda.

Se olharmos a maioria das nossas empresas mais de perto, no que concerne a seu corpo gerencial, aqui nos referindo a todo o corpo de liderança de médio nível para cima, exceto o nível de Diretoria ou primeiro escalão, de que já tratamos no capítulo anterior, é quase certo que em cem por cento delas se vai encontrar um caso de alguém pouco ou quase nada profissional ocupando um dos cargos ou funções de liderança. Quando não encontramos vários, alguns **encostados**, outros ocupando funções ridículas com salários altíssimos naquela função.

Convenhamos que um ou outro, num universo de dezenas de ocupantes de cargos de gerência, é até comum e aceitável, durante um certo tempo, se se levar em conta a origem pouco profissionalizada de nossas empresas em seus níveis de gerência até há bem pouco, e que essa profissionalização não iria acontecer de supetão, de repente, de uma hora para outra. Esses casos, se exceções, passam às vezes até despercebidos, com o virtual ocupante do cargo tendo, por aproximação com os demais pares profissionais, de se enquadrar dentro do senso comum, ou que passar a destoar tanto da maioria, que acaba sendo expurgado. No fim, se for mesmo exceção, ou a pessoa se emenda, evoluindo seu nível, ou o expurgo será inevitável.

Na condição atual das empresas nacionais, ou de sua maioria absoluta, ainda não há como se exigir muito de uma pessoa de nível gerencial para que seja estritamente profissional: estamos vindo de um sistema completamente paternalista, as dificuldades são muitas, e a absorção de um sistema de gerenciamento isento e correto ainda é muito difícil, dado o despreparo com que conta todo o nosso sistema administrativo e de gestão superior. O que acontece é que os poucos que tentam ter atitudes e posturas mais modernas de pensamento e de posicionamento, normalmente são tachados de fora de sintonia com os valores das empresas, muito modernos, ou exigentes em demasia, radicais até.

Mas diferenciar um gerente profissional de um gerente de atitudes de profissional é extremamente necessário, embora a junção dos dois fosse do maior interesse: um profissional, a partir de certo ponto, começará a preponderar o seu interesse sobre o da empresa, embora sem muito prejuízo para ela, pois ele sempre levará em conta que tem um nome **profissional** a zelar; já um gerente de atitudes profissionais, vai embasar todos os seus atos, em todas as suas ações, sempre com o pensamento de os realizar apenas como o legítimo **representante** da empresa que o absorveu, que está comprando o seu serviço, que está pagando pelos seus conhecimentos, que confiou nele e que deve esperar o melhor de seu empenho, sem nenhum policiamento ostensivo que não seja a cobrança dos resultados esperados, mas dentro de parâmetros de qualidade desses resultados.

Quando a empresa ou unidade de produção, ou setor, ou departamento, está carregado de pessoas mal escolhidas ou de atitudes amadorísticas e não profissionais, a balbúrdia aos poucos se instala, permanece, viceja e cresce assustadoramente. Normalmente, também por falta de uma visão mais abrangente ou falta de domínio da situação interna, quem provoca esse estado de coisas, ou pelo menos o permite, ou o tolera, é o nível imediatamente acima daquele nível gerencial que está com problemas: como quase em todos os ambientes de concorrência interna de uma empresa, o erro, ou sua permissão, ou o seu acobertamento, parte de cima, confirmando uma lição bastante aprendida nas escolas de administração: não procurar a causa do erro onde ele estiver acontecendo, mas procurar nas chefias responsáveis pelo setor. Se uma empresa vai mal, procura-se a causa do erro nos seus diretores; se uma fábrica vai mal, procura-se a causa do erro em seu gerente; se um setor vai mal, procura-se também a causa do erro em sua liderança de setor; se uma célula de produção vai mal, pode-se procurar a causa do erro em sua coordenação! Isso é válido em qualquer dos quatro pontos cardeais, mas, em bem poucos lugares se atenta para essa verdade; procura-se sempre resolver os erros mediante a nomeação e sacrifício de alguns poucos bodes expiatórios, ou, simplesmente, por meio de cortes na produção ou no pessoal de baixo nível.

Bem, a falta de profissionalismo nas atitudes de gerências e lideranças de nível tático nas empresas, ou a concordância, permissão e conivência com o não profissionalismo, normalmente é resultante da falta de domínio do ambiente ou da situação interna, por parte da alta direção. Como ocorre isso, vamos ver mais adiante, mas por que ocorre? Na verdade, um bom gerente, ou uma boa liderança de qualquer setor ou unidade industrial, ou departamento, deve ter domínio psicológico total sobre sua área, ou não funcionará direito. Não nos referimos a um sistema de domínio ditatorial, mas sim do domínio no que se refere a ter controle total sobre a sua área, de maneira até a se antecipar sobre o que vai acontecer: prevendo alguns resultados que vão ser conseguidos, sabendo o que está acontecendo no dia-a-dia, acompanhando de perto como andam as coisas, dando notícias do que vai pelo chão de fábrica, sabendo o senso comum de seus comandados, burilando-os no caminho mais proveitoso para a empresa, informando com veracidade, e não transformando sua opinião própria em verdade a ser repassada para os canais superiores, com subterfúgios para parecer que sabe o que está acontecendo.

Não se pode esperar que um bom gerente descreva seus métodos, mesmo que ele os compreenda. Eles beiram a manipulação, o que pode ser fatal na condução dos negócios gerenciais. Caso a organização o identifique como um manipulador, sua tarefa se tornará bem mais difícil, pois ninguém se submeterá à manipulação, e as pessoas que trabalham com ele se organizarão para se protegerem. Apesar disso, todo bom gerente precisa manipular, principalmente pessoas que acreditam nele, que confiam nele. Sob condições competitivas, o gerente deve ser capaz de mover sua organização em direção às necessidades por ele estabelecidas, de maneira a levar a organização ao patamar solicitado, de retorno mais alto sobre seu investimento, de melhoria do produto, de desenvolvimento do talento gerencial dos subordinados, de crescimento mais rápido em vendas e retorno das vendas, ou em qualquer outro padrão preestabelecido.

Vale a pena lembrar que a gerência não existe realmente, é apenas uma palavra, uma idéia, um conceito. Como ciência, governo, engenharia, gerência é uma abstração completa. Mas os gerentes existem, e não são abstrações, nem seus atos e as conseqüências deles são abstrações: pelo contrário, os gerentes são também seres humanos, são indivíduos com uma função especial, a de liderar, movimentar, e trazer para fora, para o campo de visão e percepção as potencialidades latentes — **e os sonhos** — de outros seres humanos!

O primeiro dever — **responsabilidade constante!** — de um gerente é lutar denodadamente em busca de melhores resultados econômicos possíveis, a partir da utilização correta dos recursos colocados à sua disposição. E esses melhores resultados só serão alcançados através de uma análise realista e isenta, uma adequada alocação dos recursos a tempo e a hora, e, principalmente, uma **decisão acertada** quanto às prioridades empresariais.

Para se ter realmente um bom gerente, é necessário, antes de qualquer coisa, analisar todos os requisitos necessários à função. Esses podem variar de empresa para empresa, no tocante à valorização maior ou menor de um item em relação ao outro, porém, todos eles se inserem no campo do essencial para se ter um bom profissional, capaz de levar a termo o bom andamento da organização. No entanto, caso ainda se consiga errar na escolha de um bom gerente para a organização, antes de se deixar desmoronar todo o empenho de todos os colaboradores, antes do desânimo tomar conta de todas as áreas, não se deve ter nenhum constrangimento de trocá-lo a qualquer tempo, e, principalmente, o mais rápido que se puder.

Um bom líder ou gerente deve ter também algumas habilidades gerenciais inatas, que podem ser buriladas com o tempo, mas nunca serão adquiridas, e sem as quais não irá conseguir exercer sua função a contento. Ao contrário, sem essas habilidades completamente buriladas através da experiência, de estudos, de cursos específicos que existem para tal, ele provocará muito mais distúrbios e turbulências por onde andar, em lugar de conseguir que a máquina empresarial sob seu comando realize o seu intento. Compete aos seus superiores imediatos fazer a sua avaliação constante e exigir do próprio gerente que ele também faça sua auto-avaliação constante, de modo que, confrontando-se as duas, sejam as mesmas discutidas pessoalmente, justificando um encaminhamento a treinamento, ou justificando uma não promoção iminente, ou até mesmo a dispensa.

O que acontece, no entanto, nas organizações, são promoções inconvenientes e injustas, sem o correspondente treinamento do gerente e sem o correspondente acompanhamento de sua performance, de modo que o mesmo sempre se sentirá acuado e aturdido, e comece a fazer besteiras com sua equipe, até ser fritado por seus superiores imediatos, num processo doloroso para a empresa, para o gerente mal promovido, para seus superiores, para a equipe do gerente, e para os clientes. Até que se promova a remoção do gerente inadequado, simplesmente a empresa anda para trás, tanto no seu processo de produção propriamente dito quanto no crescimento das relações das pessoas. Ao fim de algum tempo, ao se nomear um outro gerente menos inadequado que o anterior, a empresa, ou a unidade de produção, ou o setor, ou o departamento em que atuava o gerente anterior, terá de se adaptar novamente a um novo líder que também vai estar despreparado para a guerra que se chama concorrência, pois não terá muito tempo para conduzir sua equipe segundo os ditames desse novo mercado em ebulição, dado que deverá reconstruir todo um ambiente de normalidade.

As habilidades gerenciais referidas anteriormente, sobre as quais vamos discorrer a partir de agora, são totalmente imprescindíveis a qualquer gerente, de nível médio ou alto e, dependendo da empresa e da sua localização física, podem ser ponderadas individualmente para mais ou para menos. São dez, e um gerente ou líder que se preze, numa avaliação de 1 a 5 em todas elas, deve atingir pelo menos quarenta pontos, sendo que em qualquer delas que obtiver nota mínima, deve passar antes de ser escolhido gerente por um programa de treinamento focado naquela habilidade gerencial em que é ruim. São elas:

Organização

O gerente ou líder consegue saber, pelo menos dentro de sua sala, onde está cada coisa, ou precisa sempre estar sendo socorrido por uma secretária, no desespero e aos berros? Muitos gerentes se prezam de ter excelentes secretárias, que dominam completamente sua vida diária, num processo de escravização burocrática que os transforma em verdadeiros bonecos. Alguns se dão ao luxo até de se deixarem escravizar em assuntos particulares, não sendo donos de sua conta bancária, não sabendo ter domínio sobre os acontecimentos externos particulares, nem tampouco de sua própria casa. A secretária cuida de tudo, e o boneco ainda se vangloria de **não saber o que fazer sem aquela sua secretária**.

O gerente ou líder consegue mentalizar fatos passados na empresa e correlacioná-los com a situação presente? É um dos itens em que a maioria dos gerentes é mais falha, pois eles não conseguem se lembrar nunca de algum acontecimento que provocou um erro ou uma perda em outras épocas, para prevenir possíveis erros no presente ou no futuro. Cada acontecimento é simplesmente um fato novo, gerando novas conseqüências, porque repetitivo em nova época, e as soluções são sempre as mesmas, pois não se memorizou o mesmo acontecimento no passado, e quais conseqüências trouxe àquela época.

O gerente tem domínio e consegue arrumar novos espaços em sua agenda diária, ou para se falar com ele deve-se marcar com uma semana de antecedência, ainda sujeito a cancelamento? Há determinados tipos de gerentes que se gabam de serem extremamente ocupados, e que não encontram tempo **nem para ir ao banheiro**. No mínimo, há um processo muito grande de desorganização administrativa, e, para analisar isso, precisa-se passar, invariavelmente, por uma análise também de seu processo de centralização, pois, normalmente, tudo, nos mínimos detalhes, passa pelo seu crivo pessoal, embora quase sempre não consiga depreender quase nada do que assina e vê.

Alguém dentro da fábrica o vê com freqüência, ou é um turista acidental? Há alguns **bons** gerentes que simplesmente fogem de dentro da área onde deveriam atuar, e se contentam em ficar atulhados de compromissos burocráticos, quando o mais importante acontece longe de suas salas refrigeradas. Em parte, isso acontece porque ele não consegue se desvencilhar de seus papéis e de sua burocracia, nem delega a alguém gabaritado para tomar conta daquela burocracia necessária ao andamento da organização. E se não chega perto do ambiente de produção do qual é o responsável maior, como vai querer comandar o que não vê, o que não sente, aquilo de que não dá notícias? Simplesmente manipulando as informações quando elas não lhe são favoráveis e causando prejuízos à organização em que atua!

Alguém de dentro da fábrica reclama que não consegue falar com ele desde...? É um sintoma claro de falta de organização e falta de priorização de ações! Um bom gerente, de qualquer nível, deve prioritariamente atender aos reclamos de sua equipe, pois é com ela que vai contar sempre, em qualquer época, para conseguir realizar os objetivos da empresa. Se não consegue arrumar oportunidade de atender a seus próprios comandados, é porque simplesmente relega sua própria equipe a segundo ou a terceiro plano no seu nível de prioridade. E uma equipe que não consegue se fazer ouvir por seu próprio comandante, simplesmente deixa de ser uma equipe.

Atualização tecnológica

O **gerente ou líder se preocupa em ler sempre e discutir com seus pares as últimas evoluções tecnológicas** ocorridas em seu ramo de atividade, ou é aquele que se considera o verdadeiro sabe-tudo que é mais inteligente que os demais? Há casos de gerentes ou líderes que até chegam a ler, porém, apenas com o intuito de estarem mais à frente que seus pares e de seus subordinados, de estarem mais informados do que eles, chegando mesmo a menosprezá-los, considerando-os aquém de seu nível intelectual. Não lêem para aprender, apenas para mostrar a alguém que estão mais atualizados. Quando chegam a entrar em alguma discussão sobre algum assunto técnico sobre o qual leram as últimas novidades, normalmente é para se colocarem pairando acima das demais inteligências do grupo, como que dizendo, com olhar superior: **aprendam comigo, cambada de burros que não lêem!** Este tipo de gerente normalmente é o que causa mais desagrado a seus pares e a seus subordinados, pois, na maioria das vezes, é o que menos resultado dá para a empresa: basta verificar sua condição de liderança dentro de sua própria equipe, o tratamento que ele dá a seus subordinados, normalmente se achando com um nível muito superior ao daqueles coitados que ali estão para o servirem. Para a empresa, o interessante mesmo é que sua equipe de gerentes ou lideranças consiga usufruir mutuamente os conhecimentos, de modo a, compartilhando-os com os demais, cada um sair sempre engrandecido de uma discussão técnica. Não sendo assim, começam logo os grupinhos, de quem se dá bem com quem, de quem conhece e quem não conhece, começando imediatamente o processo de deterioração do relacionamento entre os pares.

O gerente consegue discutir a fundo questões técnicas e práticas administrativas com seus pares e seus subordinados? Consegue dar exemplos práticos em suas discussões? A maioria dos gerentes de uma organização começa por discordar de observações e críticas de seus pares a respeito de sua equipe, apenas por discordar, para não dar o braço a torcer, para não perder a pose. No seu pensamento, cada um deve cuidar de sua área, não se intrometendo na do outro. Erro absoluto, pois muitas vezes alguém de fora percebe com muito maior clareza alguns aspectos negativos na equipe alheia, porém, não deve ter nunca o mesmo nível de **autoridade** para corrigir esses aspectos quanto o próprio líder da equipe. As empresas convivem com o ambiente de ninguém poder se meter com a equipe alheia, porque os gerentes de nível superior simplesmente se incomodam com isso, porque as críticas, embora oportunas, geram certos conflitos iniciais de relacionamento que eles têm de resolver. Na maior parte das vezes o gerente ou líder não permite nenhuma discussão mais profunda sobre qualquer assunto técnico envolvendo a sua área, com receio de se expor ao ridículo de não conhecimento do mesmo assunto; além disso, também por não terem tanta **autoridade moral** com sua própria equipe, de modo que a temem.

O gerente, quando não sabe ou não entendeu determinado assunto, confessa-o abertamente, ou se cala? Ou simplesmente dá seus memoráveis chutes costumeiros? O não entender algum assunto é um dos maiores pesadelos do nível gerencial. É que as empresas colocam ou promovem um gerente e passam a exigir dele que não falhe nunca, porque não será perdoado; que saiba tudo, porque não será permitido que não saiba; que não fale nenhum contra-senso, porque será eternamente lembrado como aquele que falou aquela asneira na presença de todos. Então resta ao coitado, que normalmente foi mal preparado para o cargo, calar-se e se matar de agonia, procurando com os colegas, através de algumas **dicas** disfarçadas, entender o que foi discutido. Os gerentes saem às vezes das reuniões de discussão dos assuntos como entraram: sem entender nada, mas sabem muito bem fingir que entenderam. E repassam mal, para baixo, de modo que a dúvida, ou será piorada, ou simplesmente irá continuar como dúvida por muito tempo mais. Esse despreparo tecnológico e intelectual influenciará muito no comportamento de sua equipe e de seus pares. E no resultado, conseqüentemente.

O gerente absorve com facilidade novas tecnologias, ou isso é o seu constante pesadelo? Na verdade, é um grande pesadelo dos gerentes de médio e alto escalão a atualização tecnológica, no que se refere a novas técnicas de gerenciamento e de relações com os clientes internos e externos. A maioria dos gerentes atuais das empresas ainda se aferra a seus princípios de administração antigos e não se preocupa muito com o que acontece com o mundo a seu redor, quando os concorrentes de grande porte já evoluíram o bastante para estar à frente dessa empresa. Para muitos gerentes, acostumados anos a fio com seu *modus operandi* que ainda dava certo e poderá continuar a dar, dependendo dos resultados requeridos por seus superiores, é muito difícil reaprender novas técnicas de administração, de controle, de análise de resultados e de relações interpessoais, eles que se imaginam verdadeiros professores nesses conceitos. Aí então permanece aquela diferença gritante para com o concorrente que está no ápice do mercado, que possui uma equipe industrial, de retaguarda, totalmente sintonizada e satisfeita, uma equipe que dá os resultados que o mercado solicita, pois seu gerente está completamente sintonizado com as técnicas mais modernas e atuais de condução da mesma. É normal nas empresas cujos gerentes ainda mantêm seu sistema arcaico de administração, surgir um gerente mais novo, com idéias mais avançadas e atuais, e o coitado ser simplesmente queimado, para não provocar a revolução que as cabeças mais antigas imaginam ser. O novo, o diferente, não pode nunca perpetrar a organização, porque colocará o antigo sob pressão, sob insegurança. O resultado, praticamente todo mundo sabe, com o advento do tempo: desmotivação, esmorecimento, perda de competitividade, diminuição de ritmo de produção e prejuízos.

Controle

O gerente ou líder sabe exatamente o que está ocorrendo dentro de sua fábrica ou setor? Há gerentes que imaginam saber, justamente por manter dentro de sua unidade de produção ou unidade de negócios, ou setor, apenas uma turma de **olheiros**, que o posiciona sobre o que pensa a equipe, quem é contra e quem é a favor, quem é fácil de acatar ordens e quem não é. Assim, o gerente imagina que tem a situação sob completo domínio, até que começam a desandar as coisas, sem sua mínima percepção ou previsão: é que saber o que está ocorrendo dentro de seu ambiente de produção não quer dizer simplesmente ter domínio ditatorial sobre as pessoas, impondo sua linha de pensamento e encurralando todos os subordinados dentro de um pequeno limite de liberdade. Saber o que ocorre, dentro do ambiente de produção ou setor, significa tão-somente ter domínio absoluto e total sobre **todos** os fatores de produção, no sentido de ter poder de atuação antecipado sobre eles, tais como custos, produtividade, utilização racional dos recursos, principalmente humanos, saber maximizar poucos recursos e minimizar custos ou dificuldades, saber a origem dos defeitos e perdas e eliminá-los rapidamente, ou fazer com que a equipe tenha poder de discernimento para procurar eliminá-los, com a sua ajuda ou não, saber o que pode e deve ser feito a cada hora, a cada minuto, a cada situação adversa, e movimentar seu pessoal para aquilo, de maneira que as coisas aconteçam de verdade, como devem acontecer, mas, principalmente, que **aconteçam!** Saber prever o que acontecerá e saber mover todos os recursos para acontecer melhor do que o esperado, superando obstáculos e alcançando **todos** os objetivos no tempo desejado ou até antes.

Que instrumentos de controle possuem? São capazes de demonstrar a real situação do setor? Há situações em que o gerente possui alguns poucos sistemas de controle para informar o que acontece diariamente na área de produção e adjacências. O que se vê, na maioria das vezes, são sistemas de informações de cunho estritamente pessoal, informações que se prestam a um único fim, para dar alguma resposta específica e ter desculpas na ponta da língua. Poucos se preocupam realmente com a manutenção de um bom sistema de controle e de informações, onde, com uma única olhadela rápida e geral se possam perceber desajustes aqui e ali, e procurar corrigir a tempo, via seu dedo pessoal, via sua atuação pessoal, via sua percepção rápida. Há também sistemas de informação tão complicados e com tantas informações sem nexo e sem necessidade, que o gerente acaba por se acostumar a verificar um único item que domina com certa facilidade, passando a falar sobre a fábrica ou o setor, embasado exclusivamente naquele item de controle. Quando alguém mais esperto, seu subordinado ou seu par, ou mesmo seu superior, percebe essa dependência exclusiva, começa a manipular essa informação, de modo que os números apresentados pareçam exuberantes, embora todas as outras informações digam exatamente o contrário. É preciso que o gerente saiba exatamente o que quer controlar, o que interessa saber de dentro de sua fábrica, como quer ser informado, de maneira que possa vislumbrar através de seu sistema de controle todo o andamento da sua atividade. Se ele tem domínio técnico sobre toda a área sob sua responsabilidade, é certo que saberá o que quer de informação no seu dia-a-dia, e tratará de solicitar a alguém que lhe repasse essas informações, da forma mais burilada possível.

O gerente é capaz de fazer comparações rápidas e solicitar de alguém explicações, ou este alguém tem de se esmerar sempre em decifrar o que aqueles números querem dizer? A maior dificuldade existente hoje nos níveis gerenciais é a de correlação de fatos e tomada de decisão frente a uma situação iminente, que ninguém ainda imaginou acontecer, mas que o gerente deve ser capaz de antecipar e evitar. É muito difícil encontrar um gerente que saiba fazer isso com naturalidade, pois todos imaginam ser uma tarefa bastante complicada e de difícil execução. A maioria dos gerentes se contenta em analisar superficialmente os acontecimentos do dia-a-dia e tomar algumas decisões, — **quando as tomam!** — à luz dos acontecimentos, para não errar; decisões banais, normalmente possíveis de serem tomadas por qualquer subordinado um pouco mais esclarecido. Um bom gerente **tem** de ser capaz de prever acontecimentos e de minimizá-los antes que aconteçam, se forem de cunho negativo, ou priorizá-los antes que aconteçam, fomentando a sua realização, se forem de cunho positivo. Mas, pelo estilo existente de nossos gerentes, quase nunca se vai chegar ao nível desejado, pois a grande maioria realmente se preocupa apenas em viver o presente, ao sabor das correntezas para as quais o destino os empurrar. Uma grande parte se empanturra de dados que não são informações, porque mal tabulados e mal elaborados, quando não são manipulados, e não sabe o que fazer quando as coisas simplesmente teimam em acontecer diferentes do que foi desejado ou planejado. Aí, a melhor arma ainda hoje utilizada é sair à cata de desculpas, que são imediatamente aceitas pelo nível superior, que também não se encarregou de elaborar um bom plano de trabalho em que cada subordinado seu tenha objetivos bem definidos a cumprir. E, passando a primeira desculpa por algum fracasso, outras virão, numa continuidade que será o lugar comum da empresa, até que algum corajoso, possivelmente de fora, chegue e acabe com a ciranda. Já aí, a situação estará tão catastrófica que poucas alternativas restarão para solidificar a empresa!

Liderança/comando

O gerente realmente exerce uma liderança positiva sobre sua equipe, é capaz de se impor sem ser ditador? A condição de liderança de um gerente é um dos itens mais importantes das habilidades gerenciais para realmente se trabalhar em equipe. Um gerente deve permitir sempre a discussão em bom termo, sem chegar à agressão. Um gerente, quando exprimir sua opinião, deve ser ouvido com respeito e atenção, não como o ditador que verifica disfarçadamente quem não está prestando atenção, para perseguir depois, mas porque sua opinião tem peso positivo para a equipe, que o reconhece como aquele que está falando com base em seu próprio conhecimento e em informações que possui. Um bom gerente não precisará nunca ter pessoas de sua confiança pessoal para bisbilhotar o sentimento dos membros de sua equipe sobre o que falou para eles, pois colherá a opinião de todos e terá a humildade necessária para reconhecer uma melhor alternativa que não a sua. Um bom gerente, que eleve o moral de sua equipe, causa orgulho na própria equipe, pois representará sempre o pensamento comum e, mesmo nas situações adversas, estará sempre com uma palavra de incentivo, e saberá manter o moral da equipe. Um bom gerente não será nunca apenas uma referência desastrosa ocupando um posto de comando.

Seu pessoal realmente acata o que ele diz, ou simplesmente faz de conta que não ouviu? Há gerentes que não têm um pingo de liderança sobre sua equipe, e viram objeto de chacotas: todos reconhecem sua posição de **estar** gerente, e simplesmente fingem que seguem seu comando. A demonstração de liderança de equipe nunca pode ser feita de forma ditatorial. O ditador sempre partirá aos gritos e de uma maneira indelicada, descortês e mal educada para com seus subordinados. Um bom gerente saberá dosar com naturalidade a energia que deverá ser utilizada com seu pessoal, deverá saber dizer verdades que doem, mas dosadas com a mais pura cortesia e educação. Um bom gerente, que saiba realmente ser o líder de sua equipe, sabe dizer **não** com naturalidade, e **sim** com convicção. Um bom gerente nunca usará do subterfúgio de ir enrolando, procrastinando a decisão, até o subordinado se esquecer ou desistir de sua reivindicação. Só assim conseguirá atingir maturidade de comando, na situação difícil que as empresas enfrentam hoje.

Quando precisa agir com energia, ele é capaz de fazê-lo de imediato, ou reluta... reluta... reluta... até se acostumar com o erro? O medo de tomar decisões, principalmente quando são decisões polêmicas e que vão gerar muitas contestações e reclamações, é um dos maiores vícios gerenciais. Na verdade, a maioria deles, não sem alguma razão, dada a situação paternalista que ainda se encontra nas empresas, prefere se acostumar com os erros, conviver com eles e amargar a decepção de não ter tido principalmente coragem para decidir e agir. No final, sobra é um sentimento de derrota, porque se aprendeu um dos maiores erros gerenciais que existem, o da omissão de ação. Na grande maioria das empresas isso é tão comum, o regime de libertinagem existe já arraigado de tal forma, que todos se sentem protegidos e se protegem mutuamente, debaixo do guarda-chuva do próprio gerente. Muitas vezes acontece também de um gerente tomar suas decisões duras, mas completamente acertadas, e se ver na incômoda situação de ser desautorizado pela sua chefia superior, à custa de apadrinhamentos e amizades escusas. Não é preciso dizer nada do ambiente que fica, mesmo porque um bom profissional simplesmente não continuará na empresa após ser desautorizado numa sua atitude ou decisão acertada. No entanto, isso só tende a desfigurar a empresa daí por diante, com cada empregado tentando entrar para debaixo do guarda-chuva protetor.

O gerente é mal-humorado constantemente? É bem-humorado constantemente? Apesar de que todo gerente também é uma pessoa humana, e como tal deve se comportar, ele deve ser a pessoa mais bem preparada do grupo, ou da equipe, portanto, a pessoa de melhor estrutura emocional, referência para todo o seu pessoal. Não há necessidade de chegar sempre à fábrica, ou setor, ou departamento, com um largo sorriso nos lábios todos os dias, nem é preciso destilar seu mau humor sempre que as coisas vão mal. Um bom gerente tem noção plena do equilíbrio emocional e sabe dosar constantemente esse equilíbrio, mantendo o sangue-frio e a boa disposição em qualquer momento. Deve se lembrar, antes de tudo, que nem a empresa, nem a sua equipe são responsáveis pelos seus desatinos particulares, e, dentro do ambiente de trabalho, é pago para manter o moral da equipe em nível elevado. Isso é ser profissional! Não se lhe deve negar, entretanto, seus momentos de baixo astral, e, para isso, um bom Recursos Humanos, de alto nível, é o melhor remédio, pois terá sempre disposição para fazer a **recuperação** do astral do gerente.

Capacidade de motivação

O gerente é capaz de recuperar e elevar seu próprio moral, quando os resultados não são alcançados? A desmotivação em face de um mau resultado é um dos fatores mais presentes na vida de gerentes de médio e baixo escalão. E essa desmotivação e desânimo passam imediatamente para as equipes imediatas e correspondentes, que, a partir daí, desandam em cada vez piores resultados. É necessário que um bom gerente saiba expurgar todos os detalhes infecciosos de um mau resultado, preponderando seus aspectos positivos, sem chegar a transformar um mau resultado num resultado bom à vista de sua equipe. Deve-se cuidar sempre de focar que o resultado, embora aquém do esperado, tem seus aspectos positivos, pelo menos como alerta para um maior esforço da próxima vez. Assim, um bom gerente não deixará nunca sua equipe cair em desânimo por resultados momentaneamente ruins, fato comum em equipes existentes nas nossas atuais empresas.

O gerente sabe cobrar adequada e corretamente? Uma das maneiras mais corretas de se aumentar e manter a motivação de qualquer equipe é a cobrança constante, correta, conveniente, adequada. Há determinadas empresas em que seus gerentes primam por saber cobrar somente de uma pessoa específica no grupo todo, de maneira que aquele coitado se torna o visado e o culpado por todos os desatinos e percalços que acontecem no ambiente de produção. E muitas vezes a cobrança chega de uma maneira tão desgastante, que acaba por desmotivar completamente, com a pessoa saindo do pretenso diálogo cabisbaixo e macambúzio, com raiva e mágoa, ao invés de motivado e com entusiasmo redobrado. Isso, infelizmente, é o que ainda acontece com um grande número de gerentes que teima em continuar com os mesmos métodos administrativos herdados de avós. E as empresas simplesmente não se dão conta dos enormes prejuízos causados pela revolta, pelo não fazer, que não podem ser medidos para comparações.

O gerente sabe elogiar corretamente? Da mesma maneira que uma cobrança malfeita causa efeitos funestos e duradouros dentro da empresa, um elogio exacerbado também tem seus pecados. Há gerentes que primam por fazer também elogios a uma só pessoa, como que para valorizá-la, mas em detrimento dos demais membros da equipe. Isso acaba por provocar um clima de concorrência em busca de elogios nunca recebidos, e a única via que resta é a equipe simplesmente congelar o destinatário de todos os elogios. Há que se tomar muito cuidado com elogios, para não massagear demasiadamente o ego de quem os recebe, nem elevá-lo ao nível de mascarado e pedante. Elogios devem ser feitos sempre que necessários, porém, um bom gerente deve ser capaz de dosá-los à perfeita sintonia do andamento das tarefas e objetivos, de modo que sempre vai sobrar alguma coisa para ser elogiada quando não se tiver nada mais para incentivar, ou seja, quando já se tiver atingido um patamar de resultados muito difíceis de serem superados.

O gerente sabe valorizar com justiça quem é realmente bom? O que acontece hoje em um número muito elevado de organizações ainda é a supervalorização injusta de alguns poucos privilegiados, em detrimento de outros que são realmente bons. A grande dificuldade inicial para se ter um critério justo de valorização das pessoas, inclusive valorização salarial, é ter instrumentos eficazes de avaliação e acompanhamento de resultados. O melhor instrumento de avaliação tem de ser obrigatoriamente a consecução de resultados para a empresa, de nada adiantando se valorizar quem dá resultados aquém dos que poderiam ser conseguidos. Uma grande parte dos gerentes atuais das empresas prefere valorizar via avaliação pessoal, utilizando como recursos para essa valorização apenas o comportamento individual dos membros da equipe. É claro que o comportamento individual e, principalmente, o comportamento como membro da equipe, é muito importante, mas, mais importante do que isso, é o resultado empresarial, e quem mais contribuir para ele deve ser profissionalmente mais valorizado. Aí se passa então para um critério de valorização menos pessoal e mais justo, mais neutro e isento, porque também demandará ter-se um bom plano de metas e acompanhamento dos resultados. E a equipe tenderá a ser mais valorizada em detrimento de valorizações unicamente pessoais. A valorização injusta, por outro lado, levará inevitavelmente ao clima de concorrência negativa dentro da equipe, o que trará sérios danos à empresa, aos produtos, ao cliente final.

O gerente sabe treinar, sabe ensinar? Muitas vezes o gerente quer que determinados resultados aconteçam em sua linha de produção ou seu setor ou seu departamento, mas não sabe nem por onde começar a distribuir as tarefas, a organizar a equipe de tal modo que ela consiga uma sincronização de ações mais perfeita para se conseguir o resultado mais rápido e com menos esforço. Um gerente que não consegue treinar, — e bem! — sua equipe imediata, e não consegue repassar para ela as linhas-mestras daquilo que quer que ela faça, mas deixando os detalhes da operação por conta da criatividade de cada membro, desde que obedecidos os princípios da harmonia, da sincronização, da qualidade e do custo, não servirá nunca para ser um bom gerente, no nível que se requer nos tempos atuais.

Visão de resultados

O gerente sabe exatamente quanto o nível de seu resultado influi no resultado da empresa? Este é um item que, à primeira vista, parecendo nem tão pouco importante na determinação do equilíbrio de uma equipe, é uma das causas indiretas de maior repercussão no desmantelamento dessa mesma equipe. Em se tratando de um gerente, quanto maior for seu nível na hierarquia da empresa, maior capacidade de visão de resultados ele deve ter. Não se admite, por exemplo, que um gerente não saiba exatamente o que sua atitude de momento, de impacto, sem melhor elaboração, irá provocar; como aquele resultado, desastroso ou positivo, irá influir em sua equipe, como ela se comportará perante suas conseqüências. Um gerente bem preparado para a função saberá exatamente o que quer, como quer e a equipe conseguirá sempre aquilo que seu líder imaginou; quando os resultados começarem a sair do planejado, ele saberá que medidas tomar para fazê-los voltar à normalidade, pois sabe exatamente que impactos irão causar no resultado da empresa. Um bom gerente vai querer, para sua equipe, sempre resultados exeqüíveis, porém desafiadores, e ele saberá mover todas as peças em conjunto, de maneira que cada membro ou cada célula, conseguindo seus resultados parciais, consiga somá-los um a um, até o alcance do resultado final desejado. Para isso, na avaliação dessa habilidade gerencial, alguns critérios têm de ser adotados, com alguns questionamentos tendo de ser feitos:

a) o gerente ou candidato a gerente consegue transcender a situação atual da equipe e buscar o resultado final esperado?

Na verdade, para muitos gerentes atuais da maioria das empresas, é muito difícil se libertar dos entraves da situação em que sua equipe vive, e imaginar o resultado global que se requer dela fora daquele contexto momentâneo e atual. É como se eles vivessem emaranhados em seus próprios problemas, vivendo no meio deles, sem conseguir se libertar: a maioria acaba se acostumando tanto com esses problemas comuns, que imagina ser essa lida a razão de existir de sua própria atuação e não consegue enxergar nada fora do âmbito de sua própria equipe nesse momento. Aí então os gerentes se perdem no comum do dia-a-dia, em pequenos resultados parciais, não conseguem planejar os grandes objetivos para sua equipe, não conseguem vislumbrar o resultado maior a ser conseguido. À primeira dificuldade encontrada, ou ao primeiro problema surgido dentro da equipe, esse nível de gerente imagina ter encontrado realmente o que fazer, então começa a invadir o espaço da equipe para baixo, misturando-se com ela e convivendo com os mesmos problemas rotineiros afetos apenas à equipe. Para a equipe, no início, parecerá até uma boa ajuda ter o seu líder ou gerente imiscuído na sua lida diária, ter pleno e total acesso a ele, mas, com o tempo, perceberá que seu líder não lidera nada, pelo contrário, é outro comum igual a eles, só que recebendo muito mais. Não há crescimento da equipe, pois esse crescimento só acontece com algum acréscimo vindo de fora, e esse acréscimo é conseguido somente através de quem tem a obrigação de buscá-lo, através de quem tem acesso aos mananciais culturais de fora, para trazê-los para dentro da equipe. Se o gerente ou líder simplesmente não busca e não vive esse ambiente externo, como é que irá conseguir melhorar o nível de sua própria equipe?

b) o gerente sabe fazer correlações rápidas entre um resultado passado ou atual com uma perspectiva de resultado futuro?

Pois bem, essa tarefa é uma das mais difíceis e alguns gerentes de nível superior imaginam conseguir fazê-lo com certa facilidade. Há alguns que conseguem na verdade fazê-lo, mas são tão travados pelos seus chefes imediatos, aqueles que não aceitam essas correlações, pela simples razão de estarem sempre maquiando os resultados a serem informados ainda mais para cima, que os primeiros acabam perdendo essa habilidade, por força do descrédito. Outros gerentes se **encarregam** de fazer essas correlações e as fazem tremendamente bem, porém com um detalhe curioso, as fazem sempre manipulando as perspectivas em seu próprio e único benefício, em sua única direção, com seu exclusivo e único foco, egocentricamente, com o intuito de, colocando-se sempre como o fator determinante da consecução dos resultados, se valorizarem ou se beneficiarem do que for alcançado. Às vezes, até que esses resultados são realmente alcançados e são benéficos à empresa, porém não podem ser elevados à condição de super-resultados, por serem resultados comuns, factíveis, totalmente previsíveis, normais, pois para isso um bom gerente tem de ter a habilidade de saber projetá-los com base nos que já tiverem sido conseguidos, no passado ou no presente. Afora isso, caso se aceite complacentemente a manipulação em benefício próprio, ocorrerá inevitavelmente a centralização absurda de regalias para determinado gerente, em detrimento dos demais, a supervalorização de resultados comuns, com a equipe se mascarando através de trabalhos normais e de nenhum desafio, e as outras equipes, e os outros gerentes, caindo aos poucos por desânimo e por desmotivação, sem contar as tentativas, quase sempre frustradas, de tentar reverter o quadro para a percepção do real valor dos resultados conseguidos pelo **supergerente**.

c) O gerente consegue passar para a equipe, com facilidade e convicção, o que aquele resultado setorial conseguido por ela vai representar no resultado global da empresa?

Isso é uma tarefa também muito difícil, pois a maioria dos gerentes nem mesmo consegue imaginar o que representa o resultado de seu trabalho para a empresa como um todo! A maioria ainda se imagina uma gota d'água no oceano, ou seja, qualquer resultado de sua equipe, bom ou ruim, simplesmente não consegue mostrar-lhe como influenciará no resultado final; assim sendo, para que tanto esforço inútil, se no final do mês o mesmo salário virá sempre? Para que se desgastar com os membros de sua equipe, fazendo-os se arrebentar de tanto trabalhar, procurando cumprir com determinação e tenacidade todos os objetivos traçados, se aqueles objetivos que lhes foram impostos pouco ou nada estão representando? Se ninguém nunca se preocupou em discutir com ele a importância de se conseguir este ou aquele resultado, apenas lho repassou sem maiores explicações, por que então se matar diuturnamente, se ninguém ao lado também o faz? Se ninguém nunca foi questionado por não ter conseguido alcançar o resultado que se lhe exigia, razão bastante por que não existia necessidade alguma de o conseguir, para que colocar sua equipe tão afiada, se isso lhe custa um esforço desesperado, e se o outro gerente que não conseguir os mesmos resultados simplesmente sempre é relevado à desculpa mais esfarrapada possível?

Planejamento

O gerente sabe fazer um planejamento adequado de atividades para si e para sua equipe? Sem um bom planejamento inevitavelmente a equipe não terá um rumo a seguir, nem saberá quando alcançou ou não um resultado esperado. Sem planejamento, qualquer resultado terá sido bom, e as cobranças, quando acontecem, são feitas apenas diante dos desastres que normalmente ocorrem sem ninguém saber como e de que origem foram. Quando uma equipe não tem um rumo ou caminho a seguir, via o planejamento de suas atividades, qualquer caminho que se apresentar é o caminho a seguir, e isso levará a verdadeiros desastres, se não houver um teor muito grande de sorte. E o que vemos nas atividades gerenciais é simplesmente um desprezo total pelo planejamento, com a maioria dos gerentes preferindo confiar demasiadamente em sua capacidade de intuição. Até que esse gerenciamento, baseado apenas na capacidade de intuição, que leva muito comumente à ocorrência de maus resultados que poderiam simplesmente ser evitados com um bom planejamento, chega a dar alguns resultados que poderiam ser classificados como normais, mas a pior conseqüência do não-planejamento é na equipe, que fica ao sabor dos acontecimentos, e sem nenhum ponto de referência, ao sabor de decisões intempestivas aqui e acolá. Além disso, o não-planejamento levará à avaliação injusta e às promoções injustas, pois se fica sempre ao sabor de informações verbais e atemporais, desculpas por fracassos e erros, informações sempre manipuladas em benefício de quem não conseguiu planejar as suas próprias e as atividades de sua equipe. Um bom planejamento começa pelo destrinçar do objetivo principal em metas e ações, com prazos de execução definidos, com resultados a serem medidos temporariamente, com ações previstas de correção etc., de modo que, somando-se os resultados parciais de cada equipe, esses vão consolidando gradativamente o resultado final esperado.

O gerente sabe projetar resultados e sabe acompanhar a realização dos mesmos? Nem sempre só o planejar as atividades para si e para sua equipe é suficiente. É preciso que o gerente assuma realmente o comando técnico e operacional de sua equipe, demonstrando-lhe as projeções dos resultados conseguidos versus os resultados que se esperavam, frisando sempre os pontos mais críticos e de maior cuidado, de maneira que toda a equipe saiba por onde andou, onde está andando e por onde deverá andar. Esse projetar resultados deve ser feito com certa facilidade por um bom gerente, que poderá contar com auxílio de órgãos especializados em colher e trabalhar ou tabular as informações que queira utilizar. O mais comum que se tem visto é gerentes apalermados com informações de maus resultados conseguidos em seu ambiente de trabalho, sem saber o que fazer com elas e sem saber como e por que foram conseguidas. Alguns se dão até ao luxo do menosprezo das informações, na fértil imaginação que têm, de estarem fisicamente dominando todo o seu campo de atuação. Mal sabem que, nessa fértil imaginação de falso domínio que têm, milhões de fatores, alguns menores outros de maior monta, estarão ali, imperceptivelmente, provocando desequilíbrios que afetarão invariavelmente os resultados de sua equipe. Só através de resultados medidos, entendidos, avaliados e projetados se conseguirá realmente ter um mínimo de controle sobre o que está sendo feito no ambiente de produção ou de trabalho de qualquer setor, inclusive público.

O gerente consegue passar metas para seus subordinados e consegue acompanhar o seu andamento dentro da produção ou do ambiente de trabalho? As metas a serem passadas aos subordinados, ou às equipes de subordinados, devem ser claras o suficiente para que os mesmos não tenham nenhuma dúvida de quanto realizar, como realizar, quando realizar, bem como quais recursos estarão disponíveis para aquela realização. O que se vê, no entanto, em quase todos os lugares, é a falta total de estabelecimento de metas, a falta de quantificação de resultados a serem alcançados e o conseqüente não-acompanhamento da realização das mesmas pelos gerentes. Na verdade, os gerentes se preocupam em demasia é com detalhes pouco importantes da rotina diária, principalmente em questões muito pequenas que não levam a nada, deixando escapar entre suas mãos a possibilidade de realização de grandes resultados, que seriam conseguidos única e exclusivamente com o estabelecimento de metas e objetivos, e com a definição das respectivas ações para conseguir alcançá-las. É o chamado vazio de objetivos, onde não se sabe o que fazer, como fazer, onde fazer e para o que fazer. Há, além do mais, uma preguiça muito grande por parte de muitos gerentes, que não suportam simplesmente o trabalho de quantificação de resultados, principalmente a quantificação antecipada e projetada dos mesmos, preferindo, quando muito, agir por conta e risco de seu sentimento pessoal, desprezando a maneira mais correta, que é o trabalho por objetivos e metas. Acontece que, ao se quantificar adequadamente o objetivo e as metas a serem alcançados, advirá uma conseqüência desastrosa para a maioria dos atuais gerentes, e que eles não querem de maneira nenhuma seja apresentada: **a incompetência!** Quando se quantifica com números corretos, quem é bom vai aparecer como bom, e o ruim vai aparecer como ruim, e a maioria dos que ainda são considerados bons por uma avaliação apenas superficial e pessoal, passará à condição de ruim ou apenas normal, em face de resultados corretamente tabulados e quantificados. A maioria dos gerentes ainda prefere resultados manipulados, ou nenhum resultado quantificado, e, por conseqüência, não-estabelecimento de metas para sua equipe, e o seu não-acompanhamento ostensivo, e tampouco aceita correções de rumo sempre que necessárias e oportunas, apenas com o objetivo de manter e garantir um patamar alto de avaliação pessoal e pouco profissional. Em decorrência disso, consegue também manter um clima de agressividade gratuita com o gerente ao lado, que agir de forma mais profissional e que apresentar resultados mais verdadeiros, e que retrate com mais fidelidade a real situação dos seus resultados conseguidos. O que acontece, em grande parte das vezes, é a superlativação de resultados verbais totalmente maquiados, em benefício de quem os apresenta, e em detrimento de resultados verdadeiros apresentados por gerentes mais profissionais e preocupados em melhorá-los verdadeiramente, ao invés de apenas maquiá-los por conveniência.

O gerente sabe exigir de seus subordinados o planejamento de seu orçamento e reunir-se com eles para análise dos resultados? Há gerentes de empresas que ainda consideram os planejamentos orçamentários uma ferramenta inútil e totalmente estranguladora de sua criatividade como gerente. Ao invés de um instrumento poderoso de trabalho, eles consideram um orçamento apenas um processo de trava de suas possíveis e futuras decisões, um papel que lhes tira quase que totalmente o poder de decisão sobre o que fazer e onde alocar os recursos colocados à sua disposição. Um gerente normal das nossas empresas atuais, ou da maioria absoluta delas, ainda se julga um excelente decisor sobre o que fazer com os recursos da empresa, e ainda teima em queimá-los à sua própria vontade, mesmo que isso possa acarretar desperdícios e má utilização dos mesmos. E isso não acontece simplesmente na área privada, muito menos só nas empresas familiares, é fato muito comum principalmente nas empresas públicas, cujos executivos se esmeram em manipular suas prestações de contas para os gastos aparecerem totalmente dentro das previsões em que foram orçadas. Isto também acontece nas empresas de cunho familiar, mas não é seu privilégio, pois nas empresas mais profissionalizadas os desperdícios de recursos são uma rotina, simplesmente se deixa cair no esgoto algum recurso que poderia ser melhor utilizado, se se pensasse mais na competitividade como o único remédio que perpetuaria a organização. Há alguns gerentes que, à luz de uma formulação orçamentária também malfeita, dado o exagero de alocações de recursos desnecessários, investem na realização de absurdos previstos, como se aquilo fosse lei, e, em tendo sido aprovados pelo nível superior, que não percebera tais exageros, deva ser obrigatoriamente cumprido, mesmo que a organização esteja em seus percalços de caixa ou num regime de contenção de despesas. Esquecem-se de que um planejamento orçamentário eficaz é aquele em que as previsões são feitas para uma condição normal, e devem ser sempre reavaliadas em um momento próprio, uma vez que as condições e circunstâncias de mercado mudam, para melhor ou para pior, continuamente, através do tempo.

O gerente sabe avaliar os resultados de sua execução orçamentária frente ao planejamento anterior? Sabe valorizar os resultados? Sua equipe também sabe? Sabe por que o orçamento de produção não foi cumprido? Sabe o que representou o não-cumprimento das metas orçamentárias no resultado final da empresa? A equipe tem conhecimento disso? São perguntas que invariavelmente não são respondidas afirmativamente. É que, imerso na rotina diária que deveria pertencer à equipe, o gerente normalmente se esmera em detalhes e se esquece do todo. Um bom gerente deve se imaginar como o responsável pela guarda de todos os valores colocados à sua disposição, sem estar perto de nenhum deles, ou seja, deve delegar o suficiente para ter certeza de que todos os seus subordinados mais diretos estejam tomando conta de todos os valores também colocados à sua disposição, inclusive e principalmente os recursos humanos. E devem responder por esses valores, na exata medida de transformação das riquezas, multiplicando-os sempre por uma quantidade de vezes superior ao que faz o concorrente mais poderoso. Assim, se o multiplicador do concorrente que se persegue mais de perto for dez, o multiplicador da empresa que quer permanecer no mercado tem de ser, no mínimo, onze, em qualquer dos fatores de produção, ou em qualquer tipo de recurso utilizado para a produção. A execução orçamentária deve ser avaliada pelo gerente em termos de quanto resultado se conseguiu com o mínimo de recursos — embora orçados, mas não obrigatoriamente utilizados! — despendidos. Assim, quase sempre, nas empresas que querem competir de verdade, tem-se uma superação de resultados orçados em termos de produção e produtividade, contra uma diminuição da utilização dos recursos, em relação ao que foi planejado para a mesma capacidade de produção. O que vemos, no entanto, não é isso propriamente, o que não permite que as empresas consigam se aproximar pelo menos do nível de competição mais aberta e globalizada: gerentes ansiosos por despenderem recursos muitas vezes escassos, ansiosos por demonstrarem para fora da empresa um poder de compra muito alto, para demonstrarem um prestígio para fora, que a empresa não necessita seja demonstrado. Muitas vezes se vê com certa clareza um desperdício tão grande de recursos tão preciosos, que são tão mal utilizados, que bastava uma consciência um pouco maior, para se economizar alguns milhares de reais e a empresa continuar a produzir com a mesma rentabilidade e com menor endividamento e custos! Nota-se uma despreocupação tão grande com tudo que se refere ao dinheiro das empresas, que o mesmo é gasto sem dó nem piedade, e não se imagina a falta que o mesmo poderia fazer daí a alguns dias, ou meses, ou anos. É triste ver que qualquer desculpa esfarrapada ou com um pouco de burilamento na sua apresentação consegue enganar tão bem em algumas empresas, que o ralo por onde escoa parte de sua riqueza não seja simplesmente percebido a não ser quando aparece algum concorrente mais forte e se lhes empurra goela adentro produtos muito melhores e muito mais baratos. Qual o segredo disso? É simples, começa sempre com o cumprimento correto de metas orçamentárias, e com o afastamento daqueles que não conseguem cumpri-las! Começa sempre com cada equipe sabendo do seu planejamento orçamentário, tendo consciência plena de tudo quanto dispõe para cumprir o que se requer dela, e procurando cumprir, com todo o denodo possível, tentando sempre a superação das metas e objetivos a ela indicados. Termina sempre com pessoas extremamente competentes e conscientes dos valores dos seus resultados e os de sua equipe, e colocando isso de maneira bastante clara para seus comandados, o que os fará terem perfeita consciência dos seus próprios valores dentro da organização, o que infelizmente não acontece ainda hoje na maioria das empresas brasileiras, principalmente as de cunho ainda familiar e que não conseguiram uma linha de pensamento e direção mais profissional.

Análise de problemas e tomada de decisão

Na maioria das fábricas e empresas, os acontecimentos sempre teimam em atropelar os planejamentos. Por várias razões: planejamentos mal elaborados; planejamentos elaborados com todo o esmero, porém dentro de gabinetes, sem a participação dos envolvidos; falta de delegação, ou delegação apenas de responsabilidade e não delegação de poder de decisão e alguma autoridade; falta de controle efetivo do que acontece e falta de acompanhamento mais de perto, ou ausência demasiada do responsável pelo local onde as coisas realmente acontecem, etc. Um gerente tem de ser capaz de, não perdendo de vista o resultado almejado, analisar o problema ocorrido, ou cada problema ocorrido e, de pronto, de imediato, tomar decisões acertadas, decisões que possam diminuir a influência negativa no resultado final, ou aquelas que menos permitirem o comprometimento do resultado final. Na maioria das vezes, no entanto, o gerente, sem condição dessa tomada rápida de decisão, sai desesperado do palco em que está, à cata de seu superior imediato, o que não passa de um erro crasso: se é o superior quem tem o poder de decisão sobre problemas rotineiros e diuturnos da equipe, problemas que na maioria das vezes a própria equipe, com um pouco mais de delimitada autonomia conseguiria resolver por si só, então que figura exerce o gerente, afinal de contas? Para que ter um gerente que não passa de um fantoche que corre à busca do abrigo protetor à primeira dificuldade por que passa? Além da decisão não tomada de imediato, que prejudicará sempre a empresa em primeiro lugar, pelo vagar da mesma, a imagem do gerente perante seus próprios subordinados, perante sua equipe, vai parar muito embaixo: aquele que não resolve nada, a quem não adianta procurar mais, e a quem se deve simplesmente saltar em busca de quem tem soluções mais rápidas para os problemas! Um gerente deve ser capaz de tomar decisões, acertadas ou não, mas cada vez as mais acertadas, esgotando rapidamente sua capacidade de errar, mas deve ter coragem sobretudo para assumir suas decisões, erradas ou não, perante seu superior imediato; um bom gerente deve ser capaz de ir gradativamente assumindo seu próprio espaço, e o seu superior imediato, caso seja também uma pessoa de atitudes estritamente profissionais, deve assumir integralmente o treinamento de seu gerente, pois, caso as decisões tomadas por ele não sejam as de melhor conveniência para a empresa, mesmo assim deve apoiá-las em princípio, mostrando porém a quem decidiu erroneamente que poderia ter havido melhor decisão para a ocasião; de qualquer maneira, não deve faltar o apoio na hora devida. A um gerente não é nunca permitido deixar sua equipe à espera de uma consulta ao superior imediato, a não ser quando se tratar daquelas decisões em que haja possibilidade de quebra de normas, de diretrizes e de instruções da empresa, ou de comprometimento de resultados: nesses casos, o gerente deverá se limitar a deixar explícita sua opinião, porém deixando claro que o assunto é de instância superior, para onde o levará. Noutras questões de âmbito da própria equipe, ou de sua própria alçada, quando não souber, é preferível discutir o assunto com a equipe e decidir por consenso.

Formação de equipe

O gerente tem de estar completamente consciente de que ninguém sozinho consegue fazer tudo, e, numa fábrica, numa empresa, num setor de trabalho, muito menos. Não adianta o gerente se imaginar o rei do mundo, o super-homem sabedor de todas as coisas e que não depende de ninguém, pois estará fadado à simples condição de futuro fracassado: nem Jesus Cristo, Rei dos reis, conseguiu fazer tudo sozinho! Também não adianta se colocar como o último zero à esquerda, que não tem nada a acrescentar, que não tem nada a contribuir, pois dessa maneira seria preferível que não estivesse na empresa. Um bom gerente deve considerar que o seu papel é fundamental para que as coisas aconteçam dentro do ambiente de produção, na geração e na movimentação e melhoria das riquezas, e é através dele que todo o processo empresarial é facilitado. Assim sendo, um bom gerente ou um líder na exata acepção da palavra, deve ter sempre como principal meta, em qualquer ambiente empresarial onde atue, a boa formação de sua equipe, como seu mais caro instrumento de trabalho. A meta mesmo é fazer a sua equipe trabalhar coesa, motivada e competente, e, praticamente, independer de alguém dirigi-la para onde quer que seja, principalmente para a consecução de seu objetivo maior, que é dar retorno para o investimento feito pela empresa: deve ser conduzida, não dirigida. Uma boa equipe será sempre aquela em que todos queiram participar, não pela bondade e tolerância de sua chefia ou de sua coordenação, mas por ser a que melhores resultados consegue. E para saber se conseguiu realmente os resultados, é necessário que se os tenha previamente delimitado e definido claramente, para que se os busque com determinação.

O gerente, ou candidato a, sabe realmente como começar a formar a sua equipe de trabalho? Pois, para se formar uma boa equipe de trabalho, embora o gerente de fábrica ou de qualquer empresa ou setor imagine em primeiro lugar escolher pessoas de sua estrita confiança para fazer parte de sua equipe, o primeiro e mais certo passo será o entusiasmo com que o líder ou gerente tome para si o encargo de treinar pessoalmente cada um de seus subordinados, ensinando tudo que souber, disponibilizando-se totalmente, acompanhando a evolução de cada um deles, motivando, exigindo o cumprimento de todas as tarefas da maneira mais eficaz possível, re-treinando quando necessário, substituindo os que não se enquadrarem no ritmo e na motivação dos demais. Além disso tudo, o bom gerente só vai aceitar novos membros na sua equipe se forem de pelo menos potencial igual ou melhor que os já existentes.

O gerente faz avaliações periódicas de sua equipe? Uma boa equipe, seja de que nível for, deve estar sempre em acompanhamento e avaliação por parte de seu líder e, portanto, sempre em treinamento e sempre em evolução, sempre buscando seu próprio crescimento. Como conseqüência, sempre também em movimentação planejada de promoções, pois ninguém gosta de ficar indefinidamente fazendo a mesma coisa todo dia, sem perspectiva de melhoria tanto de enriquecimento de função quanto salarial. E o que temos hoje na maioria das organizações? Simplesmente equipes mal treinadas, mal sincronizadas em pensamentos e ações com suas lideranças ou gerências, mal definidas em sua estrutura, sem saber o que fazer, sem sincronização de ações operacionais. O treinamento normalmente é feito por alguém de fora da equipe, de um órgão específico e especializado para tal. O gerente ou líder apenas exerce o seu cargo de uma maneira superficial e anacrônica, mandando aqui e ali, exercendo ao mesmo tempo uma tutela demagógica onde os amigos têm certa regalia, os neutros não são incomodados e os demais se vêem tolhidos e espremidos contra a parede até serem expurgados da organização, apesar de darem bons resultados: não existe, nesse caso, integração entre as chefias e as respectivas equipes, e muito menos entre as diversas equipes e as diversas chefias adjacentes. Isso tudo, apesar de existirem discursos e mais discursos acerca de novos e sempre cada vez mais modernos métodos de administração e gerenciamento, apesar de palestras, de seminários e de cursos específicos sobre o assunto, em uma avalanche de informações e teorias pouco levadas a sério, por não serem acompanhadas de uma avaliação prática da efetiva mudança de comportamento. E tome-se custos e mais custos diretos e indiretos sobre os produtos e serviços, que, no final das contas, são oferecidos aos clientes finais — que não querem pagar por esses encargos!

Comunicação verbal e escrita

O gerente domina realmente alguma forma potencial de comunicação com sua equipe? A equipe entende realmente tudo que ele quer lhe transmitir? Há casos esdrúxulos de líderes que não conseguem se comunicar com sua própria equipe, com a qual lidam diariamente, e dentro da qual não passam de mero e estranho elemento. Nesses casos é comum, na eventualidade da empresa necessitar de que sejam repassadas informações institucionais para seus diversos escalões, determinados líderes simplesmente abrirem mão dessa comunicação, — abrirem mão da sua condição de líderes! — e entregarem a tarefa a outra pessoa, embora estejam sempre presentes durante essas comunicações. Ora, para qualquer equipe, a autoridade maior é a mais próxima de si, seu líder, seu gerente, aquele com quem mantém contato a toda hora e em quem ela vê o legítimo representante de tudo que se quer acima dela, que não deve nunca abrir mão dessa sua condição, desse seu espaço: a oportunidade de comunicação, principalmente institucional, com a equipe deve ser um exercício de bom grado, e não uma tarefa de sacrifício. Se um gerente se acha sem condição de conseguir se comunicar com sua equipe, deve mais é estar fora da empresa, pois é uma condição imprescindível de exercício de cargo de gerência, pois, a cada segundo, essa condição estará sendo sempre utilizada. E a empresa deve estar continuamente preocupada com esse aspecto, pois uma equipe sempre demandará de seu chefe ou líder, como a primeira e primordial, a condição de excelente comunicador.

Há casos de líderes ou gerentes que também conseguem estabelecer um regime de absurdo e balbúrdia com as comunicações, conseguindo deturpar completamente as informações das quais foram encarregados de repassar para suas equipes. Alguns o fazem por maldade mesmo, por falta de profissionalismo, outros por incompetência, por se meterem a fazer algo para o quê não estão preparados. O processo de comunicação é uma atividade crucial no estabelecer e manter das relações dentro da empresa, principalmente no chão de fábrica, e essa habilidade gerencial é a mais importante delas, pois é a que apresenta possibilidade de maiores distúrbios: um líder que não souber se comunicar com sua equipe, primeiro e principalmente de modo verbal, não conseguirá nunca ser o elo que a empresa espera que ele seja, de cima para baixo, de baixo para cima e para os lados; possivelmente, estará tendo muita dificuldade para exercer algum tipo de liderança, chefia ou gerência. A comunicação por escrito também é importante, mas não tanto quanto a verbal-oral, por ser menos exercida no dia-a-dia, e haver tempo para burilamento antes de ser passada adiante, mas tem muita importância quando feita de baixo para cima, para o nível de chefias superiores, porque pode expor o comunicador ao ridículo, de erros gritantes e grosseiros que não devem ser cometidos nunca.

* * * *

Bom, além das habilidades gerenciais, de extrema importância na definição e na permanência do gerente, existem as chamadas características pessoais, sem algumas das quais é impossível se pensar em nível gerencial profissional. Em equipes bem coesas e sintonizadas com o pensamento da empresa, há algumas delas que preponderam sempre, e devem ser avaliadas, tanto nos gerentes quanto nos potenciais gerentes, de modo que os mesmos demonstrem compatibilidade entre seu comportamento e as habilidades que possuem para serem bons gerentes. Essas características pessoais devem ser analisadas sob o ponto de vista de poderem ensejar a possibilidade de treinamento das habilidades gerenciais menos preponderantes. Como naquelas, num processo de avaliação por parte da chefia respectiva, acrescentada de um processo bem aprimorado de auto-avaliação do próprio gerente ou do candidato a gerente, numa grade de pontuação de 1 a 5, necessita o bom candidato ou o bom profissional alcançar uma pontuação mínima de trinta, em cinqüenta possíveis; da mesma maneira, é preciso se tomar bastante cuidado com aqueles potenciais gerentes que não conseguem passar de uma nota mínima em alguma das características pessoais: é necessário um processo de burilamento pesado, em que se toque profundamente essa característica pessoal em que o gerente ou candidato seja fraco, de modo que a mesma não venha a prejudicar o gerente e a sua própria equipe, e a empresa, no final das contas. O candidato a ou o gerente deve ser reavaliado para se fazer a promoção ou remanejamento, pois as características pessoais tendem a ser muito importantes no processo de relacionamento entre o líder e a sua equipe, bem como entre o líder e as demais lideranças da empresa ou da fábrica. Antes de qualquer coisa, esse processo de burilamento e reavaliação deve ser sempre feito às claras, sem subterfúgios, e sempre feito de comum acordo com o próprio envolvido. Nessa hora, invariavelmente, a mesma pergunta coça na língua ao se falar desse processo mais transparente e profissional de tratar problemas profissionais dentro das empresas: quantas realmente fazem dessa maneira hoje? Quantas realizam realmente um processo de seleção estritamente dentro dos moldes de isenção e justiça, procurando promover os que têm potencial e são bons de verdade? Quantas apenas suportam o mau profissional, assistindo às suas bobagens e as tolerando, apenas para não dar a mão à palmatória e reconhecer que a promoção foi um erro? São tantas, que não se deve procurar listá-las, para não se gastar papel em demasia em algo que simplesmente só vai informar o que ninguém se anima a consertar, por difícil que é. A solução passa, por conseguinte, a não cometer erros promovendo inadequadamente, sem ter feito antes um processo de avaliação adequado.

Não vamos discorrer sobre cada uma das características pessoais que devem existir em alto grau no nível gerencial, porém, é necessário pelo menos listá-las com alguma explicação sobre cada uma delas. Apesar de sua extrema importância no composto da complexa atuação gerencial, onde as mesmas vão delimitar a atividade individual determinando a medida do seu sucesso mais rápido e mais duradouro, versus inexistente ou lento e transitório; na verdade, ainda assim, são menos importantes do que as habilidades gerenciais, pois a tendência é a de se ter sempre um bom gerente quando o mesmo domina amplamente todas as técnicas gerenciais, apesar de alguns problemas que possa eventualmente ter na área de características pessoais.

São elas: a)**austeridade:** capacidade de despender o estritamente necessário, no momento necessário, e extrair o máximo de resultados; relação através da qual o gerente tem de conseguir utilizar poucos recursos e maximizar os seus resultados; capacidade do gerente de trabalhar sem recursos e mesmo assim apresentar resultados além do esperado; capacidade do gerente de superar-se a si mesmo e conseguir **extrair água da pedra** com os recursos da empresa, e fazer com que sua equipe raciocine que, antes de possuir o recurso, a empresa tem de gerá-los primeiro, através de um trabalho árduo, com vistas a ter melhores disponibilidades no futuro; b) **inteligência geral:** um bom gerente sempre deverá ter inteligência geral acima da média, e quanto maior for a organização, quanto mais complexa, tanto mais acima da média a inteligência do gerente deve ser; de nada adianta se investir dinheiro e tempo em gerentes e líderes com nível de inteligência medíocre, que não vão acrescentar nada à empresa; muito pelo contrário, só vão causar problemas, principalmente para as equipes em que vão atuar; antes de promover ou não afastar um gerente medíocre, o administrador deve se perguntar e responder, fazendo o papel da equipe em que esse gerente iria atuar ou já atua: eu gostaria de trabalhar subordinado a esse indivíduo, ele me acrescenta alguma coisa, ele me ensina alguma coisa? c) **disciplina:** um gerente deve saber sempre até que ponto discute os assuntos e a partir de quando deve apenas aceitar as opiniões e determinações superiores, em nome da boa ordem da casa; do mesmo modo, deve saber até onde permitir as discussões, e onde começar a cortá-las, principalmente no ponto em que elas se tornam estéreis, nada contribuindo e fazendo apenas acirrarem-se as opiniões individuais; d) **iniciativa:** o que a empresa deve querer de seus gerentes é que sejam pessoas com mente e ações sempre em ebulição constante, sempre à busca de melhores, e sempre melhores resultados e que, quando já não os mais conseguir com os meios disponíveis, os busque através da procura de outras alternativas mais inéditas; e) **persuasão:** o gerente tem realmente capacidade de convencer as pessoas de sua equipe, ou simplesmente exerce o poder através da pressão indesejável, impondo as suas opiniões e conseguindo sempre o que quer, à custa da desmotivação progressiva de quem trabalha com ele? f) **autocontrole:** é uma das características individuais bem difícil de ser encontrada não só no nível gerencial, mas também nos níveis mais altos de qualquer organização; um gerente tem de estar treinado a dominar seus próprios impulsos, treinado a resguardar-se e à empresa, a não agir sob o impacto da emoção; no fundo, o que se requer de um bom gerente é saber dissimular as suas próprias emoções, de maneira a transparecer, pelo menos à equipe, que nos momentos de maior desatino há uma pessoa de equilíbrio e com os pensamentos em ordem e que ainda tem o controle da situação; g) **dinamismo:** o que se requer de um gerente é que o mesmo não tenha o menor resquício de timidez ao exercer seu cargo e a sua função, que a exerça por inteiro, assumindo-a integralmente, mesmo contra a vontade de superiores que ainda teimem em submetê-lo a um espaço mais curto e diminuto, que ainda teimem em tolher as suas atividades como líder; requer-se ainda do gerente, que esteja imerso de corpo e alma em suas atividades, com prazer de estar exercendo sua função, atento ao mundo ao seu redor, envolto com ele, e influindo decisivamente em seus acontecimentos; um gerente deve se sentir capaz de mudar as coisas e a vida de diversas pessoas que dependem de sua atuação correta em busca de resultados; h) **tenacidade:** é também uma característica que, embora presente em vários gerentes de empresas ou de setores, é a mais fácil de se perder gradativamente frente à desmotivação reinante nos ambientes de fábrica, principalmente nas empresas envoltas em um processo exagerado de concorrência interna; embora não seja o pensamento comum atual de nossas empresas, as oriundas de cunho familiar em especial, o que se requer de um bom gerente para motivar a sua equipe e conseguir resultados é que não desanime nem desista facilmente ante os primeiros fracassos e, principalmente, ante fracassos consecutivos e às vezes totalmente previsíveis dentro de um espaço de tempo limitado; um bom gerente pensa, sobretudo, que aquele momento difícil passará sempre, e passará mais rápido ainda se ele trabalhar um pouco mais, se a equipe trabalhar um pouco mais, com organização, com determinação; que tenha em mente a busca constante do resultado maior, aquele que a empresa como um todo tem de buscar, apesar dos pequenos tropeços que são normais na caminhada; minimizar aspectos negativos dos resultados e maximizar até certo limite os positivos; i) **apresentação pessoal:** essa é uma característica polêmica, porque tende a ser tratada com exageros para cima e para baixo: algumas empresas simplesmente exigem que seus gerentes se apresentem de uma forma bastante peculiar, em que o menor detalhe ou descuido simplesmente é notado e olhado de soslaio; outras empresas se caracterizam pelo exatamente contrário, isto é, um gerente que se apresente bem é objeto de olhares de desdém; o que se requer de um gerente, neste caso, é que se apresente sempre como o ponto de referência para sua equipe, ou seja, que através da sua maneira de se apresentar e se portar, seja o exemplo que sua equipe possa seguir, sem exageros, tanto no aspecto de higiene pessoal quanto na maneira de se vestir e de se portar em ambientes; j) **relacionamento pessoal:** este aspecto é o mais importante de todos, no exercício do cargo de um gerente, pois ele viverá **todos** os seus momentos dentro da empresa exercendo algum tipo de relação pessoal; alguns, no entanto, se esmeram em ser verdadeiros animais nos seus postos de gerência, com a justificativa de que assim agindo são bons gerentes; embora possam ter todas as demais características dentro do normal e possam ter todas as demais habilidades gerenciais também no mesmo nível normal, os mesmos se esquecem muitas vezes de que estarão sempre tratando com o que pode haver de mais sagrado dentro de qualquer empresa, ou de qualquer organização, único responsável direto pelo sucesso ou insucesso da mesma: as pessoas que compõem seu quadro, principalmente as de nível mais baixo; estas são as únicas que estarão também vivendo durante **todos** os seus momentos dentro da empresa, em relação direta com o que pode haver de mais caro à mesma: **os produtos** que são vendidos aos clientes, que os trocam por dinheiro, que por sua vez movimenta a empresa! Um gerente sempre deve estar totalmente disponível e aberto a abordagens de qualquer nível e de qualquer natureza dentro da organização, principalmente para os níveis mais abaixo do que o seu próprio; deve atender sempre com bom humor, e deve deixar as pessoas à vontade para terem oportunidade de serem cidadãos também dentro da empresa: serem ouvidos e serem levados em conta! Um gerente deve dar respostas, mesmo que tenham de ser negativas, mas negativas com educação, e não com menosprezo por aquele que lhe veio solicitar algo que possa de imediato parecer de cunho até absurdo; um gerente não pode se fechar dentro de sua própria redoma, pois seu mundo é, inevitavelmente, o que está à sua volta, um mundo de relações!

Essas características pessoais, junto com as habilidades gerenciais, levam à possibilidade de se conseguir do gerente ou líder atitudes mais profissionais; no entanto, há que se tomar cuidado com aqueles que fazem de si mesmos uma auto-avaliação tão perfeita, tão narcisista, que podem acabar, se não houver um moderador perspicaz no processo, se postando até de postulantes a presidente da organização. Dado o pouco profissionalismo ainda existente e o pouco exercício de um sistema correto de avaliações e correção de distorções, a tendência é sempre a da supervalorização das pessoas, o que enceta erros. Caso seja bem-feita a avaliação, ela dará condição de se ter uma imagem bem aproximada do perfil de quem estiver ocupando ou por ocupar a posição de liderança, o que poderá ensejar treinamentos e correções, e crescimento profissional. Não é nada agradável perder-se um bom gerente, mesmo que não esteja ainda no ápice de resultados de sua área, mesmo que não esteja no ápice de sua carreira, se o mesmo for pelo menos treinável e corrigível. Para isso é necessário que haja um processo constante de avaliação-correção-atuação-avaliação-correção.

A atuação profissional deve ser buscada e burilada constantemente pelos níveis imediatamente superiores da empresa. Quando isso não ocorre, e é o ambiente mais comum que se encontra, a valorização de pessoa errada ou supervalorização de pessoa certa pode acontecer simplesmente por um processo deturpado de avaliação que, além de malfeita e manipulada, vem sempre acompanhada de um acobertamento pela pessoa que exerce o cargo ou função imediatamente superior, principalmente por ter feito uma promoção protecionista; ainda assim a unidade de produção ou de trabalho conseguirá funcionar relativamente bem por algum espaço de tempo, dependendo da circunstância e do lugar onde a mesma estiver instalada.

Muitas vezes só existe um empregador na cidade e o pessoal aceita passivamente aquela liderança espúria, que na maioria das vezes age de forma ditatorial para encobrir suas falhas gerenciais. Com o passar do tempo, no entanto, os resultados ficarão muito mais difíceis de serem conseguidos, e a equipe como um todo não cresce, não muda, não acrescenta nada, permanece amorfa. Um belo dia, via imposição penosa do mercado, — este sim, ditador absoluto! — se requer uma melhoria qualquer, principalmente com relação à qualidade e ao custo, e aí se descobre quão distante está aquela equipe de uma situação em que se consiga fazer a empresa competir.

A não-existência do profissionalismo das atitudes, das ações e principalmente da postura gerencial, combinada com a falta de controle da situação interna, leva ao que se chama de ambiente propício ou terreno fértil para o cultivo de intrigas, de manipulações, de mentiras e de preferências pessoais sobrepujando as relações profissionais. Em certas empresas, dado o estágio desse ambiente, ainda se consegue tolerá-lo por algum tempo mais; mesmo assim, a conseqüência é inexorável: com o passar do tempo, a debandada dos bons profissionais de seu corpo de operação, o ambiente socialmente insalubre determinando o mau andamento e o aumento exagerado dos custos e dos desperdícios, as brigas, as discussões e a conseqüente perda de competitividade.

Há diversos exemplos de falta de profissionalismo nas atitudes gerenciais: a) **informações desencontradas e descompromissadas:** o gerente, por não ter domínio sobre o que está na verdade acontecendo dentro de seu ambiente de produção, apenas chuta informações que nunca são confirmadas; informa-se para o nível estratégico uma possibilidade de produção, esse nível estabelece as metas a serem cumpridas, e elas nunca acontecem, ou acontecem totalmente diversas das que na realidade foram julgadas possíveis; nesse ambiente, também o nível estratégico simplesmente esquece tudo à primeira desculpa apresentada, ninguém é cobrado de nada, e o círculo vicioso continua a acontecer outras e mais outras vezes, até que o cliente final, cansado das promessas que lhe são feitas, procura outro fornecedor mais pontual; *como corrigir isso? Fácil: exigindo informações embasadas em históricos e acompanhamentos eficazes; não confiar nem desconfiar, apenas conferir;* b) **falta de planejamento de atividades:** as máquinas no setor de produção simplesmente param de produzir, por alguma razão plausível, mas na ocasião mais inoportuna, atrapalhando todo o fluxo produtivo e atrasando todo o processo de atendimento dos pedidos dos clientes, sem parecer que nada demais esteja ocorrendo; nesse exemplo, aparecem as razões mais justas possíveis: as máquinas precisavam de manutenção preventiva, **justo na hora de atender um pedido mais prioritário**; havia um planejamento de utilização de algum profissional externo de difícil acesso e que só poderia vir naquele instante, **justo no momento em que o cliente queria receber sua mercadoria**; falta de produto que o fornecedor não entregou, **e coincidiu no exato instante em que se pediu prioridade para algum pedido especial**; folgas programadas com o pessoal de operação, **e que não podiam ser adiadas, para não se ficar mal com os colaboradores**; falta de operador que adoeceu, **na hora errada**; peças de reposição que não chegaram na hora certa, mas que também não foram pedidas na hora certa, **e justo na hora de atender o cliente especial**, as máquinas pararam etc.; dadas as razões, todos, inclusive o nível estratégico, simplesmente as aceitam de bom grado; apenas não se pensa naquele que está a quilômetros de distância, no ledo engano de que receberá a sua mercadoria em dia: o chato do cliente, que teima em não aceitar essas razões fortes, e que ainda fará perguntas inoportunas tipo: "o que é que eu tenho com isso?", "há outros fornecedores que não têm o mesmo problema, pois programam sua manutenção, suas paradas de fábrica em comum acordo com sua área de vendas!", "se a fábrica não tem operadores de suas máquinas, para que me prometeu entregar nessa data?", "eu só quero receber o que me prometeram, na data que me prometeram, nada mais!"; *como corrigir isso? Com domínio sobre o que está acontecendo e o que vai acontecer, com toques de planejamento obrigatório, com listagens de pendências bem claras e definidas para cada área; com priorização de atendimento do que já foi prometido para o cliente;* c) **decisões intempestivas e mal tomadas:** planeja-se uma coisa, decide-se na hora outra, decisões que envolvem na maioria das vezes um contingente muito grande de pessoal, que simplesmente é pego de surpresa, sem possibilidade de reação e sem possibilidade de fazer um mínimo planejamento de sua vida; normalmente o gerente se esquece de que há pessoas de nível mais baixo do que o seu e que não são robôs, não são totalmente manipuláveis e reprogramáveis a cada instante; que merecem o respeito de terem condição de poder planejar um pouco de sua vida também; *como corrigir? Não tomando nem deixando tomar nenhuma decisão importante sem análise de todos os pontos positivos e negativos; tentar obter pelo menos três alternativas de solução para cada problema;* d) **desavenças entre gerentes:** normalmente isso ocorre porque o nível superior assim o permite: um gerente não gosta ou não tolera o outro, fala isso aberta ou dissimuladamente, e demonstra isso com atitudes e até com atos de sabotagem disfarçada, procura dificultar ao máximo o desempenho do outro, de modo que ele escorregue e caia logo; o superior imediato desses gerentes e os próprios gerentes se esquecem de que o nível logo mais abaixo, as equipes, as demais áreas da empresa já imersa num processo odioso de concorrência desleal interna, neste tipo de ambiente não passam na maioria das vezes de vigilantes torcedores para que o circo pegue fogo; e a empresa, enquanto perdura essa situação, simplesmente vai ao caos, porque produzirá mal, com custo muito alto, com qualidade muito baixa; tudo que é despachado para os clientes já vai com o resquício da desavença, do ódio e da disputa indesejável; *como corrigir? Estando atento a detalhes da postura de um gerente para com o outro e discutindo o assunto abertamente com o mesmo; impor uma posição de autoridade não condescendente com atitudes que possam prejudicar a empresa e os clientes, por conseqüência;* e) **atraso no cumprimento do que é planejado:** os gerentes simplesmente não dão a mínima para o cumprimento do que é planejado para cumprirem, tanto no que se refere à quantidade, quanto ao custo, quanto aos prazos; simplesmente não cumprem o orçamento de produção e despesas, apesar de existir uma equipe que se esmera em acompanhar o que está acontecendo, para ter condição de refazer tal planejamento; normalmente são os chamados supergerentes, que se acham acima de qualquer sistema de planejamento e que têm o rompante de ainda menosprezarem o seu nível superior; o nível superior tem de corrigir essa distorção, ou a empresa simplesmente vai para uma situação de não sobrevivência por muito tempo, se esse nível superior simplesmente se acomodar nesta situação; *nem é preciso comentar solução para isso;* f) **falta de compromisso com o "todo":** um gerente de qualquer empresa, de qualquer setor ou departamento é, para a organização, o elemento mais importante na composição das partes de que ela é formada; desse modo, é inadmissível que o gerente não abra mão de suas ambições, de suas posições pessoais e de seus atos de cunho isolado, em benefício de toda a organização, em benefício de todo um resultado que se quer; é inadmissível que um gerente, frustrado em seus resultados, provoque maus resultados na equipe ao lado, apenas para não ficar na berlinda e não parecer o único fracassado, e prejudique a empresa mais ainda do que seu próprio mau resultado; é inadmissível que um gerente só pense em apresentar bons resultados de sua equipe, mesmo que à custa de um pior desempenho da organização; um bom gerente tem de se sacrificar e sacrificar a sua equipe em vista do resultado global, e todos os seus atos devem ser realizados buscando o resultado global, e nunca somente o de sua equipe isoladamente; g) **serviço de desinformação para cima e para baixo:** há gerentes que, incompetentes que são no exercer a sua função, se especializam em montar um verdadeiro esquema de acobertamento da sua incompetência, de maneira que o que sai para os canais superiores é completamente censurado e medido, para não transparecerem erros e omissões; é comum se ouvirem frases bastante características desse tipo de erro: "veja se está assinado por mim!", ou "isso é by-pass, eu não tinha conhecimento dessa informação!" etc; é comum esses gerentes fazerem um escarcéu tremendo por qualquer pouca informação que sair de sua área sem seu conhecimento; ele é o único canal de ligação entre a sua área e as demais da empresa, como se todas as demais áreas fossem compostas de inimigos ferozes, ou como se as demais áreas da empresa fossem os concorrentes mais próximos, que estivessem tomando o mercado da sua "empresa"; da mesma maneira, esses gerentes também exercem seu poder de desinformação para baixo, de modo a que seus subordinados simplesmente recebam somente a informação que eles, gerentes, queiram, da forma que eles queiram e censurada como eles queiram: acaba a empresa sendo a prejudicada, porque mantém em seus quadros um gerente que não repassa o que ela determina, ou seja, não exerce a representatividade para a qual foi contratado; *solução para isso? Não é nada fácil, porque o gerente viciado nesse tipo de trabalho muito dificilmente conseguirá mudar seu modo de ser; nesse caso, a empresa deve optar por ficar com seu gerente, provocando gradativa hemorragia interna de suas equipes, ou expurgá-lo inexoravelmente;* h) **tolerância de elementos nocivos à equipe:** há elementos que, pela sua postura, pelas suas conversas, pelo seu modo de agir, apenas atrapalham o trabalho da equipe, que os rejeita, porém sem poder expurgá-lo; são aqueles elementos nocivos, que conseguem transformar qualquer evento normal em uma tempestade e, principalmente, conseguem levar isso muito adiante, até advir uma punição injusta para algum outro membro da equipe; outros elementos se encarregam de fomentar o ambiente de tal maneira, que conseguem produzir um relacionamento tão azedo entre os diversos membros da equipe e sua liderança, que acaba provocando a saída de alguns deles; a gerência que não se preocupa em limpar a sua equipe dessas sujeiras comuns, acaba por conduzi-la a um destino infelizmente já definido: o fim; *não é necessário indicar soluções, elas são por demais óbvias;* i) **produtos e processos mal definidos e mal planejados:** é comum em grande número de empresas lançar produtos no mercado sem uma preparação prévia e sem uma definição completa das características do que foi lançado; é comum ver produtos com problemas intrínsecos de qualidade sendo percebidos no cliente do cliente, e a retirada apressada do mesmo de produção, por razões de concepção errada; simplesmente não houve o trabalho de pesquisa antes do lançamento, para se saber exatamente que nicho de mercado buscar, para que serve o produto, que nível de qualidade se consegue nos processos de fábrica para aquele determinado produto, se os processos de fábrica realmente comportam a produção do produto, quais suas características de resistência e durabilidade, quais os atributos de qualidade requeridos pelos clientes etc; são comuns lançamentos de diversos tipos de produtos em diversos tipos de empresas, sem o necessário respaldo da engenharia técnica e de produção, de modo que, depois de prometidas maravilhas ao cliente, simplesmente se vai atrás dele novamente para explicar que, por razões técnicas, o produto saiu de linha, ou vai ser entregue com muito atraso, ou vai ser entregue diferente daquele que foi prometido; acontece que não se leva em conta que aquele cliente estará perdido para sempre, a imagem da empresa para ele vai ser a de uma inconseqüente, pois ele poderia ter se abastecido a tempo em outro fornecedor mais estruturado; *solução para isso? É preciso explicitá-la?* j) **vendas não concretizadas ou concretizadas sem controle:** essa é uma característica muito forte da maioria das empresas brasileiras: não existe controle absoluto das vendas, de modo que numa determinada hora há sempre alguém prometendo alguma coisa inexeqüível para algum cliente; na maioria das vezes vende-se o que não se tem e deixa-se de vender o que está em disponibilidade; na maioria das vezes o próprio vendedor não sabe nada sobre o produto que está tentando vender ao cliente; na maioria das vezes, promete-se muita coisa ao cliente, principalmente quanto a prazos e rapidez de entrega, porém não se entende como a organização como um todo teima em não cumprir com fidelidade aquilo que ela mesma, através de seus vendedores, prometeu ao cliente; e o cliente simplesmente cancela seus pedidos ou não repete a compra no mês seguinte, preferindo procurar outros lugares em que seja atendido com mais respeito; há determinados tipos de vendedores que simplesmente não podem ouvir o cliente dizer que necessita de determinado tipo de produto, que realizam a venda ali mesmo, independente de terem o produto ou não, simplesmente com o intuito de receberem a sua comissão ou de não deixarem para o concorrente aquela oportunidade de negócio, acabando por deixar o cliente insatisfeito, por não ter recebido o produto de ninguém; da mesma maneira, há determinadas empresas que simplesmente não cobram de seus vendedores uma performance mais arrojada, desde que os tenham treinado convenientemente e lhes tenham indicado os nichos de mercado onde atuar, e deixam a critério deles a realização das vendas, quando e onde lhes for conveniente, sem olhar o lado do cliente ou da empresa; e os gerentes, tanto de vendas quanto de produção, não se entendem em como atender o cliente; l) **falta de visão do futuro imediato:** grande parte dos gerentes das empresas se preocupa demais com gerir apenas o presente, e pouco se preocupa com o desenrolar dos acontecimentos mais mediatos, ou seja, não consegue imaginar que o presente tem de ser conseqüência de um planejamento feito no passado e que o futuro deverá também ser conseqüência de um planejamento a ser feito agora, no presente; esses gerentes vivem de atos isolados e independentes, embora os mesmos tendam a provocar outros acontecimentos, seja no presente ou no futuro; eles não conseguem correlacionar esses fatos, e os tratam como se, mesmo assim, fossem isolados e independentes; são os chamados gerentes do presente, e que qualquer organização mais aprimorada deve procurar expurgar com mais rapidez; m) **falta de entrosamento entre o gerente e seu superior imediato:** é um dos sintomas mais característicos de concorrência interna de qualquer empresa; na verdade, o superior imediato muitas vezes "engoliu" uma nomeação de pessoa, sua desafeta ou não muito afeta, ou cuja promoção ele achava inadequada, e permanece com tal elemento "na garganta", procurando tolher suas atividades ou policiando ostensivamente seu desempenho; o que acontece é que o gerente muitas vezes é obrigado pela força de seu cargo a agir em nome da empresa, e o seu superior imediato desdiz ou desfaz tudo, sem consultá-lo ou sem cientificá-lo; normalmente um desdiz o outro, informações desencontradas são passadas, de maneira que nada coincide entre os dois; muitas vezes essas contradições nem aparecem nitidamente, e cada um dos dois tenta ser o mais discreto possível, mas essa situação acaba sempre à mercê do conhecimento dos escalões inferiores, que percebem a situação com muita facilidade; n) **falta de tempo para gerir a fábrica:** muitos gerentes simplesmente não encontram tempo para gerir seu setor, sua fábrica ou seu departamento, por estarem tão ocupados com suas atividades particulares, que, de uma maneira muito simples, acabam abandonando o andamento de suas responsabilidades; quando se conversa com este tipo de gerente sobre o seu setor ou sua unidade de trabalho, os chutes acontecem numa avalanche tão grande, e com tantos argumentos, que à primeira vista parece que o mesmo esteve durante todos os momentos ligado à sua área ou seu setor; pura enganação e encenação teatral para encobrir o óbvio, e que não é notado pelos superiores; o) **falta de pulso para tomar decisão**: principalmente decisões polêmicas são procrastinadas indefinidamente pela maioria dos gerentes; gerir uma organização é, antes de tudo, estar preparado para tomar decisões, e decisões na maioria arrojadas e inéditas e polêmicas, porque as mais comuns têm de ser tomadas por escalões inferiores; na maioria das vezes as decisões exigem rapidez e acerto, sob pena de se provocar desastres imediatos ou futuros; a maioria dos gerentes peca exatamente por não saber e não querer tomar decisões, apenas transferem a responsabilidade para seu superior imediato, mesmo à custa de uma imagem de "pipoqueiro" ante sua própria equipe; p) **visão sem nenhuma abrangência**: o gerente peca, muitas vezes, por ficar preso só a detalhes, arrumando certas picuinhas àquilo que não tem a menor importância, cobrando realização de minúcias, quando o que é muito mais importante acontece à sua volta, sem que ele o perceba; normalmente trata-se de gerente promovido sem nenhum critério, pessoa que era competente num único tipo de função, que lhe requeria cuidar sozinho de algum trabalho específico, e o fazia bem, e, alçado à condição de gerência, o foi sem avaliar as suas habilidades gerenciais e suas características pessoais que, no fundo, eram incompatíveis para a promoção.

Esses são alguns sintomas que costumam caracterizar as disfunções ou relações tempestuosas no nível tático ou gerencial. É normal que essas relações, dependendo da importância da posição do gerente no funcionamento da organização, tendam também a estabelecer o mesmo estilo de relacionamento logo abaixo, no nível operacional e técnico. Apesar de ser apenas conseqüência do que é repassado de cima, também o nível operacional tem suas características próprias de estabelecimento do regime de concorrência interna.

> "Mais difícil que levar uma vida organizada é impô-la aos outros."
>
> *Marcel Proust*

CAPÍTULO 9

Concorrência interna operacional

É normal, em qualquer empresa de médio para grande porte, a área operacional ser relegada a segundo ou terceiro plano. Isso ocorre porque é a área que mais devagar apresenta resultados mais visíveis a acionistas, diretores e conselheiros. As áreas de controladoria e financeira são, na maioria das vezes, as que mais sobressaem, por serem as que mais rápido oferecem relatórios de suas atividades. E é normal se dar muito valor a um relatório muito bem-feito, sem uma análise mais profunda de conteúdo daquilo que é apresentado; em grande parte das oportunidades, se dá muito valor apenas à apresentação formal de um relatório por escrito e muito bem-feito, em detrimento de um depoimento pessoal cheio de conteúdo que produza mais resultados, desde que não se caia nos casos já relatados anteriormente, de relatórios forjados e manipulados verbalmente, para encobrir desconhecimentos e manipulações.

É comum se ouvir, e não raras vezes se tem razão, que qualquer esforço feito na área operacional ou de produção, é facilmente superado por um mínimo de esforço das áreas não produtivas, sejam elas financeiras, por uma aplicação de recursos mais bem-feita, ou uma aplicação indevida que provoque um resultado desastroso, ou um empréstimo malfeito, a taxas exorbitantes, de modo a jogar por terra aquele esforço despendido na área produtiva e que gerará resultados num prazo mais longo; sejam elas na área de vendas, por um pedido mal colocado ou de grande dificuldade de atendimento, ou por um pedido bem-feito, com preços exagerados; sejam elas também na área de compras, área em que qualquer mau negócio pode jogar por terra qualquer esforço de diminuição de custos operacionais. Na maioria das vezes, é verdadeira essa superlativação de resultados imediatos das áreas não produtivas em relação àquelas, pois, normalmente, um esforço sobre-humano poderá ser feito nas áreas de produção, ganhando-se alguns poucos centavos no produto final que, na formação de custo, representarão pouco. Os ganhos ou perdas financeiros, por outro lado, vão incidir direto no resultado final, sem custo dos produtos, não sendo rateados ou distribuídos unitariamente para a formação do custo; são os que podem representar prejuízo ou lucro final, e não custo menor dos produtos, na demonstração de resultados. Por isso mesmo, apresentam-se com montantes elevados, numa posição na demonstração de resultados muito mais favorável à observação imediata e sem mais profundidade. Ganhos de custo do produto em demonstrações de resultados são muito menos perceptíveis a olho nu, do que ganhos ou perdas financeiras, por exemplo.

A única grande — para quem souber analisar com frieza e sem emoção os fatores de formação de custo, — e salutar diferença entre resultados de área, neste aspecto, reside na perpetuação dos mesmos: enquanto a área operacional poderá ganhar seus centavos por tempo ilimitado e permanente, as áreas não-operacionais tendem a ter ganhos transitórios, apenas para o momento por que se estiver passando, morrendo naquela única ocasião. Nem por isso podem ser relegados a segundo plano, pois podem dar mais fôlego a uma situação de dificuldade momentânea. Caso se consiga ainda perpetuar ganhos de áreas não operacionais, aí sim, a tendência de crescimento do resultado final sobe geometricamente.

Os atos de operação têm de ser feitos, independentes da demonstração de seus efeitos imediatos; devem ser realizados diuturnamente, certos ou errados, de modo a fazer andar a organização, com maior ou menor velocidade. A grande diferença é propriamente se poder e conseguir fazer andar mais rapidamente ou não, dependendo do nível de acertos, dependendo de serem feitos com competência, dependendo do tipo de atos e de quem os pratica, com consciência ou não, e melhor do que os praticados pela concorrência.

Os atos administrativos ou não operacionais têm de ser efetivados mediante a demonstração dos resultados, para poderem tornar possível sua avaliação em eficácia e nos resultados alcançados. Na verdade, são facilmente demonstráveis, são mais bombásticos e pirotécnicos, mas extremamente transitórios e perigosos, por normalmente só gerarem os primeiros efeitos e não perdurarem no tempo: hoje, pelas peculiaridades e circunstâncias de momento, estão plenos de certeza e retidão e bom senso; amanhã, pela própria dinâmica do sistema como um todo, principalmente o financeiro, podem estar totalmente errados e fora de sintonia. Somente a demonstração de resultados vai conseguir mostrar a eficácia ou não, para aquele período analisado apenas.

Os atos de operação e de produção, por gerarem efeitos mais duradouros, se bem-feitos, bem amadurecidos e bem embasados, permanecem ao longo do tempo, podendo ser burilados a cada dia, sem perder sua essência. Se malfeitos, ainda assim são corrigíveis, dependendo de quem estiver gerindo a área: ao se perceber que gerarão resultados danosos, devem ser corrigidos e aprimorados, com coragem e determinação. Por isso mesmo, requerem decisões mais pensadas, mais discutidas, mais inteligentes e menos emocionais.

Em sã consciência, ninguém, nos escalões inferiores, nota com muita facilidade o resultado final de seu esforço para diminuir ou controlar custos, por diversas razões: os ganhos operacionais não são muito acompanhados e mensurados na sua ocorrência diária; a empresa, se estiver capitalizada, vislumbrará somente a área financeira, em detrimento das demais; não havendo muito controle interno, os ganhos operacionais não conseguem ser demonstrados, embora todos sabendo que ocorreram; não há muito planejamento de atividades e muita projeção de resultados de custos, então cada ganho operacional estará diretamente vinculado à vontade operacional de fazer ou não fazer, de fazer bem-feito ou não fazer bem-feito; qualquer ganho operacional irá se perder na teimosia do tempo, se não tiver sido registrado em controles e estatísticas; a empresa dará pouca importância a esses ganhos, se não souber o que gasta no nível operacional.

É função das áreas não produtivas realizar muitos atos de disposição geral e transitória, para apagar sempre pequenos princípios de incêndios, evitando atropelos e acidentes de percurso. É função das áreas operacionais se preocupar com a engenharia das soluções, para que as mesmas perdurem o maior espaço de tempo possível.

Nenhuma das duas áreas é menos importante, por ter sua característica própria. Se suas gerências conseguissem entender seu verdadeiro papel e trabalhassem em sintonia, a organização como um todo só teria a ganhar. No entanto, o normal é não entenderem qual a razão de ser de suas próprias existências em paralelo, estabelecendo-se um regime de disputa interna, em que cada uma vai jogar com suas próprias armas: haverá sempre um esconder e apresentar cartas escondidas na manga, de maneira a se procurar demonstrar, nas ocasiões mais inoportunas e inconvenientes, as fraquezas e os erros da outra área.

O pior é essa disputa entre áreas, cujos nefastos resultados logo se apresentarão, principalmente através do desconforto e da desconfiança mútuas, cada área se precavendo e procurando subterfugiar informações de suas próprias e omissões, ou impingindo à outra área determinadas ações e omissões. É muito comum ouvir escorregões do tipo "**a responsabilidade não era minha**", "**eu não podia ter feito nada, para não invadir a área de fulano**", "**se eu estivesse no lugar dele, teria feito, mas ele é incompetente!**", "**o que é que fulano está fazendo lá, que não viu isso acontecer?**", "**quem deve dar notícia disso é fulano", "eu não sei, você já perguntou a fulano? O responsável pela área é ele!". Bem pior do que ouvir isso é a retumbância desses sons nos escalões inferiores! Aí, sim, a concorrência, incentivada de cima, ganha corpo e se acirra, de modo a se tornar lugar comum e nunca mais sair. E ao se acirrar, explode em raios fulminantes, agregando-se para os lados, para cima e para baixo.

Pois bem, vamos tratar do assunto com mais calma, dando uma volta dentro de uma fábrica e vendo seus sintomas. Na verdade, só existirá concorrência interna no nível operacional por dois motivos básicos: se a houver nos níveis acima do operacional, ou se a chefia imediata for incompetente e complacente para admiti-la, estabelecê-la ou motivá-la. E no nível operacional é onde mais facilmente se pode extirpá-la, dado que é muito mais conseqüência. Antes de qualquer coisa, é preciso reconhecê-la. E só se vai reconhecê-la se houver um exercício diário muito grande de percepção e feeling administrativo, que só é possível se não houver concorrência interna entre pares acima e entre as áreas, ou se o líder acima do nível operacional for competente para a função. Assim sendo, no que tange às áreas operacionais, é preciso perceber, no seu normal de operação:

1. Clima interno na fábrica

Como anda o moral dos colaboradores — na maioria das vezes, uma grande parte dos operadores que trabalham no setor produtivo de uma empresa ali está pela simples razão de ser o único emprego que conseguiu. Permanece na empresa, apesar de tudo, e produz alguma coisa, mas completamente desmotivada com a vida, com o seu próprio trabalho: é comum, nesse estado de espírito, ser levada a acidentes do trabalho, por estar fora de sintonia com o que está sendo feito e com seu próprio ambiente.

Na maior parte do tempo, o empregado se deixa levar a pensar apenas nos problemas que deixou em casa, tais como: dívidas, filhos doentes, casamento em decadência, desavenças, vizinhança ruim etc. Ainda a isso se soma um ambiente pouco adequado na empresa, que acaba por desmotivá-lo de vez.

A maioria das empresas não consegue, porque não se preocupa com esse pequeno detalhe, elevar o moral de sua equipe de operadores: é preciso que, por indução, vá despencando o moral de mais alguns, para que as chefias notem que alguma coisa está errada. Mesmo notando, não têm coragem de abordar as pessoas e se colocar à disposição para, pelo menos, conversar sobre o assunto.

E como se notar então que o moral de uma ou mais pessoas está baixo? Várias maneiras há para se notar: normalmente, a pessoa de boa índole, com algum problema, se torna arredia, desconfiada, tímida, ressabiada, e com tendência a ficar sozinha e isolada das demais; a de má índole, de imediato passa sempre para o lado escuso, enganando, subterfugiando, furtando, roubando. Apesar de alguns colegas mais chegados, a pessoa de boa índole só pensa, nessa hora, que não possui nenhum amigo que lhe consiga ajudar a resolver seu problema de momento: se ela tem um problema financeiro, por exemplo, o pensamento mais comum é: por que não aparece alguém para lhe emprestar dinheiro, se possível sem juros, a pagar quando puder? É o mesmo que faria por alguém necessitado, se tivesse dinheiro. E se é problema de doença na família, como é que não aparece ninguém para auxiliar, se sempre ela fez o mesmo por amigos e vizinhos?

Quando acontece um problema qualquer com um operador bom, ele normalmente se sente o mais abandonado do mundo: primeiro, tem vergonha de se expor perante quem não tenha o mesmo tipo de problema; segundo, deseja que reconheçam a sua situação, ajudem-no, sem que para isso ele precise pedir e escancarar toda a sua vida particular.

Há pessoas que se tornam ásperas e irritadiças se estiverem com algum problema, mesmo que dentro de uma situação normal não o sejam. Há muitos casos de colaboradores sendo punidos por atos de indisciplina, apenas resultantes de situações problemáticas por que estavam passando, e que ninguém se preocupou em saber a razão de sua mudança de comportamento.

Dessa maneira, se não há liberdade de o colaborador se expor para as chefias e seus colegas de trabalho, se é possível notar pessoas acabrunhadas em seus cantos e pouco convivendo com seus colegas, o moral do grupo não está nada bom.

O que os colaboradores pensam da empresa — sem levar em conta a situação individual de cada colaborador, no aspecto de sua moral e de seu estado de motivação, o pensamento geral sobre o que representa a empresa para os colaboradores é um dos itens mais importantes a se perceber num ambiente industrial, para saber da existência ou não de clima propício à concorrência interna. Na maioria das vezes, derivada de uma situação geral de concorrência acirrada em todos os níveis dentro da empresa, os colaboradores, senso comum, têm a mesma como a mais indigesta das instituições, e só ali estão porque precisam, e pelo tempo enquanto não conseguirem outro emprego melhor. Muitas vezes os colaboradores de nível mais baixo imaginam que, — incentivados também por trabalho de pregação realizado pelos próprios sindicatos, — a empresa sempre os enganou, vai sempre enganá-los, sempre aponta mal suas horas de trabalho, paga mal e, quando puder, lhes passará a perna.

O interessante é que na maioria das vezes a imagem que os empregados fazem da empresa é quase sempre verdadeira! Muito se tem pregado numa melhoria das relações empresa-empregados, mas muito pouco se tem evoluído em algumas empresas, especialmente para melhorar a postura dos seus representantes intermediários perante seus empregados de menor nível. É bem verdade que algumas mantêm um regime de transparência total em suas relações com esses empregados de menor nível, outras têm tentado, outras, apesar de tentarem, não o conseguem, por deficiência de seus próprios escalões intermediários.

A má vontade com que se trata o relacionamento, principalmente o individual, das chefias com os empregados, leva, obrigatoriamente, à imagem negativa destes em relação à empresa. Isso ocorre, em princípio, pela postura pouco profissional das chefias, que não conseguem ser capazes de traduzir para cima, temerosos de repercussões negativas e de transmitirem uma imagem ruim nos escalões superiores, aquilo que sentem os colaboradores de chão de fábrica. Muitas vezes provocam prejuízos aos colaboradores, seja em função de apontamentos errados, seja em função de não apontamentos e, principalmente, pelo medo de reconhecer perante eles que cometeram algum tipo de erro. Normalmente também repassam seu próprio erro para outra pessoa ou setor, principalmente a área ou setor de pessoal, — pára-raios de todas as reclamações de mau relacionamento de fábrica! — e o erro nunca é corrigido, ficando o prejuízo para o empregado.

A desconfiança no relacionamento empresa-empregado é outro fator de imagem negativa dos colaboradores em relação à empresa: a forma de representação dos escalões superiores, que não se deixam abordar pelos operadores, preferindo ser representados em todos os aspectos pelas respectivas chefias, muitas vezes totalmente despreparadas para tal encargo: se os patrões não chegam a poder conversar abertamente com os empregados mais humildes, a tendência natural vai ser pensar que é porque temem falar o que não deviam, de falar o que deveria ser segredo, de soltar sem querer o que deveria ficar escondido; razão então de se pensar, com muita propriedade, que simplesmente estão sendo enganados pela empresa: contra isso, só um sindicato forte, para equilibrar as coisas! Aí, então, o campo para atuação daquele estará completamente à disposição, para desvirtuar e manipular as coisas, se for de sua conveniência!

Qual a imagem dos empregados quanto à organização como um todo — com a deterioração gradativa que aconteceu do relacionamento das chefias com os empregados, principalmente na mudança ocorrida de um paternalismo muito absoluto para uma forma de paternalismo mais democrático e permissivo, e depois se transformando em busca da eficácia, através da diminuição gradativa das posições hierárquicas ocupadas por parentes, para uma situação mista de posições ocupadas por profissionais junto com afilhados e amigos, esses, principalmente, no resguardo de suas posições, criaram certas seqüelas que culminaram com a deterioração da imagem da empresa como um todo. A principal imagem que existe na cabeça dos colaboradores de chão de fábrica é a de uma empresa carrasca, que não perdoa nada, que só quer saber de seus direitos, poderosa e mandatária, sanguessuga que a cada dia inventa uma norma a mais para se preservar: para a empresa, tudo, para os empregados, nada! Outra imagem é a de que a empresa pode tudo, pode influenciar no mundo político e no econômico à sua volta, mas nunca o faz em benefício dos empregados, quando muito paga os salários em dia, obrigada pelo governo: só tem essa capacidade enorme de influência no mundo econômico para se beneficiar apenas. Outra imagem é a de que, por mais fácil que seja uma solução que beneficie empregados, ela só sai a troco de negociação árdua, se sair. Assim, somente mediante o sindicato se consegue alguma concessão, mesmo que não custe absolutamente nada à empresa.

As chefias são as maiores responsáveis por essa imagem, às vezes destorcida, às vezes real, pois não conseguem transmitir para baixo e para cima o diálogo de que seriam o órgão transmissor e receptor. Assim, todo o clima de desconfiança se deve à má performance das chefias, que se escondem, muitas vezes, responsabilizando o nível imediato superior.

Uma das ações que mais chama a atenção dos colaboradores para essa imagem destorcida — às vezes verdadeira! — da empresa, chama-se procrastinação das chefias: ao invés de responder de uma vez com um sonoro **não**! mal dado, mas que foi dado na hora, — **resolvido na hora!** — preferem consultar o chefe imediato, e adiam indefinidamente as respostas, de maneira que as expectativas e as conversinhas ao pé do ouvido, de operador para operador, se processam numa escala volumosa: se não se pode resolver na hora, é certo que as chefias vão estudar a melhor maneira de não atenderem a reivindicação, com uma desculpa que pareça convincente. Isso, nenhum colaborador aceita. E se o chefe não pode resolver nada, para que está ali, só para encher o saco?

Existe insatisfação com a empresa? — Aquilo a que queremos referir-nos aqui é a insatisfação localizada, algum tipo de solução que foi tomada sem precauções, e que causou a maior insatisfação possível, mal-estar que as chefias e escalões superiores estão esperando amainar apenas com o tempo. Esse é um dos piores sintomas de crise interna, um dos maiores causadores de concorrência no nível operacional: simplesmente o operariado não esquece facilmente quando foi maltratado ou ludibriado. O tempo passa, outras chefias poderão vir, mas não se consegue trocar todos os colaboradores, e uns passam para os outros, e a mágoa permanece indefinidamente, até que seja tratada abertamente pela empresa, principalmente por meio de suas gerências, supervisões ou chefias, de uma maneira geral. E tratada sem subterfúgios, procurando reconhecer os erros e acertos de decisões mal tomadas no passado, junto com a boa intenção de se acertar daí por diante.

Exemplo disso foi quando, numa decisão tomada por uma empresa em que trabalhei, resolvi implantar um sistema mais rígido de freqüência e assiduidade numa fábrica que mais parecia uma mãe, tal como tratava esse assunto: simplesmente podia-se chegar uma, até duas horas atrasado, que adentrava a fábrica, normalmente, e se ia trabalhar em seu setor, sem problema algum; quando a norma de marcação de ponto foi implementada, tolerando apenas alguns atrasos mínimos, não constantes, o burburinho dentro da fábrica aumentou, criando um ambiente de insatisfação geral, de que a empresa era um carrasco, que estava tratando os empregados como escravos. Foi preciso conversar com quase todos os colaboradores, fazendo-os ver que tal norma iria influir na vida de bem poucas pessoas, e somente das que ofereciam seu trabalho para a equipe da pior forma, pois não estavam disponíveis na hora do *start-up* de produção, na hora de maior esforço concentrado. E aí o questionamento para o que os colaboradores normalmente não estão preparados: por que beneficiar só os faltosos, perdoando-lhes atrasos e faltas em detrimento dos que chegavam na hora e que eram a maioria absoluta? A partir daí, acabou-se a insatisfação.

É necessário se diferenciar o tipo de insatisfação com a empresa, e a insatisfação por aspecto conjuntural: a primeira é causada única e exclusivamente por alguma ação tomada pela empresa, e a segunda, é causada por atos ou ações fora dela, que influem e acarretam conseqüências para a classe operária como um todo. Exemplo de insatisfação com a empresa é um acordo salarial malfeito ou não feito às claras, ou feito em conluio com o próprio sindicato, um fazendo concessões ao outro, a troco de benefícios mútuos: no fim, sai um acordo capenga, que, no fundo, não interessa a nenhuma das partes, mas que, em princípio, evidenciou a **performance** dos dois negociadores que estavam sentados à mesa: por parte do sindicato, ganhou-se alguma concessão única e exclusiva para ele apenas, tipo descontos ilegais em folha de cada empregado e que, por força da Convenção Coletiva, tem força de lei e vai ser implementada, de qualquer maneira; por parte da empresa, evidenciou-se a fama de **grande negociador** por parte de seu representante, que não concedeu o que o sindicato pediu, pelo contrário, até diminuiu as concessões que a empresa havia lhe dado autonomia para ceder; caracterizou-se a solução de momento, mas que provocará seqüelas por tempo indefinido, dado que não se olhavam principalmente os interesses das duas partes principais, o empregado e a empresa: à empresa deve interessar ter um ambiente de trabalho condigno, onde haja um princípio de respeito mútuo e convivência salutar, o que não irá ser alcançado via acordos mal negociados; aos empregados, interessa resolver seus problemas mais urgentes, via uma contraprestação justa pelo seu trabalho, que deve ser feito com dedicação e exclusividade, em todos os momentos em que estiverem dentro da empresa. Um acordo mal negociado não vai conseguir isso, ou, se o conseguir, será por período muito transitório. Exemplo de insatisfação geral é aquela causada por mudança na política salarial ou definição do salário mínimo pelo governo: causa um mal-estar terrível, um rebuliço enorme, e os operários ficam com a sensação de impotência perante os poderosos *lobbies* do Congresso Nacional e do Governo, pois não têm representatividade naqueles órgãos, de maneira paritária com os patrões.

O que a empresa paga para os níveis operacionais garante-lhes um mínimo de decência e dignidade como cidadãos? — A maioria absoluta das empresas não se preocupa com isso. Outras têm algumas complementações de salários, tais como assistência médico-hospitalar, auxílio alimentação, refeitório subsidiado etc. Algumas estão implementando programas de complementação educacional, via supletivos subsidiados. Umas poucas possuem programas de acompanhamento de seus empregados, de modo a monitorar positivamente a sua vida particular e social. A grande maioria que faz algum tipo de complementação se baseia exclusivamente nas áreas de saúde e alimentação. Assim mesmo, porque há algumas facilidades definidas pelo Governo, de maneira a minimizar o custo de sua concessão, ou de forma a diminuir os encargos trabalhistas nas folhas, visto que benefícios não ensejam encargos. Na verdade, há bem poucos casos de empresas que fazem um trabalho sério, buscando efetivamente conhecer as necessidades mais elementares de seus colaboradores, buscando a sua satisfação, no sentido de garantir que os mesmos adentrem todo dia o ambiente de trabalho mais motivados, ou, o menos desmotivados possível.

Para as empresas, já que não há uma medida efetiva sobre o assunto, pouco interessa como é que cada um de seus colaboradores operacionais entra para as fábricas, porque cada um não passa de um número: a fábrica tem 800 empregados, então tem 800 problemas que entram nela todo dia! Se tiver 1.000 empregados, então o problema é maior, tem 1.000 problemas para gerir todo dia! Em bem poucas existe a imagem de 800 possibilidades de bom atendimento ao cliente, ou 1.000 possibilidades de bom atendimento, 1.000 portas abertas ao cliente!

Não há, por parte das empresas, pelo menos em sua grande maioria, preocupação com o nível de reivindicação de seus operários. Não aquela reivindicação ostensiva, porque já não passa de necessidade básica e elementar de cada pessoa, mas aquela escondida, que é mínima, mas que está acima de sua necessidade básica e elementar. Não sabem, e não fazem nenhuma questão de saber, o que, além do salário, faz a diferença para os colaboradores: na verdade, algumas vezes é tão pouco, que não custa nada, mas a empresa não sabe! E se sabe, e se custa muito, prefere se omitir a dizer claramente para eles que na conjuntura por que passa a empresa, isso é impossível de ser concedido. E vão concedendo aos poucos, ano a ano, via reivindicações negociadas com sindicatos representantes dos empregados, ao invés de conceder, planejadamente.

Seria interessante cada organização conscientizar todos os colaboradores sobre a situação econômica da mesma, suas projeções para o futuro, em que condições essas projeções, dentro da realidade do país, poderiam se processar, de maneira a eliminar que possa vir a existir qualquer possibilidade de conjecturas e imaginações de melhorias fora da realidade. No entanto, algumas empresas preferem mentir, pura e simplesmente, em qualquer situação em que estiverem: se estiverem numa situação boa, com boas perspectivas, simplesmente dizem que não, e inventam quaisquer desculpas, na verdade uma ladainha sem fim que não convence a ninguém; nessa hora, o líder puxa-saco transmite para os escalões superiores uma imagem completamente distorcida de dentro de fábrica, normalmente se colocando numa posição muito confortável de que "**o que eu falo para eles é levado como verdade absoluta, está tudo sob controle!**". Falsa impressão! Normalmente, os empregados de baixo nível percebem as mentiras tão facilmente, muito mais rápido até do que os membros de primeiro escalão, que são ludibriados por lideranças que os alimentam de informações erradas ou falsas!

Se as empresas estiverem numa situação ruim, então, com prejuízos, trabalhando no vermelho meses e meses seguidos, mesmo assim as chefias negam, pois não podem dar o braço a torcer que estão, por incompetência, provocando tais prejuízos à organização: os colaboradores de menor nível não aceitam as desculpas esfarrapadas de que não deu lucro porque o preço está aquém do que deveria estar, porque os encargos financeiros estão além do limite para a empresa ou, mesmo na não-venda, não acreditam que o produto que fazem com tanto vigor e tanto empenho não tenha saída no mercado: alguém, no meio do caminho, simplesmente está falhando, e não está sendo punido, como as pessoas da área operacional normalmente o são, por qualquer falha.

Os colaboradores têm pleno acesso a todos os níveis de chefia? — Em muitas empresas, as chefias se isolam dentro de suas salas e de lá saem somente quando têm alguma chamada de atenção a fazer, alguma punição a dar, principalmente com platéias ao seu redor. Quase nunca se vê, pois lhes ensinaram a agir assim, as chefias discutindo abertamente com os níveis mais baixos, para ouvirem seus pontos de vista e seus reclamos, ainda que sejam os mais esdrúxulos possíveis. Há reclamos de colaboradores que são resolvidos apenas em se ouvindo, e é nada mais que isso que eles querem: serem ouvidos! Há reclamações que são resolvidas num piscar de olhos, no entanto, por falta de acesso à abordagem, vão ficando esquecidas e criando limo em torno de si, até se transformarem num problema sem solução! Como também há reivindicações de nível maior, que podem ser discutidas, maturadas e pré-resolvidas ali mesmo, no chão de fábrica.

A grande maioria das empresas que se prepara pomposamente para atender a todas as reivindicações dos empregados, faz, inclusive, pesquisas internas de opinião, coloca caixas de sugestões, ou pelo menos se prepara para ouvi-los. Tais empresas criam um órgão especializado para isso, chamado Relações Industriais, ou Recursos Humanos, que se especializa em ouvir, ouvir, explicar, explicar, e pouco convencer, porque não possui poder de decisão nenhum. Este, aliás, é o erro principal das empresas: quem ouve não tem poder de decidir! Então, quem deve ouvir e **decidir** as coisas mais simples, que normalmente são as mais importantes para os colaboradores de baixo nível, são as **chefias**, que devem ser preparadas para isso, o que não ocorre em quase nenhuma empresa nacional.

Nesse aspecto, da não decisão por parte dos Relações Industriais e Recursos Humanos, nada de braçadas a atuação sindical, que se transforma *no outro lado*, com os mesmos princípios e os mesmos gestos teatrais de nenhum efeito, só que muito mais bem preparada para o verdadeiro embate. No entanto, se houvesse a possibilidade da abordagem livre de todos os empregados para qualquer nível de hierarquia da empresa, e se as chefias estivessem preparadas para isso, o papel dos sindicatos — importantes, como moderadores nesta relação! — seria outro completamente diferente. Na maioria das vezes, o empregado quer e gosta de falar com o **Deus**, ao invés de com o **Santo**, e muitas vezes isso é apenas desdenhado; se tiver de ouvir um não, mesmo assim, ele gostaria de ter falado com o patrão, ou um seu forte representante, e não com outro empregado como ele mesmo, que não decide nada! A grande questão é que as empresas não fazem isso, e as poucas que se atrevem a fazê-lo, que se dizem preparadas, num primeiro momento, em seguida caem completamente em contradição, pois os níveis superiores são capazes de ceder muito mais do que os níveis de chefia mais abaixo: fazem dessa maneira para demonstrar o seu grande poder e prestígio, deixando à mercê do descrédito total as chefias menores; com pouco tempo, o empregado relaciona o descrédito na chefia com o descrédito na própria empresa, porque, quando a chefia mais próxima não decide ou decide por um não, poderá, aos olhos dos empregados, estar apenas querendo agradar ao patrão, nalguma coisa que poderia ser concedida, e que ele conseguirá, falando diretamente àquele que pode decidir com mais facilidade.

2. As chefias mais baixas

São de confiança da organização, da chefia acima, ou dos empregados? — Normalmente, alguns níveis de hierarquia dentro de uma fábrica ainda se limitam a fazer transparecer para baixo tudo que é o seu chefe imediatamente acima, ou seja, apenas se espelham nele para definirem a sua atuação como líderes. Aí eles se imaginam ser de extrema confiança de seus próprios chefes.

A idéia que têm é, para variar, tentar preservar seus próprios empregos: sendo amigos do chefe, e seguindo suas **ordens** sem pestanejar, estarão correndo menos riscos, pois qualquer decisão errada será imputada imediatamente aos seus superiores, e qualquer decisão certa será usufruída como suas próprias. Com o tempo, porém, todos os empregados notarão que as decisões, por menores que sejam, não são e não podem ser tomadas no nível de chefia que têm, mas sim no imediatamente superior. Então, se existe ali alguém que só parece ser chefe, uma caricatura, um recadeiro, na verdade estão trabalhando sozinhos, não são e nunca serão liderados por ninguém. E quem, em sã consciência, gosta de trabalhar sem comando, sem liderança? É da condição humana ser comandado ou liderado por alguém de pulso forte, de personalidade forte, que inspire confiança pela sua postura, pelo seu modo de agir, pela sua idoneidade moral perante os comandados. Não é cabida nenhuma chefia que se preze ser de confiança apenas de seus superiores.

Por outro lado, é comum também algumas chefias se postarem como legítimos representantes dos empregados, assumindo a sua defesa plena, de maneira impertinente e até intransigente, embora na maioria das vezes dissimulada. Esses são os que permanecem calados na maior parte do tempo em reuniões de discussões de assuntos delicados, mas que, na porta de saída das mesmas, começam a defender uma postura totalmente voltada a concessões sem possibilidades. Não imaginam eles que, dada a sua posição de liderança, as mesmas colocações deveriam ter sido feitas um pouco antes, durante a reunião. Isso ocorre também com os muristas, que têm medo de assumir a sua postura de maneira transparente, tanto se for em defesa dos interesses da empresa, quanto se for em defesa dos interesses dos empregados. Esses muristas acabam sendo um veículo de informações desencontradas, pois não conseguem depreender o pensamento comum do chão de fábrica nem conseguem repassar para o chão de fábrica as informações que a empresa quer que sejam repassadas.

Conseguem discutir com coragem e até discordar das ordens e informações recebidas para repassarem? — Na maioria das vezes, as chefias se comportam como verdadeiros cordeiros, pois sua chefia imediata não lhes dá oportunidade de discussão. O que existe ainda hoje é a imposição de ordens e informações, que são levadas sem nenhuma discussão prévia e sem nenhum burilamento antes de sua implementação. É alguém, longe do local onde tudo acontece, resolvendo o que deve ser feito lá, no chão de fábrica, onde ele quase nunca pisa, e obriga suas chefias a executar seus ditames sem discutir, sem sentir o que tem repercussão ruim ou não. Já ouvi muitas vezes a frase clássica "**é assim que tem de ser, sem discussões!**", e já vi a ordem ser empurrada goela abaixo. A chefia que se vire para implementá-la para baixo, que está sendo paga para isso mesmo. Que a chefia se vire com as repercussões negativas!

Há casos em que as chefias também não ajudam na discussão, por não terem competência para isso. Estão ali por uma questão apenas de apadrinhamento e não dão notícia de nada, não sabem de nada, apenas concordam. Isso, normalmente, não é índole, é mau preparo mesmo, é incompetência mesmo! E se as discussões não acontecem, a empresa parece mesmo um quartel, onde as ordens foram feitas para serem obedecidas por quem tiver bom senso. Nesses casos, não seria de se perguntar: para que tal chefia, que não fede nem cheira? Quem gosta de ter um chefinho, que só sabe obedecer?

Como se comportam em repassar decisões com as quais não concordam? — Um líder ou chefe, normalmente passa por dissabores de ter de repassar para sua equipe uma decisão empresarial com a qual não concorda. Se a discutiu abertamente e foi voto vencido, mesmo assim permanece uma decisão com a qual não concorda. É um bom momento de análise do sintoma de despreparo para exercer essa chefia ou liderança, e vamos encontrar isso em um nível por demais elevado em um grande número de empresas: a chefia simplesmente não se compromete com aquilo que tem de repassar para a sua equipe. Alguns adoecem e deixam o encargo para outro setor, principalmente para as áreas de pessoal, Relações Industriais ou Recursos Humanos: assim não se comprometem com a sua equipe; outros repassam fazendo questão de frisar para sua equipe que *"foram eles que resolveram, eu fui contra!"*; outros mais repassam de uma maneira totalmente descomprometida, mas repassam, e ninguém poderá dizer nada deles, pois fizeram o que foi pedido, mas apenas o fizeram de uma maneira pouco convincente, despretensiosa, descomprometida, enganando seus superiores: ainda se dão ao descaramento de levar informações de feedback como se tudo estivesse sob controle, que levaram o recado como foi pedido, que a turma compreendeu perfeitamente; uma chefia assim consegue enganar durante muito tempo, se o nível superior não for bem treinado para perceber seu murismo.

Convivem com seus subordinados, fora do ambiente de trabalho? — Está aí uma das coisas mais banais, entretanto, das mais importantes. Na maioria das organizações brasileiras, as chefias são orientadas a manter uma distância regulamentar entre ela própria e os subordinados, de maneira que esses percebam claramente quem é o chefe. Nada mais ridículo e atrasado! Uma liderança de empresa que não consegue conviver ativamente com os parceiros-membros de sua equipe, mesmo os de mais baixo nível, é porque não tem competência suficiente para ser o líder da equipe. Uma liderança que se encarrega de apenas tolerar os membros de sua equipe é totalmente despreparada para liderá-la, porque não tem a confiança plena de seus liderados. Uma liderança de equipe que não tem coragem de se expor abertamente a seus liderados, como consegue conviver com eles no mínimo oito horas diárias de trabalho? Ou é daqueles que acham que, numa situação de distúrbio, não teriam condição moral de corrigir ninguém que estiver errado, só por ter um regime de convivência mais estreita com ele?

Ora, uma chefia ou liderança que se preze deve estar misturada com seus liderados, conviver com os problemas deles, auxiliá-los a resolver esses problemas, orientando e dando apoio moral, mesmo fora do ambiente de trabalho. É ali que a liderança demonstra todo o seu preparo, diferente da condição dos liderados; é ali que ela demonstra todo o seu equilíbrio; é ali que a liderança começa por ganhar a confiança e simpatia de seus liderados.

Nas fábricas, as chefias ou lideranças se encarregam de exercer essa condição apenas durante as oito horas de trabalho diárias, quando conseguem exercê-la. A partir do portão de saída, seus liderados passam à simples condição de desconhecidos: ou moram em bairros mais afastados, nas grandes cidades, ou têm uma condição econômico-social bem aquém das lideranças, de modo que o afastamento é a rotina normal entre eles. Quando ocorre algum problema mais sério com algum dos membros da equipe, tipo, por exemplo, doença grave na família, morte de algum parente mais próximo etc, as chefias se inteiram atrasadamente do assunto, superficialmente, por meio de um outro membro da equipe. Nessa hora de dor de alguém que é parceiro de verdade, o apoio de quem é o seu ponto de referência durante um terço da sua vida útil, é imprescindível, para não deixá-lo cair em prostração por tempo mais longo do que seria o normal. Na maioria das vezes, no entanto, isso não ocorre, e o moral daquele colaborador começa a cair. Começa a cair o moral de toda a equipe, por se sentir desamparada. Se nem na dor há apoio moral do chefe, de quem a equipe teria apoio? Do Relações Industriais? Do Recursos Humanos? Do Assistente Social? Ora, os membros da equipe não convivem oito horas diárias com nenhum deles! Convivem, isso sim, com o seu chefe! Então é ele quem deve ceder parte de sua atenção aos seus subordinados, nos momentos em que eles mais precisam, mesmo fora do ambiente de trabalho, como meio de aumentar a coesão do grupo.

Na maior parte do tempo, as lideranças de fábrica mantêm uma regular e conveniente distância de seus subordinados. Não entendem que isso não passa de uma atitude servil para com as chefias logo acima; não entendem que estão ali, no exercício diário de suas funções, apenas como fornecedores de serviço para as chefias superiores, e como clientes principais dos membros de sua equipe. Dessa maneira, deveria haver um regime de cumplicidade positiva entre os chefes e sua equipe, mantendo um envolvimento total entre ambos os lados, um sabendo das ansiedades e necessidades do outro e procurando atender-se mutuamente e buscando também a satisfação total do cliente externo.

Como foram escolhidas? — A maioria dos níveis hierárquicos de uma organização típica familiar ainda se baseia em critérios apenas pessoais para a escolha dos membros de seus escalões mais baixos. Nesse processo de escolha se comete a maioria dos erros de promoção inadequada: ao se escolher alguém cujo perfil não se enquadra no que seria o mais desejável comete-se uma injustiça muito grande com quem é realmente competente e aguarda apenas uma oportunidade de crescer e mostrar seus serviços e desenvolver seu potencial. No nível operacional é que o bom empregado mais tem anseios de ser reconhecido e galgar os postos de comando. Sempre, por uma razão de equilíbrio, quando se comete uma injustiça para mais com alguém, promovendo-o inadequadamente, por exemplo, se está cometendo uma injustiça para menos com outrem, não o promovendo adequadamente, também como exemplo.

Além de provocar a imediata desmotivação da pessoa que for competente na sua atual equipe, se a pessoa promovida o for para líder da mesma, haverá duas razões de desmotivação dentro dela: a primeira, por se ter relegado uma pessoa competente; a segunda, por se colocar acima dessa pessoa competente, esquecida, um chefe incompetente. Se for promoção inadequada para alguma outra equipe, também ela cairá inapelavelmente em desmotivação e em concorrência interna: ninguém, principalmente pares e subordinados, gosta de trabalhar ao lado e abaixo do *representante do chefe* ou do *puxa-saco* do chefe. Todo mundo gosta, isso sim, de trabalhar, e trabalhar com afinco, ao lado de e como subordinado de quem é competente, de quem sabe das coisas, de quem decide sozinho o que tiver de ser decidido, de quem tem posições definidas e próprias sobre os mais variados assuntos discutidos, de quem foi promovido com méritos, porque era o melhor que se tinha disponível.

A forma de escolha das chefias e lideranças de nível mais baixo, quando feita sem critérios técnicos próprios para esse tipo de recrutamento, causa depressão, desconforto, desconfiança, fofocas e burburinhos dentro das fábricas e nas equipes. Ao se deparar com uma situação de equipe totalmente desmotivada, cada membro procurando fazer exclusivamente sua parte e que se dane o resto, onde não haja um espírito de corpo bastante forte, onde não haja a defesa mútua e ardente dos interesses da equipe, basta olhar na chefia ou liderança, que se descobrirão logo as causas. Uma delas é a nomeação errada do próprio chefe ou líder, que não consegue exercer essa condição perante seus subordinados.

A nomeação inadequada muito dificilmente dá possibilidade de retorno a uma situação normal de conduta da equipe: quem nomeia, por ter já cometido um erro primário, não tem a mínima condição de *desnomear*, por duas razões principais: a primeira, porque se já nomeou inadequadamente um apadrinhado seu, foi porque também não tem visão de profissional, e continuará a bancar esse apadrinhamento, por muito tempo, independente dos desastres que possam vir a ocorrer; a segunda, porque não terá, muito provavelmente, visão crítica o suficiente para analisar os resultados de seu afilhado, nem conseguirá manter uma percepção mais aguçada do clima permanente dentro da sua unidade de produção.

Sabem nominar pessoalmente todos os colaboradores de sua equipe? — Muitas vezes as chefias são tão desligadas do processo, e tão ligadas ao seu padrinho de nível superior na hierarquia, que se esquecem de um detalhe muito sutil e muito importante no campo das relações pessoais: não se preocupam em saber o nome, apelido, nome de guerra de seus colaboradores. Muitas vezes se referem a algum operador de sua equipe pela função que exerce, tipo "**o rapaz da máquina de prensar**", ou "**aquele moreno troncudo, que quase sempre chega atrasado**", ou "**aquele pau-de-espinho, operador de compressores**" etc, sendo que a pessoa nunca é reconhecida pelo seu próprio nome. Ora, se a pessoa foi registrada com um determinado nome, é porque deve ser chamada por esse nome ou por algum apelido de que ela goste, pelo resto de sua vida, e é assim que os operadores gostam de serem reconhecidos. Nada mais desagradável para uma chefia não poder se referir a seu subordinado citando seu nome ou seu apelido. Nada mais agradável para o operador, quando sua chefia o chama pelo nome ou apelido, numa relação de intimidade do coordenador do trabalho com quem verdadeiramente o executa.

Algumas empresas utilizam o artifício de desenvolver um crachá em que o primeiro nome da pessoa venha em negrito, bem grande, de maneira a ser facilmente legível a uma determinada distância. Isto para facilitar às chefias evitar o constrangimento de não conseguir chamar a pessoa pelo nome. Na verdade, esse artifício nada mais é do que uma simples enganação, reconhecimento explícito da incapacidade das chefias de terem um relacionamento mais estreito com os colaboradores de baixo nível: é que, para se conseguir saber o nome de todos os colaboradores, além de levar algum tempo, dependendo do número de pessoas, requer-se também um certo relacionamento mais estreito, o que as chefias normalmente não têm. Assim, é comum se ver, no tratamento pessoal chefe-subordinado, aqueles olhares disfarçados para os crachás, tentando saber rapidamente o nome da pessoa com quem se está falando. E os colaboradores percebem isso, e se sentem menosprezados no relacionamento. Diferente é a situação em que as chefias ou lideranças, em qualquer ocasião, se refiram aos seus membros de equipe pelos seus nomes próprios ou, principalmente, pelo nome ou apelido de que eles mais gostem de serem chamados. Isso requer das chefias um trabalho constante de desenvolvimento da memória e relacionamento pessoal. Ou, reconhecendo que não guardaram o nome, que o perguntem.

Para se chegar a um nível de relacionamento pessoal em que as chefias saibam exatamente quem é quem na sua própria equipe, deve existir um nível muito grande de confiança entre ambos. Na maioria das empresas, as chefias se limitam a ficar a uma certa e conveniente distância, na expectativa dos erros dos operadores, fiscalizando-os diuturnamente, apertando aqui e ali quando as operações saem fora de controle e elas, chefias, conseguem perceber.

Há um bom time de chefias? — É comum, em qualquer empresa, haver rasgados elogios ao time de chefias existentes, como se fosse de primeiro nível na escala de concorrência. Quando se vai fazer um trabalho mais sério de avaliação de potencial, se nota a mediocridade do time, onde cada um se especializou só e principalmente em cumprir fielmente sua minúscula função dentro da organização, dentro de limites mínimos de autonomia e decisão. E a cumpriria por mais dez anos seguidos, da mesma forma! Quando se vai analisar a chefia pela perspectiva de potencial de crescimento pessoal, pelo crescimento e motivação de sua equipe, pelo desenvolvimento tecnológico de cada célula de produção, aí, sim, para um observador mais atento, vai se perceber claramente o nível de chefia que a empresa tem. Na verdade vai se notar, na maioria das vezes, uma regressão, com tendência a desmantelamento. É que, durante o período de exercício do cargo, a chefia ou liderança não se preocupou principalmente consigo mesma, de evoluir, de melhorar, de crescer. Como sobrou tempo, então, para fazer o mesmo com sua equipe?

As empresas também têm a sua culpa, — e a maior parte dela, — na pouca evolução ocorrida no campo do relacionamento profissional de seus níveis hierárquicos. E levam essa culpa porque, partindo-se de uma definição malfeita de seu organograma, os cargos foram também sendo preenchidos por pessoas inadequadas e, nesses casos, a relação profissional simplesmente despencou para níveis alarmantes.

Quando os operadores sentem que não há um nível harmônico entre as chefias imediatamente superiores, também eles não manterão entre si um nível harmônico. Principalmente, ocorrerá um relacionamento azedo entre setores, que não colaborarão entre si, cada um tentará prejudicar o outro, de maneira que, no frigir dos ovos, o mais prejudicado, e que não tolerará essa situação durante muito tempo, será, inevitavelmente, o **cliente**. Por conseqüência, a empresa sofrerá de imediato o impacto da intolerância dos clientes; por conseqüência, todos os colaboradores deveriam sofrer o impacto da intolerância dos clientes, mas não é isso que acontece normalmente. Na maioria das vezes, a empresa sofre o impacto da intolerância dos clientes, absorve isso e essa energia que deveria ser levada em conta para corrigir os desatinos dentro da organização, é simplesmente absorvida e diluída hierarquia abaixo, de maneira que o impacto é minimizado e não percebido nos níveis mais baixos. Até que, com o passar do tempo, e com várias intolerâncias de clientes, alguém sente que algo está errado, que o preço está alto demais, que não se consegue vender, que a qualidade não está compatível. E só virão cortes de produção para se adequar ao que o mercado consegue absorver, sem se resolver o essencial da questão: onde está a origem do erro? Por que não foi ainda corrigido?

Uma das melhores perguntas para se ter uma idéia aproximada do nível de chefias que se tem é: "**quem das chefias atuais seria aproveitado, se estivéssemos para montar uma nova unidade de altíssima tecnologia hoje?**". Se se puder responder com toda a sinceridade e profissionalismo possível, de um time de dez a quinze chefes de nível médio de nossas empresas atuais, numa situação de se implantar uma nova unidade de produção, com a melhor tecnologia disponível no mercado, a maioria não aproveitaria nenhum deles; uma grande parte aproveitaria de um a três dos atuais profissionais desse nível; uma pequena parte talvez pudesse, com algum esforço e alguma benevolência, aproveitar de três a cinco profissionais; a minoria das empresas, daquelas que podemos dizer estarem num nível de primeira linha com o desenvolvimento de sua equipe, aproveitaria até oito profissionais. Nenhuma delas conseguiria recolocar na nova unidade, mais do que 75% de seus atuais profissionais! Então, se são profissionais que estão na empresa somente porque são antigos e, por comodismo, não se procurou aprimorá-los tecnológica e administrativamente, ali não mais deveriam estar. E se ainda ali estão, muito seguramente estão de uma maneira inadequada para toda a equipe da empresa e, principalmente, para a de seus subordinados.

O que pensam da empresa — é comum nas nossas organizações não se saber exatamente o que cada chefia **tem dentro de sua cabeça**. Chama-se isso de ter domínio sobre a qualidade e o nível de pensamento da estrutura empresarial. É fácil explicar: como se investir adequadamente numa determinada pessoa se não se sabe exatamente o que vai pela sua imaginação afora, se ninguém consegue imaginar suas reações, seu posicionamento enquanto representante da empresa? Como se investir numa pessoa que ninguém sabe até onde ela é capaz de ir nas suas ações de comando e desenvolvimento da própria equipe? Como é que se trabalha com uma pessoa representando a empresa para seus escalões inferiores, se não se pode confiar em que a mesma seja um profissional de bom nível?

A maioria das chefias de nível intermediário das empresas simplesmente não se dá conta de que ela também é um empregador, é um patrão, pois é o representante deste, é o dono que ali está durante todo o dia. A grande maioria não percebe que o seu trabalho, na verdade, é ser o ponto de equilíbrio na balança patrão-empregado: normalmente, pende para um lado só, desnivelando essa relação, ora entregando-a de mão beijada para sindicatos despreparados para tal, ora simplesmente deixando que outras pessoas e setores, que não convivem dentro do seu ambiente de trabalho, a exerçam em seu nome. As chefias, normalmente, não conseguem defender os pontos de vista da empresa; e não o fazem por terem medo de encarar com realismo as suas funções e por estarem despreparadas para tal; para compensar, assumem a defesa plena de seus subordinados, em qualquer situação, ou viram uma entidade amorfa que não é capaz de dizer a que veio.

Há chefias que se encarregam de transmitir para baixo a pior imagem possível da empresa, porque lhes dá uma imagem muito boa perante seus subordinados, que também não gostam da empresa, mas não têm coragem de se apresentarem, assim, abertamente. Aí, a concorrência interna germina com certa facilidade, cresce e se frutifica, e o ambiente se torna o mais asqueroso possível.

3. Entre as chefias

Para uma situação de concorrência interna operacional, muito contribui o clima existente entre as próprias chefias, que são as causadoras e principais avalistas do ambiente organizacional em que trabalham: abaixo delas nada mais existe do que o próprio espelho da situação preponderante entre elas. Para isso, muito auxiliam as questões levantadas logo a seguir, que não são as únicas causas, mas as principais em quase todo tipo de empresa.

Como anda o relacionamento entre as chefias — É normal, para a situação atual da maioria das organizações brasileiras, um clima de completa disputa entre as suas chefias. Disputas as mais acirradas e disfarçadas, cada um tentando prejudicar o outro e, por conseqüência, prejudicando a empresa, numa forma feroz de não deixar que o rival **apareça** mais que ele próprio, em busca de posições mais altas na hierarquia.

Dessa maneira, os membros das diversas equipes vivem na tormenta de uma guerra interna, e não raro, ouvem críticas e fofocas a respeito da liderança rival. Nesse gênero de concorrência, que deságua em maus resultados na área operacional, é comum que as críticas sejam feitas: de forma inadequada, aos berros e de maneira a impressionar a platéia, que delira com a performance dos atores; na hora inadequada, pois normalmente é feita na primeira oportunidade de mostrar que não se deixa levar desaforos para casa; no lugar inadequado, pois o efeito que se busca é apenas de não ficar por baixo, busca-se simplesmente impressionar quem estiver ouvindo, para demonstrar um poder de fogo maior que o do colega que estiver sendo criticado. Nessa hora, o melhor lugar sempre será o primeiro que se apresentar, não importando quanto barulho, quanta platéia, quanto resultado prático para a empresa se vai tirar da discussão com a pessoa errada, pois não se vê nunca uma discussão de bom nível entre as duas pessoas em conflito. A partir de então, azedam-se os relacionamentos, e se instala o clima de concorrência interna na área operacional de ambas as chefias.

Alguém destoa para cima? — É normal, em qualquer equipe do mundo, haver um desequilíbrio de nível, tanto intelectual quanto de performance, entre os membros de uma mesma equipe. Na situação das empresas brasileiras, coitado desse membro de equipe da chefia que for melhor que as demais! Ao perceberem que não chegam ao seu nível, todas as demais chefias ao seu redor começam a lhe tolher os movimentos, de maneira que, aos poucos, o coitado vai se sentindo acuado e se torna comum como todos os demais colegas. Isso tudo ocorre devido à necessidade de se almejar subir de nível dentro da organização não profissional, seja através de seu próprio trabalho, seja através da demonstração de resultados fabricados, seja através da desvalorização dos resultados de quem é realmente competente, numa sórdida maneira de subterfugir o que é bom resultado, bem acima do normal, e supervalorizar o óbvio, que é o resultado normal da maioria daquelas pessoas.

E, dentro desse modelo, as chefias superiores acabam engolindo o óbvio como excelente resultado, e acabam valorizando um profissional inadequadamente. Singular é a ação de se efetuar uma avaliação superdimensionada para profissionais comuns, deixando ao relento os melhores da equipe, justamente resultante da aceitação e não percepção de um jogo de manipulações entre chefias. E se acaba perdendo bons profissionais por causa disso.

Esse clima de disputa, iniciado somente para tolher alguém que tem um pouco mais de inteligência, mais rapidez de raciocínio, mais equilíbrio e mais competência do que a maioria, também não é uma situação conveniente para o nível operacional, que se sentirá totalmente desmotivado para produzir com proficiência, tendo em vista as injustiças profissionais cometidas com seu líder competente! É normal que essas pessoas de melhor nível tentem ainda lutar por um lugar que por justiça lhes pertence, mas essa sua briga se dá sempre num campo muito ético e profissional, que irá inexoravelmente engoli-las, pois os demais profissionais à sua volta não agem com a mesma ética e com a mesma postura profissional. E elas acabam por se adaptar ao *status quo* ou sair da empresa e procurar outra alternativa onde possam prestar seus bons serviços: quase sempre no concorrente!

Da mesma maneira, assim como o desnível intelectual e profissional para cima não é bom para a equipe, pois gerará ciúmes e corporativismos, o desnível intelectual e de performance para baixo é tão ou mais catastrófico. Este será o causador principal e imediato da desmotivação de equipes e de seus pares de liderança. Ninguém procurará ajudá-lo, por duas razões principais: não recebem para isso e não perderão tempo para reensinar ofícios a quem foi inadequadamente promovido à condição de chefia ou liderança: a empresa e as unidades de produção vão perdendo fôlego e ganhando custos a mais em seus produtos, sem que ninguém acima consiga imaginar como; normalmente, o que é feito tende a ter seus custos medidos e valorizados, mas ninguém se importa muito com o que não é feito, que custa muito mais. No fim do mês, apenas se procura uma maneira de fazer um rateio das despesas para o que foi produzido. E o que não foi?

O clima de coesão existe? — Como toda equipe que se preze como time, a de chefias ou lideranças requer um clima de coesão fortíssimo no sentido profissional, para que a harmonia se estabeleça, e a qualidade e o nível de produção sejam preservados com absoluta naturalidade, e os clientes internos e externos sejam atendidos. Esse clima é essencial na medida em que determina a velocidade geral da área de produção, em termos de soluções rápidas e eficientes para o cliente externo. E como é que se percebe se ele existe na prática do chão de fábrica? É muito simples: basta ver a forma de atuação das equipes como um todo: se cada um joga por si só, como uma célula completamente independente, como se dentro da fábrica existisse uma série de pequenos times, cada um jogando a sua bola, redondinha, o melhor possível, mas completamente independente e sem se preocupar com o time da frente ou o time de trás, então não existe o clima de coesão entre as chefias.

Se, por outro lado, as chefias atuam e fazem suas equipes atuarem amarradas umas às outras, integradas e dependentes, cada uma conhecendo o que precisa ser feito, não para acabar seu serviço mais depressa, mas para atender à equipe imediatamente posterior, da melhor maneira, dentro da melhor qualidade, dentro do espírito mais harmônico possível, aí pode estar existindo pelo menos um início de clima de coesão entre as chefias e a integração de suas equipes pode ser alcançada.

É comum se ouvir dizer que as equipes de uma fábrica estão trabalhando integradas, com um espírito de coesão muito forte, e, na prática, isto não estar ocorrendo em nenhum momento: o primeiro grande sintoma é percebido nas chefias, que disputam espaços entre si; o segundo sintoma é o clima de repulsão profissional existente entre as próprias chefias, que partem até de situações de intolerância pessoal externa à empresa, e levam ali para dentro todos os ranços que possuem lá fora; o terceiro e não menos importante sintoma é o da intolerância ou repulsão profissional provocada por mágoas ou críticas inoportunas, feitas ali no ambiente de trabalho mesmo, e que afastam um profissional do outro, sem que ninguém tome a iniciativa de dissolver esse clima. Pode-se afirmar com toda a segurança que, onde houver uma das três situações, não há um clima de coesão forte o suficiente para fazer as equipes trabalharem integradas. Na maioria das empresas não há este clima, e as chefias atuam independentemente, quando deveriam fazê-lo em bloco, como um bom e treinado time.

Alguém gosta de aparecer mais que os outros? — É também uma atitude não profissional bastante comum, uma chefia utilizar-se de um colega ao lado para lhe servir de escada para aparecer perante seus superiores e os demais colegas.

Além de uma atitude totalmente inconveniente, torna o ambiente desagradável por três motivos: o primeiro, mesmo que a pessoa que serviu de escada não se importe ou não perceba a sua utilização pelo companheiro, alguns profissionais de bom nível da equipe não tolerarão esse recurso, por se sentirem na iminência de serem também utilizados em qualquer outra ocasião; o segundo, pode ocorrer de a pessoa utilizada como escada perceber o jogo e se irritar, com o circo tendendo a pegar fogo e se formando dois partidos imediatos entre as chefias: os que estão contra e os que não se manifestam, para não se exporem; o terceiro motivo, a transposição imediata aos membros das respectivas equipes, que começarão o mesmo jogo logo embaixo.

Essa atitude de querer aparecer mais que todos os demais é exercida por quem deseja, a todo custo, subir pelos escalões, não importando em quem ele tenha de pisar para isso; numa reunião às vezes sem importância nenhuma, um dos membros da equipe de chefia se esmera em tomar conta da mesma, atravessando os assuntos, dando e forçando a sua opinião, a toda hora, esbravejando, impondo as suas condições. Na verdade, a reunião nunca transcorre em um clima agradável e ameno, de francas discussões e de francos posicionamentos de cada membro da equipe, e não se consegue chegar a bom termo, saindo todos piores do que quando entraram nela. De antemão se sabe o que se vai decidir, como se vai decidir, bastando saber com antecedência a opinião de quem gosta de dominar a reunião.

É comum, nesse tipo de pessoas, haver um questionamento muito grande, mais sobre a forma do que sobre o conteúdo. Muitas vezes reclamam com veemência de não terem sido comunicadas a tempo, de não saberem com antecedência o assunto para **virem mais embasadas à reunião**, mas o intuito era virem já mais preparadas para imporem sua opinião, para não discutirem de forma moderada e com profundidade qualquer assunto de igual para igual com seus pares. Essas pessoas chegam a exercer certo domínio até sobre seus superiores imediatos, tal a experiência adquirida nesse tipo de postura. São as pessoas **temidas** na organização, os reis do pedaço, que fazem questão absoluta de alardear sua condição de **liderança**. Essas pessoas, com suas atitudes não profissionais, parecem-se mais com aqueles jogadores que não têm **espírito esportivo** nenhum, e apelam logo para a violência quando levam um drible mais feio, ou quando não conseguem realizar uma jogada ou deixar que o adversário realize uma. Não imaginam o mal que fazem à equipe ou ao conjunto de equipes de uma organização produtiva, porque empesteiam o ambiente com suas características desagradáveis, distribuindo desconforto e desconfiança, que são imediatamente transmitidos à equipe do chão de fábrica, onde realmente as coisas acontecem de fato: ali as coisas continuam a acontecer, mas, num ritmo muito desanimado e lento, sem motivação nenhuma, resultado da desordem das chefias logo acima.

O nível intelectual é aproximadamente o mesmo? E o nível de instrução? — Não existe nada pior dentro de uma fábrica, dentro de qualquer setor produtivo, do que toupeiras exercendo poder de mando! É que algumas empresas ainda teimam em manter verdadeiros fiscais para exercerem um poder de polícia sobre os operadores, em quem elas não confiam. Esses fiscais até que conseguem exercer o poder de polícia com certa eficácia, mas se esquecem do óbvio ululante: há pessoas extremamente inteligentes entre os operários, entre os operadores de máquinas, entre os colaboradores de menor nível. E quanto mais burra e pouco desenvolvida intelectualmente for sua chefia, quanto mais poder de fiscalização achar que detém, mais enganada estará sendo, porque isso passa a ser uma questão de amor próprio do operador: ver quem engana mais facilmente a chefia que só faz o papel de vigia.

Além disso, essas empresas que ainda mantêm um nível de chefia apenas como polícia de seus empregados, se esquecem de que, além de ele estar muito mal preparado para a condição de chefia e de coordenação, que seria o verdadeiro papel, não consegue nunca, pela simples razão de não conseguir estar em todos os lugares ao mesmo tempo, vigiar uma turma maior do que sete pessoas, mesmo assim, por um período mínimo de tempo. Acaba virando objeto de chacotas.

Algumas empresas estão partindo já para um trabalho de reeducação das chefias, principalmente as que trabalham mais ligadas ao chão de fábrica. Mas se esquecem do outro lado da moeda: trabalham no desenvolvimento das chefias, colocam-nas em escolas, cursos profissionalizantes, palestras etc, enchem-nas com uma carga imensa de novos conceitos de administração e relações pessoais, novas filosofias que a muito custo são depreendidas, e não fazem nada no desenvolvimento das equipes dos mesmos. As chefias, principalmente as de menor nível, acabam chegando com as novas e boas intenções, num terreno totalmente despreparado para isso, e as novas teorias acabam sendo esquecidas no patamar apenas das tentativas filosóficas frustradas.

Nada existe de mais salutar, no entanto, do que uma pessoa, no nosso caso a liderança, se sentir um membro efetivo da equipe de chefia ou liderança, em igualdade de condições com os demais. Sentir-se útil e bom jogador, como os demais do time, é condição imprescindível para qualquer equipe funcionar bem com a respectiva liderança. Então o nível de instrução deve ser aproximadamente o mesmo, para não haver distúrbios. Nada existe de mais triste do que uma pessoa ocupante de posição de liderança se sentir o pior elemento da equipe, pois apenas lhe deram a condição de ser o chefe e mais nada, não lhe ensinaram nada, e ele foi jogado **às feras!** O pior é que, nas condições atuais em que as empresas estão, sem um processo de desenvolvimento aprimorado e arrojado das equipes, o coitado do mal preparado chefe deve se virar sozinho, sem nenhuma orientação superior. Quando aprende seu ofício, de tanto quebrar a cabeça e ser tachado de mil coisas por todo mundo ao lado, acima e abaixo, já estará extenuado e exausto para ter ânimo para qualquer tentativa de recuperar-se e à sua equipe.

Reúnem-se com freqüência para algum evento não oficial? — Aqui não estamos nos referindo a reuniões de trabalho apenas, daquelas obrigatórias, com convocação assinada pelos órgãos da hierarquia, para algum hotel ou pousada retirada do local de trabalho! Estamos nos referindo a eventos não oficiais programados pela empresa, disponibilizados pela mesma, mas sem cunho de obrigação hierárquica tipo "**é bom você estar presente, senão vai pegar mal!**". Esse último não passará de máscara de uma situação de conflitos internos. Esse outro, que chamamos de não-obrigatório, é um evento livre, já com sua agenda anual estabelecida, em que cada um participa espontaneamente, se possível até ajuda a organizar. Por exemplo, no carnaval, uma reunião entre as chefias, depois da qual vão para algum tipo de confraternização bancada pela empresa, pelo menos em parte; no mês de maio, uma festa para as mães, totalmente organizada pelas chefias; no dia das crianças, uma festa totalmente organizada pelas chefias, para os filhos dos operários; festa junina organizada pela e para as chefias; disponibilidade de lugares exóticos para que as chefias possam programar um passeio em conjunto, com ônibus à disposição, inclusive para os familiares etc.

Além disso, se o corpo de chefias é bem profissional, há de se ressentir da falta de espaço fora do ambiente de trabalho para confraternizações e companheirismos de iniciativa dessas chefias: como não sentir falta de um amigo e companheiro de trabalho, se se convive com ele pelo menos um terço da vida profissional? A maioria das empresas não se preocupa em incentivar o companheirismo entre suas chefias fora do ambiente de trabalho, e os mesmos, ao ali adentrarem, todos os dias, não passam de estranhos e robôs que andam, conversam, repetem os mesmos chavões, e saem de tarde à procura de seus afazeres particulares, durante semanas inteiras, meses a fio, anos e mais anos. Fica uma dúvida sobre o exercício de suas funções dentro da fábrica, durante suas oito horas diárias: se ali dentro têm por obrigação exercer e facilitar as relações entre as pessoas, como é que conseguem fazê-lo, ou estar preparados para fazê-lo, se não se exercitam nisso durante as dezesseis horas que ficam fora da empresa, seis dias por semana, quatro semanas por mês, cinqüenta e duas semanas por ano?

Nenhum curso de relações humanas ou de técnicas de gerência pode ensinar mais do que o exercício pessoal de relacionamento entre as próprias chefias: aí sim, terão, se formarem realmente uma boa equipe, espaço para melhorarem sua condição individual, se conhecerem melhor e tirarem proveito de alguém que tiver maior experiência entre eles, normalmente a chefia de nível imediatamente superior. Mas se não houver um nível de confiança mínimo entre as próprias chefias, se o ambiente for o normal que existe na maioria das empresas, com um clima de concorrência exacerbada por parte de qualquer um dos membros, então *desanda a maionese* e essas relações pessoais tendem a virar grupinhos de um lado contra grupinhos do outro, levando para dentro da empresa todos os resquícios desse mau relacionamento pessoal. E o resultado dentro da produção só vai ser percebido com o passar do tempo, quando se necessitar realmente melhorar a performance, para níveis internacionais: ninguém se lembra, na hora dos cortes de produção para **baixar custos**, da origem de todos os erros, uma origem muito simples e sem importância para ser facilmente percebida, mas que vai crescendo em suas mágoas e seus defeitos, até tomar conta de todo o ambiente de produção.

Há clima de lealdade e harmonia? — Uma das características mais importantes que se deve procurar perceber numa avaliação de equipe é o clima de lealdade existente entre seus membros de mesmo nível. Ou o clima de deslealdade existente. Um é exatamente antagônico do outro.

Ora, numa equipe que se preze como equipe verdadeira, não pode e não deve existir nenhuma prevenção de um membro para com o outro, mesmo porque, se já têm o mesmo nível e convivem pelo menos durante oito horas por dia, seria muito mais fácil conviverem num ambiente harmônico do que num ambiente deteriorado em suas relações. Uma das causas mais comuns de desarmonia entre os membros de equipes, principalmente nas chefias de médio porte, é a deslealdade de alguns para com outros, ou para com os outros. Ela se manifesta através de vários pontos: as críticas fora de hora e, principalmente, com as chefias superiores, na ausência do criticado, sem que o mesmo tenha um pingo de conhecimento da razão ou da existência da crítica; a imputação dissimulada de resultados alcançados por outro colega, apresentando-os como sendo seus próprios; a informação deturpada de fatos ou ocorrências dentro da área de atuação da equipe do colega, de modo que o mesmo, ao apresentar a informação do mesmo fato ou a ocorrência para sua chefia imediata, já a mesma tem pleno conhecimento, de maneira maldosamente deturpada; a inferiorização maldosa dos resultados alcançados por determinada área, ou equipe, ou turno de produção, em benefício ostensivo ou supervalorização dos resultados de outra; as calúnias e difamações, com o intuito de baixar o moral do colega, de maneira a torná-lo incompatível para a função de liderança; elogios exagerados por parte da chefia superior, apenas a resultados ou performance de um determinado líder, em detrimento dos demais, caracterizando uma preferência pessoal; as críticas mordazes, constantes e direcionadas da chefia superior a um único líder ou chefe, de maneira a que todos os demais percebam quem será o próximo a ser demitido: fica a pergunta na cabeça de todo mundo: e depois deste, quem será o próximo?

As empresas não percebem com facilidade os resultados dessa situação, porque as gerências imediatamente superiores à equipe de média e baixa chefias ficam normalmente muito distantes do chão de fábrica, e as respectivas equipes logo se ressentem do clima de tensão existente entre seus líderes. E começa então o desinteresse, a falta de motivação para o trabalho, a falta de sintonia, a falta de sincronização entre as equipes, culminando por transformar a empresa numa verdadeira Torre de Babel. Os resultados, ou melhor, os não-resultados, porque tendem a ser não mensuráveis enquanto se instalam vagarosamente, são difíceis de retornar à condição normal, porque dependerão de uma mexida em toda a organização que permitir a introdução desse contexto no ambiente de produção, principalmente.

Existe algum puxa-saco na equipe? — Este é um dos fatores de maior desarmonia entre os membros de uma equipe de chefias. Até no nível operacional ainda se suporta o chamado puxa-saco, porque ele produzirá seus nefastos resultados sozinho, sem muitas implicações no nível geral da sua equipe. Mas no nível de chefia, seja ela primária ou média ou superior, — e aqui estamos chamando de chefias, em lugar de gerências, aos níveis de liderança mais próximas da operação, porque nesse ambiente não é comum se encontrar pessoas imbuídas do verdadeiro espírito de gestão — a existência de um dos membros que ali estiver na única condição de puxa-saco da gerência ou chefia imediatamente superior, traz transtornos sérios para sua própria equipe: como aceitar que o seu líder esteja ali de favor, desnivelado com os demais muito mais competentes das outras equipes, um líder que sequer consegue representá-los perante a alta hierarquia da empresa? Como aceitar que o seu líder, que deveria ter uma capacidade de coesão muito forte, pouco se importa com o que sente sua equipe, como ela se motiva para trabalhar e dar melhores resultados, se tem olhos e ouvidos apenas para repassar para sua chefia superior o que vai pelas equipes de seus colegas, e não sabe o que vai pela sua própria?

Para as equipes ao lado, nada mais desagradável do que ter uma equipe irmã cuja chefia pode ser traduzida como o retrato do chefe superior, só em menor nível. Na verdade, é desagradável tratar assuntos importantes para a existência e desenvolvimento das equipes, para maior agilidade e rapidez dos trabalhos, para melhorar o desempenho e qualidade dos produtos, com alguém que não dá a mínima para isso, só se preocupando em como agradar a seu chefe, tanto dentro como fora do ambiente de trabalho.

Nada é tão desagradável como ver alguém, em nível de chefia, se colocar como o mais humilde dos cordeiros, oferecendo-se como um tapete para ser pisoteado, numa atitude sobretudo humilhante também para colegas e subordinados. Fica sempre a mesma pergunta no ar, para todos os membros de sua equipe e para todos os colegas de chefia: **"será que eu vou ter de fazer o mesmo, para ser reconhecido e ter meu lugar ao sol?"**.

Ora, todos devem ter como princípio cultivar o espírito humilde. Dentro desse princípio, é sempre com humildade que se vai reconhecer cada erro, que se vai reconhecer que existem pessoas mais bem dotadas de inteligência e conhecimentos, que existem soluções bem melhores que aquelas tiradas de dentro de uma cartola de mágico de gabinete. Mas, daí a ter atitudes subservientes e de humilhação, há muita diferença! E é isso que essas pessoas não entendem, e fazem questão absoluta de não querer entender. O puxa-saco é subserviente por natureza! Tanto é, que até precisa puxar o saco de alguém, para ter algum reconhecimento profissional!

Bom, também existem os puxa-sacos de ocasião! Aqueles que se fazem de puxa-sacos, mas na verdade sabem exatamente o que estão fazendo, já planejando o seu *bote* em futuro imediato! São pessoas sem o mínimo de caráter, verdadeiros atores da vida profissional, que apenas fazem o papel *da sedução* das chefias mal preparadas, engambelando-as, para depois lhe puxarem o tapete. É o puxa-saco disfarçado, pior do que aquele que o faz por não saber fazer de outro modo ou por incompetência. O puxa-saco de ocasião é extremamente manipulador, tanto de dados e informações quanto de opiniões, principalmente as advindas das chefias e lideranças superiores a ele. Normalmente, gaba-se de sua performance, é *melhor que todo mundo*, é o sabe tudo, dá notícia de tudo: na verdade, monta, isto sim, um sistema paralelo de informações para si, de modo a saber realmente o que acontece, principalmente nas equipes que não são as suas próprias, pois essas, ele normalmente não tem idéia de como andam. Esses são os mais perigosos, que transmitem às equipes de produção um desânimo bem maior que o puxa-saco comum, e transmitem também a todas as demais equipes um sabor de derrota que permanece e se perpetua enquanto alguém não der um basta violento e definitivo!

4. Chefias com seus superiores

Existe oportunidade de discussão plena e aberta? — Analisando-se como o processo de escolha das chefias de nível operacional foi efetuado, pode-se descobrir a razão da atitude de constrangimento compulsório nas relações pessoais de cada membro de uma equipe dessas chefias com seu superior imediato. Além do mais, quase sempre a diferença de nível econômico e social entre eles aumentará esse processo de constrangimento compulsório, de modo a fazer encolher a chefia de nível inferior, sempre que uma oportunidade de discussão se apresentar. Isso é o medo natural de quem procura não se expor, temeroso de soltar batatas quentes aos olhos de seu superior, ou na presença de colegas, e ser objeto de chacotas e gozações.

É a situação mais normal nas nossas empresas as gerências de nível superior não perceberem esse constrangimento compulsório e, de uma maneira geral, contribuir para aumentá-lo, ao invés de extingui-lo. A razão é muito simples: por uma atitude pouco profissional e de massagem ao próprio ego, essa gerência superior transmite para mais acima ainda na hierarquia, uma imagem de clima ameno e de total controle da situação dentro de fábrica, uma visão de absoluta tranqüilidade, uma imagem de liderança total e inconteste. Na verdade, a situação vai realmente parecer de absoluta tranqüilidade, se analisada sem profundidade, à primeira vista: os assuntos são simplesmente colocados, jogados, ninguém discorda de nada, todo mundo aceita tudo num regime de tranqüilidade que chega a deixar pasmas as lideranças de maior nível da empresa. Mal sabem elas que ninguém simplesmente ousou discutir as questões, ninguém teve coragem para isso, e todos optaram por simplesmente cumprir o que lhes estava sendo solicitado, por ser muito mais cômodo; ou cada qual optou por uma coisa pior, omitiu-se na execução do que foi passado, fingindo ter aceitado. Que comprometimento pode estar envolvido em simplesmente cumprir aquilo que lhe é passado? Se não der certo, de quem será a culpa?

Há determinados tipos de gerências de nível intermediário que simplesmente não permitem uma discussão maior de suas chefias mais baixas, e simplesmente exigem que as mesmas abracem as causas e as questões já previamente definidas em escalões superiores, mesmo que não as entendam; nesse caso, exigem que o escalão abaixo do seu, simplesmente exerça o papel de carbono, e melhor, que o exercendo, ainda passe para baixo uma cópia muito melhor que o original, ou seja, o chefe de nível mais baixo deve absorver, aceitar, não discutir, e defender com unhas e dentes, como se fossem verdade absoluta, muitas questões que afetam até ele próprio e o prejudicam.

Há também em algumas empresas os tipos de gerências que aparentam abrir as discussões com seu time de chefias, mas apenas aparentam isso: na verdade, apresentam as questões para discussão, dão de antemão a sua opinião, pedem a opinião de sua equipe e a vão enrolando até chegar à mesma conclusão que a sua, mesmo sabendo que é a pior. Esse processo é o chamado **curral**, onde parece haver liberdade para os bois, desde que eles permaneçam dentro daquele perímetro cercado, e só possam sair por uma porteira definida pelo dono da boiada, na hora em que ele quiser permitir que saiam. Isso acontece muito comumente nas empresas e, embora não cause tantos estragos quanto a não permissão de discussão franca e aberta, acaba levando a empresa para soluções de problemas de maneira errada, por ser mal elaborada e mal embasada em suas discussões.

Há ainda alguns tipos de gerentes que simplesmente abrem as questões à discussão plena do grupo, que se anima, que se motiva, mas não consegue que as alternativas discutidas sejam de fato efetivadas, porque os gerentes não deixam que assim aconteça. Exemplo disso é quando há algum vazamento de alguma solução ou boa idéia que alguém da equipe de chefias inferiores apresentou: nessa hora, fulo de raiva, o gerente simplesmente mata a idéia ou solução, que deveria ter sido repassada por ele, ou como sendo de sua autoria, ou como tendo sido burilada por ele. É muito comum se ouvir que **"aproveitando uma idéia que me foi passada não me lembro mais por quem, eu a melhorei e chegamos a essa solução primorosa!"** Sem dizer nome de ninguém, como se fosse alguma coisa "pescada" no ar! Esses gerentes simplesmente matam qualquer espírito de coletividade e de criatividade de sua equipe de lideranças intermediárias e baixas, que fará o mesmo com seus próprios subordinados também.

Há, por outro lado, as chefias de nível mais baixo que simplesmente não sabem e não estão dispostas a se exporem ao ridículo, que elas assim imaginam, por participarem de uma discussão para a qual não foram preparadas e são a parte menos importante no processo. A grande maioria dessas chefias não possui gabarito para ser o líder de nenhuma equipe, não a representa, não a motiva, não sabe o que está acontecendo dentro de sua própria equipe, não se enriquece profissionalmente, nem consegue fazer sua equipe andar e crescer. Quem gostaria de ter um chefe assim? Quem gostaria de ter um chefe que, reconhecendo a sua mediocridade, não sabe responder, não sabe perguntar, não sabe ensinar, não sabe conversar?

É possível se discordar do chefe sem se ficar marcado dentro da empresa? — Parece uma pergunta de nível primário, mas, por incrível que pareça, ainda existe essa situação dentro de muitas das melhores fábricas, dentro de muitas de nossas melhores empresas. Há casos de pessoas se *queimarem* dentro da organização, por não concordarem com suas chefias até mesmo fora do ambiente da própria empresa, fora do ambiente de trabalho! Este é um dos grandes medos existentes nas chefias de nível mais baixo, ao se sentirem acuadas e receosas, de verem as coisas sendo decididas e executadas de maneira totalmente errada, mas nada poderem fazer, pois, se contestarem a opinião do chefe imediato, ou estarão na rua, ou na *geladeira*. E o que se reporta de informação para cima, para os níveis superiores da organização, é que tudo está correndo bem, que as equipes estão trabalhando coesas e motivadas, que o nível de satisfação do pessoal está elevado.

Nesse tipo de ambiente, ai daquele coitado que um dia ao menos sonhar que o seu chefe está errado, que aquilo que está fazendo daquela maneira poderia ser feito muito melhor, de outra maneira! Antes que sua voz chegue a alguém que tenha poder de decisão e possa dar respaldo à sua coragem de questionamento e vontade de mudar as coisas, ele já estará fora da organização, procurando emprego com uma carta de referência que não diz nada, a não ser o período em que trabalhou na empresa. E os escalões superiores nada ficam sabendo dessas manobras de acobertamento de erros, — pois não passa disso! — de seus gerentes e líderes, de modo a levar o chão de fábrica a se sentir desamparado e apenas se acomodar, com o tempo, em cumprir ordens. E aí, aquele diferencial que *poderia* ser agregado ao produto, via prazer de se estar fazendo o que vai também causar prazer, simplesmente não existe! E aí, fica mais uma pergunta: será que os melhores concorrentes também agem assim?

Nesse tipo de gerência, uma coisa totalmente insensata para quem está em nível mais baixo nas posições de chefia, junto dos operadores, é fazer críticas a seus superiores, mesmo que forem críticas sadias, feitas na hora certa, da maneira correta, pelas pessoas corretas, e no lugar certo. A tendência será sempre a crítica ser considerada inoportuna, fora de propósito, petulante e inadequada; principalmente, ser considerada feita pela pessoa mais inadequada, dado que não passa de um subordinado.

Os chefes não gostam e não aceitam ser criticados, em nenhum momento, e não estão preparados para isso também. A maioria não teve um preparo psicológico de melhor nível profissional para exercer a condição de liderança de uma equipe, e se ressente disso, não aceitando determinadas questões que hoje, nos países mais evoluídos, nas empresas de melhor nível, são óbvias. E mudar isso, nas cabeças de pessoas que ainda se imaginam donas de um poder ditatorial, é muito difícil, para acontecer isoladamente. Muito fácil, no entanto, para acontecer em bloco, como uma postura da empresa. Adiante veremos isso com mais detalhes.

Há liberdade de ação das chefias? — O que quer dizer essa pergunta? Quase todo gerente, líder, supervisor, seja lá o nome que tiver, mas que exerça uma posição de coordenação em qualquer empresa, sempre vai responder **sim** a essa pergunta. No entanto, pode-se afirmar sem medo nenhum de errar, que em quase todas elas, mormente as genuinamente brasileiras, e principalmente as de cunho familiar, a resposta para essa pergunta, embora não reconheçam, é **não!** Quando muito, fica-se meio na dúvida, e consegue-se responder com dubiedade: **em termos, ou quase sempre não!** E como é que acontece a não liberdade de ação para as chefias que estão mais perto do chão de fábrica? Simplesmente se tolhendo toda a sua capacidade de decisão, fazendo com que tudo, nos mínimos detalhes, seja feito via chefias superiores, que vão buscar respaldo nas gerências mais superiores ainda, em decisões que contêm um mínimo de risco, nas quais um pouco de discernimento e bom treinamento faria serem tomadas corretamente.

As chefias de nível médio e alto em várias organizações, principalmente seus gerentes de escalão superior, tendem a reconhecer todos os seus subordinados mais próximos como incompetentes por natureza: ou porque o processo de escolha foi malfeito, ou porque não têm ânimo para treiná-los, ou porque não têm coragem para demiti-los e contratarem gente mais competente. E convivem com eles e os toleram, numa relação direta de incompetência, tanto para cima como para baixo, assumindo os papéis para baixo, de modo a ficarem com as rédeas nas mãos, conduzindo os bonecos para lá e para cá: o pior é que imaginam que o nível operacional não enxerga isso! Enxerga tudo, acha engraçadíssimo, e ainda torce para o circo pegar fogo logo!

Outro tipo de gerente, por ser ele o mais incompetente, não deixa seus subordinados tomarem decisão nenhuma, por receio de perder o controle sobre a equipe: se os subordinados mesmos decidirem, o que vai ser dele, gerente? E seus superiores, o que irão pensar, ao verem que ele, gerente, não está fazendo nada, a equipe é que decide ou faz tudo, com ou sem ele presente? Para que existe o gerente, então? Acabam perdendo excelentes profissionais no nível mais baixo, porque não agüentarão tamanho policiamento e tolhimento de ações e vão procurar outros lugares onde possam melhor apresentar suas qualidades profissionais.

Traçam-se objetivos e metas, e os mesmos são acompanhados em sua execução? — Um dos grandes causadores de desmotivação entre as chefias de baixo nível é a falta de um padrão definido de análise de sua performance profissional. E essa desmotivação passa imediatamente para os níveis de operação, multiplicada por quantos membros formarem tal equipe.

Quase todas as empresas não conseguem traçar para cada equipe de nível intermediário para baixo quais são seus objetivos por cada período de tempo determinado, de modo que a mesma saiba com antecedência o que se espera dela, quais as formas de aferição dos resultados esperados, qual o período de aferição, como vão ser analisados esses resultados, quem os vai analisar, e o que vai ser feito após essa análise. Na maioria das vezes, nem se consegue definir com clareza o que a própria empresa quer de suas equipes de nível médio para baixo, porquanto como se irá definir então como serão medidos os resultados? Algumas empresas ainda têm alguma forma de medição de resultados presentes, apenas no alto nível, como grandes metas e grandes objetivos, mas no nível de chefia mais baixo, aquele que está junto dos operadores, quase nenhuma tem; normalmente, tem-se algo que não serve para nada mais do que ficar sabendo aproximadamente o que vai pela produção: na maioria das vezes, esses resultados são extremamente manipulados, e chegam aos escalões superiores completamente estereotipados e servindo a propósitos escusos.

Das empresas que possuem algum tipo de medição e acompanhamento do que acontece na área de produção, poucas têm um nível de confiabilidade razoável nessas informações: a maioria dos seus líderes médios e altos não consegue discernir entre um resultado manipulado, apresentado, e um resultado realmente conseguido, apenas cruzando mentalmente as informações.

Das empresas que têm um nível de confiabilidade razoável nos dados de produção, poucas, e bem poucas, sabem o que fazer com as informações que esses dados podem gerar. Algumas, e apenas algumas, conseguem transformar esses dados em informações, conseguem burilá-los de tal forma que sirvam de base, algum dia, para se monitorar o que está acontecendo no presente e para planejar com assertividade o futuro.

Quando uma empresa não consegue saber exatamente o que acontece dentro dela mesma, é porque não tem controle eficaz de sua própria existência, de sua própria razão de ser. E a maioria de nossas empresas, apesar de apregoarem o contrário, não têm noção exata do que acontece dentro delas. E se não sabem, como então planejar o seu futuro, traçar metas, estabelecer objetivos e planos de ação para suas equipes, principalmente de chefias, se nem conseguem controlar-se a si mesmas, de modo a ficar sabendo o que acontece hoje, a dominar o seu próprio presente? E como saber o que acontece hoje, em relação a que parâmetros, se não se consegue saber o que aconteceu em tempos anteriores? E como saber o que vai acontecer amanhã, se não se sabe o que aconteceu ontem, se não se tem domínio sobre o que está acontecendo hoje?

Círculo vicioso, que não deixa nada partir de um bom ponto de referência, chamado simplesmente ponto de partida, mas que é extremamente necessário e importante para se estabelecer metas, traçar objetivos e formular planos de ação. Muitas e muitas empresas, despreocupadas com uma necessidade premente de adequar-se a novas posturas de mercado, que começam exatamente dentro de si mesmas, não conseguem estabelecer seu ponto de partida para definir metas, porque não têm um embasamento de controle mínimo para saber o que se faz no dia-a-dia. Ou têm essa constatação, mas tão manipulada, que pouca valia vai ter.

Assim, sem um plano de metas bem estabelecido, no qual se defina com clareza a participação de cada equipe, de maneira a mostrar a cada líder de nível mais baixo o que se espera de sua performance, como ele irá ser acompanhado no seu permanecer na empresa, como vai ser avaliado em função dos resultados planejados, quais as medidas corretivas intermediárias que deverão e quando deverão ser tomadas, fica muito difícil se conviver dentro do ambiente de produção, com cobranças inoportunas, mal elaboradas e feitas de uma maneira discriminada e ineficaz. Simplesmente se solta na mão de cada chefia subseqüente um poder de pressão discriminatório e de uso restrito e pessoal, capaz de colocar toda a organização em estado de alerta permanente, tal como é o clima hoje existente em organizações de bom nível até, com enfoque nas de cunho muito familiar.

Quando não se consegue a consecução de um objetivo, como isto é tratado? — Nalgumas empresas que possuem bom nível de estabelecimento de metas e objetivos, essa questão é tratada da forma mais inadequada possível. Como não se conseguiu, em princípio, estabelecer metas e objetivos bem claros, de modo que o colaborador de nível baixo tenha em mãos, sem nenhuma sombra de dúvidas, o que se espera dele, suas obrigações são colocadas de maneira subterfugiada, resguardando sempre uma carta na manga, para possíveis desculpas de erros de formulação de objetivos. Quando, por outro lado, se consegue formular objetivos e metas mais claros para os colaboradores, essas formulações são de origem na maioria das vezes viciada, cronicamente errada: quase nunca esses objetivos foram passíveis de uma discussão mais aberta e aprofundada com quem devia se encarregar de alcançá-los; em grande parte das ocasiões, não passam de elucubrações mal elaboradas e impossíveis de serem alcançadas. No meio do período de execução, passam a ser motivo de descontentamento e desmotivação de toda a equipe, que percebe a impossibilidade de alcançá-los. Quando alguma empresa tem por norma trabalhar por objetivos e metas bem definidas, a equipe, se bem treinada e coesa, começa por elaborar um plano de ação que deverá ser cumprido à risca. À medida que se vai atingindo os objetivos, se os vai colocando à vista de todos os colaboradores, de modo que os mesmos possam perceber com exatidão comprovada, — **com números!** — os resultados que ajudaram a alcançar.

Na maioria das organizações, no entanto, ou por formulação errada de objetivos e metas, ou por não terem um sistema mais aprimorado de gerenciamento interno de seus resultados, a não consecução de um objetivo se torna verdadeira catástrofe, e é motivo de um inferno de relacionamento pessoal. Ninguém procura as verdadeiras causas do mau resultado, ninguém se preocupa mais do que apresentar desculpas pelo fracasso, e morre exatamente aí: conforme a desculpa, e dependendo de quem a deu, pode ser a mais esfarrapada do mundo, que se estará perdoado, e o resultado esquecido. Ninguém se preocupa realmente em buscar a efetiva causa de tão má performance, e garantir que seja corrigida daí por diante. Às vezes, não se cobra uma ação mais efetiva de garantia de resultados para não melindrar as pessoas ocupantes de cargos que são diretamente responsáveis pela consecução dos mesmos. Aí, mais uma vez, vem a perguntinha que ninguém também tem coragem de responder nessas organizações: e a empresa, pode ficar melindrada com o mau resultado, que nada acontece? E o cliente, como fica?

Outras empresas usam um critério bastante popular para avaliar o desempenho e descobrir e corrigir as causas de um mau resultado: o bode expiatório! Nessas ocasiões, ai daquele coitado, principalmente de nível baixo na hierarquia, ou daquele mesmo nível que ali não tenha algum parente ou um padrinho mais forte, e que tenha tido qualquer tipo de desavença, profissional ou não, com o responsável pela equipe cujo resultado não foi bem:

certamente será o responsável por todos os erros e o mau desempenho da equipe. Sobra, então, outra pergunta no ar, entre os demais membros da própria equipe: da próxima vez, quem será o responsabilizado?

Não precisa ir muito longe para encontrar os exemplos de imputação de culpa por mau desempenho a quem nada tem a ver com ele. Isso acontece, muitas vezes, pela impunidade que existe dentro das empresas, pelo clima de puxa-saquismo exagerado e tolerante, pela discórdia e desarmonia implantadas na organização e mantidas e incentivadas pelos gerentes da mesma, por ação ou por omissão, e, principalmente, pela falta de informações fidedignas e confiáveis que possam embasar um processo de estabelecimento de metas e objetivos mais claros e o acompanhamento de suas execuções. Ninguém gosta de trabalhar sem ser corretamente cobrado em seu desempenho, mas de maneira justa e imparcial; ninguém tolera trabalhar num ambiente em que é cobrado pelo que não fez ou pelo que não sabe, por não ter tido o necessário treinamento para isso e, ainda, ninguém tolera ser cobrado por desempenho de outro que não o seu próprio.

A comunicação entre a baixa chefia é plena, sem subterfúgios? Há algum constrangimento pessoal? — Existem algumas empresas em que essa situação permanece como uma doença dentro do ambiente de trabalho. Às vezes, por falta de coragem política de se remover determinada chefia de médio e alto nível, simplesmente se vai congelando a mesma, subtraindo-lhe determinadas informações que lhe seriam extremamente necessárias, ou diminuindo-as ao estritamente necessário, de modo a ir minando o seu desempenho como gerente, para demonstrar a sua incompetência para os demais níveis da organização, até se conseguir, depois de muito tempo, respaldo político para sua remoção. O que ocorre, na verdade, é que essa empresa deixou simplesmente de fazer uma análise do período de constrangimento que passou com a pessoa inadequada exercendo posição de gerência ou comando: porque não se perguntou, no caso, o que sentiam os membros da equipe daquela pessoa, que também foram tolhidos de informações, que também foram minados em seu desempenho, que também se sentiram desamparados e sem esperança de se integrarem e se motivarem como células de resultado da empresa? Adivinhem quem teve de absorver todo o mau desempenho da equipe, toda a desmotivação, todo o constrangimento: **o cliente**, e, por conseqüência, a empresa.

Ninguém mede o resultado do que não é feito! Do que é feito, é fácil se medir, pois basta ter algum parâmetro mais ou menos aproximado, que se terá condições de se o medir. Mas, do que se deixou de fazer, como medir? Quem consegue medir? Quem se preocupa com o que deixou de ser feito por qualquer motivo? Principalmente o que não é feito pelas chefias, quanto de mau resultado se provoca para baixo e por quanto tempo? Uma chefia desmotivada ou sendo colocada na frigideira aos poucos, quanto de resultado ruim dará dentro da empresa enquanto permanece nessa condição? E quanto de resultado deixará de dar? E quantas pessoas mais conseguirá também desmotivar, uma vez que todos os colegas se miram automaticamente no exemplo de sua fritura?

5. O nível operacional

Como reconhecem sua chefia? — Em qualquer empresa os colaboradores operadores, ou seja, os de menor nível hierárquico dentro da organização, têm várias formas de reconhecerem a liderança de quem os coordena em suas células de produção: a) **são os representantes do patrão:** é a forma mais comum de se reconhecer a existência de uma chefia, que realmente se encarrega de apenas representar os patrões, de exercer a liderança de uma forma impositiva, não deixando margem a dúvidas de quem é que manda ali, e todos obedecem sem muita contestação; nessa equipe, o melhor sintoma com que se pode caracterizar o seu moral como equipe de trabalho é o de uma substância amorfa, tipo não fede nem cheira; não se consegue melhor resultado, mas também não piora o que está sendo conseguido; normalmente é formada de pessoas mais humildes e pouco reivindicativas, que só buscam sua própria sobrevivência, sem nenhuma expectativa de futuro melhor; b) **puxa-sacos:** na verdade, esta é uma derivação do primeiro tipo de reconhecimento, só que naquele, o líder ou chefe ainda tenta, via imposição, se colocar como o verdadeiro chefe; neste, o líder apenas se esmera em bisbilhotar e fofocar, preocupando-se mais com o desempenho de outras equipes do que com a sua própria; os membros de sua equipe se aproveitam para também armarem uma rede de pequenas e maléficas intrigas entre as chefias, ora lhes escondendo algumas informações de cunho crucial, ora lhes escondendo apenas detalhes importantes das mesmas, provocando que sejam dubiamente interpretadas, noutras vezes deturpando totalmente as informações, com o intuito de destilar desconfianças e desavenças; c) **verdadeiros líderes:** na verdade, este tipo de reconhecimento é o que muito se aproxima do ideal, pois a equipe de operadores simplesmente passa a acreditar na sua liderança, e é a melhor situação para se conseguir com a equipe o resultado que se quiser obter; para se conseguir este reconhecimento por parte dos operadores passa-se por diversos estágios: o principal deles é o burilamento e o aperfeiçoamento de cada membro da equipe; o trabalho de entrosamento entre cada membro da célula de produção deve ser feito diuturnamente; a cobrança e o acompanhamento de resultados devem ser feitos no tempo exato, sem impunidade a quem quer que seja; os operadores devem ser tratados como seres humanos que são, sem paternalismo, mas com educação e respeito; a chefia deve ser bem preparada para exercer sua função sem exorbitar de sua autoridade; a chefia deve se reconhecer como um facilitador do trabalho da equipe e não como o fiscal que se exige normalmente que o seja; a chefia deve entender que, sendo o de melhor nível da equipe, por isso mesmo é o líder, é o apoio indispensável de cada membro de sua equipe, que lhe dirimirá qualquer dúvida, em qualquer momento, mesmo fora do serviço e em assuntos particulares de seus membros.

São avaliados periodicamente? — Uma das perguntas que já se ouve com freqüência dentro do ambiente de trabalho em qualquer tipo de organização é sobre a avaliação individual e coletiva do pessoal de mais baixo nível. Em princípio, essa pergunta tem uma razão de ser específica: é que, com uma equipe muito heterogênea, esse pessoal não rende o suficiente para auferir bons resultados nos prêmios de produção ou para galgar escalas em Planos de Cargos e Salários, que são as formas mais comuns de reconhecimento nas unidades de trabalho, principalmente nas de absorção intensiva de mão-de-obra. Assim, é comum o operador reclamar por uma avaliação de sua performance, mais para se posicionar, para se destacar e se distanciar daquele que ele considera ruim e que o acaba prejudicando, pois altera a performance do grupo; ninguém gosta de perder dinheiro, principalmente quando não é o responsável pelo mau desempenho.

No entanto, é incomum a análise de desempenho de operadores ou pessoal de baixo escalão, tanto individual quanto coletivamente enquanto equipes. Quando muito, há uma avaliação do desempenho da produção, nas unidades fabris, em que se generalizam bons e maus resultados, sem conseguir individualizá-los pelo menos pelas equipes. Isso frustra o trabalho de quem é realmente bom, de quem realmente realiza melhor que os demais, de quem está motivado, e que acaba ficando no mesmo nível dos demais, sem nenhum tipo de reconhecimento maior. Ora, quem não gosta de sentir-se justamente lisonjeado pelo seu melhor desempenho em relação aos demais? Quem não gosta de ser destacado em relação à maioria do grupo ou da equipe onde trabalha? Quem não gosta de ser reconhecido pelo seu real valor?

Há, nessa situação, um erro muito banal que a maioria dos gerentes e líderes cometem: não sabendo exatamente como individualizar a melhor performance, ou não sabendo distinguir exatamente quem foi melhor para a organização, generalizam os elogios, ou equalizam a avaliação de desempenho, para cima, ou para baixo: cometem-se injustiças com os melhores, avaliando todos da mesma forma, para não causar **constrangimentos** nos colaboradores de pior performance. Ocorre que, entre eles mesmos, todos sabem exatamente quem é quem, e o melhor sempre fica interiormente melindrado por ter uma avaliação igual à dos demais. Além de saber quem é melhor do que quem, esse nível de pessoal não passa isso nunca para cima, pois tem no seu íntimo que sua chefia **tem** também a **obrigação** de saber diferenciá-los pela sua performance individual.

Para quem já faz um bom trabalho de avaliação periódica de sua equipe de operadores, é bom atentar para determinados aspectos, tratados mais adiante, no capítulo 10, no qual são enfocadas as maneiras de se eliminar o processo de concorrência interna. A grande questão que atormenta quem se aventura nesse processo de iniciar um sistema de avaliação no nível operacional, avaliação esta diferente da que normalmente se faz para pagamento de prêmios por tarefa, é não ter se preparado convenientemente com um bom sistema de planejamento e controle de produção ou controle de andamento das tarefas, principalmente nos enfoques de **conhecer o que se fez no passado, para monitorar sempre o que se está fazendo no presente, de modo a se planejar com segurança o futuro!** Sem um bom e perfeito sistema de controle e planejamento, ninguém conseguirá avaliar desempenho de ninguém, inclusive dos níveis superiores de gerência. Só com uma medição precisa e atual dos resultados gerais da empresa ou do setor, ou da célula, enfim do âmbito em que se pretenda efetuar uma avaliação de performance de resultados, começando pela performance da produção em todos os seus fatores, consegue-se estabelecer o que se **deveria estar fazendo**, ao invés do que **se fez**, e, mais ainda, só assim se conseguirá definir com clareza o que **se deverá fazer** daí por diante.

Precisam ser vigiados de perto, ou conseguem trabalhar sozinhos? — É uma situação por demais normal nos nossos meios de produção a fiscalização ostensiva do pessoal de nível mais baixo, ao mesmo tempo em que se dá demasiada liberdade aos níveis de chefia, num regime de desconfiança total justamente em quem fica por muito mais tempo em contato com o que se oferece aos clientes externos. Normalmente, as chefias têm os operadores como enganadores, brincalhões, preguiçosos, que só vão à empresa trabalhar porque não têm outra coisa para fazer, e dos quais não se pode descuidar um instante sequer. Essas chefias não conseguem imaginar que, se elas têm esta imagem de sua própria equipe com quem trabalham diariamente, qual imagem seus chefes têm também deles? E o que o cliente pode esperar receber de pessoas que não são nada confiáveis para estarem tratando com seus produtos? Regra geral é que se confia somente quando se inspira confiança, e vice-versa.

Na maioria das organizações em que as chefias não primam por uma confiança plena em seus subordinados, a razão dessa desconfiança e do policiamento constante como conseqüência, é o total despreparo das próprias chefias, que, se não foram treinadas para exercer suas funções num ambiente de maior democracia e com maior controle sobre os resultados como um todo, desandam por tentar exercer controle individual das atividades de seus subordinados, e se esquecem por completo de suas demais atribuições. O que acontece em seguida é a perda gradativa e total de controle sobre os resultados mais importantes, em função de ganho gradativo e total de controle sobre atividades específicas e que nada contribuem para o resultado final. Ainda é possível ver, em muitos lugares, verdadeiros cães de guarda de operadores durante o turno de trabalho, ao passo que catástrofes vão acontecendo à volta, sem ninguém perceber, no que concerne à qualidade, à rapidez de atendimento, ao relacionamento pessoal, à integração das equipes.

É muito comum este policiamento desandar para uma atividade sindical extremista, porque é ali que os operadores se sentirão mais à vontade para exprimirem toda a sua revolta e seu desencanto com o ofício que abraçaram e que vêem não ter futuro econômico e social, nem vêem ou sentem motivação alguma em suas relações pessoais. Mesmo nos sindicatos das categorias, muitas vezes totalmente manipulados ora pelos próprios patrões, ora por uma minoria que não deseja, nem contribui para o crescimento das relações, que deveria ser seu papel principal, os empregados de menor nível não encontram ambiente para extravasar seu desencanto, — porquanto só desejam se sentir pessoas e cidadãos, dentro do ambiente em que convivem no dia-a-dia — ali, com raras exceções, encontram o mesmo ambiente deturpado de dentro da sua unidade de trabalho, só que com outro enfoque. No fundo, sentem-se joguetes nas mãos ora das chefias com seus desmandos, ora dos seus representantes **legais** que não ajudam a melhorar as relações e só torcem e manipulam para piorá-las.

As empresas têm o poder de alterar essa situação de desamparo em que vive o pessoal de baixo nível, mas simplesmente convivem com isso, mercê de um resultado positivo em seus balanços, mesmo que esses resultados, se analisados à luz de uma perspectiva mais longa, não estejam consolidados no tempo, sendo apenas e somente transitórios. Assim mesmo, convivem com uma situação em que as relações cliente-fornecedor interno são as piores possíveis, acostumam-se com essa situação e até chegam a incentivá-la, tal o pouco nível de profissionalismo existente.

Nesses lugares nunca se imaginou e sequer passa pela cabeça das chefias dar um pouco de espaço e liberdade, mesmo que controlada, aos operadores, ou ao mais baixo nível, de modo que eles tenham discernimento próprio para executarem suas tarefas e planejarem suas atividades diárias mais simples, dentro de padrões pré-discutidos e estabelecidos dentro de uma postura crítica e mais científica. Não passa pelas cabeças das chefias que esse pessoal também tem inteligência, e a maioria só não conseguiu ter um nível intelectual melhor porque não teve as mesmas oportunidades dadas às próprias chefias.

Qual o nível cultural médio? — Uma das questões de maior desmotivação entre operadores de máquinas é o desnível intelectual ou cultural médio entre eles. Ninguém imagina, mas é o que acontece, o tamanho do estrago que faz dentro de uma equipe alguém de nível muito acima do normal: além de ser o exemplo do que todos poderiam ser, se tivessem tido oportunidade para isso, o nível de reivindicação é totalmente incompatível para com os demais, que se sentirão simplesmente humilhados por não terem aquele nível de necessidade requerido pela pessoa de melhor nível cultural. Além do mais, a culpa total de não ter tido oportunidade para os demais operadores passa, na cabeça deles, pela empresa: foi ela quem ocupou toda a vida do empregado sem lhe facilitar os estudos, foi ela quem não procurou promover uma oportunidade melhor para que eles pudessem ter tempo de estudar, foi ela quem pagou mal e não sobrou dinheiro suficiente para bancar os estudos, foi ela quem sugou o sangue de todo mundo e só retribuiu com um mísero salário. Este é o pensamento generalizado desse nível de pessoas.

Além de se ter de procurar manter um nível médio equilibrado de escolaridade de seus operadores, a empresa não pode se furtar de programas de melhoria educacional e cultural de seus colaboradores, de modo a transmitir-lhes o conforto de, mesmo sabendo-se velhos, serem úteis como cidadãos conscientes, mesmo que fora da empresa. A empresa não pode se furtar da idéia básica de se ter cidadãos trabalhando em seu interior, mas cidadãos que tenham discernimento próprio, que pensam e que têm liberdade de ação e consciência política formada, para decidirem seu destino fora da empresa, pois só assim a empresa conseguirá, apenas desenvolvendo o intelecto de seu pessoal de mais baixo nível, as mudanças políticas, e por conseqüência as econômicas, de que o país anda precisando tanto. Só assim o ambiente político muda, para se conseguir projetar e planejar um futuro que esteja nas mãos de quem promove geração e transformação de riquezas.

Quais suas perspectivas de médio e curto prazos? — Nada melhor para estragar um ambiente de trabalho, num período de médio a longo prazo, do que a falta de perspectiva para o nível de operadores. É que eles conseguem perceber com clareza que na maioria das vezes não lhes restará alternativa nenhuma senão trabalhar, trabalhar, trabalhar, aposentar-se e morrer. Nesses casos, haja trabalho de assistência social e de Recursos Humanos para manter o moral elevado! Por mais recursos que se gastem, não se consegue vislumbrar um milímetro sequer de ganho em termos de motivação e de melhor desempenho! E ninguém atenta ou consegue entender porque se despende tanto dinheiro em programas que deveriam dar retorno alto, e não se consegue nenhum retorno em termos de satisfação, motivação e melhor relacionamento pessoal.

O que acontece é muito simples: ninguém se anima a um esforço um pouco maior em seu trabalho, aquela quantidade a mais que é possível alcançar sem se investir nada, apenas com motivação e esforço pessoal, se não houver um mínimo de perspectiva de melhoria em sua vida diária. E melhoria para o nível operacional quer dizer ter uma vida digna, pelo menos semelhante aos de melhor nível salarial, quais sejam: ter condições de dar à família algum tipo de recreação ou férias, diferente de ter de freqüentar o clube dos operários todo fim de semana, — afinal, tantos filmes e tantos programas de televisão mostram tanta gente fazendo programas espetaculares de férias e fins de semana, por que **ele, operário**, não pode também fazer? — ter condições de possuir seus eletrodomésticos sem morrer de pavor de prestações a perder de vista e pagando juros estratosféricos; ter condições de assegurar uma assistência médica e hospitalar para si e para sua família, sem necessidade de enfrentar as intermináveis filas da previdência ou dividir um quarto de enfermaria com mais dez a vinte doentes, sem acesso da família; ter condições de pagar um bom colégio para os filhos, sem necessidade de correr e percorrer intermináveis filas de uma escola pública; ter condições de ter uma reserva em dinheiro suficiente para ajudar irmãos e pais, quando precisarem, tendo em vista que trabalha em uma grande empresa e eles não etc.

Quando o nível operacional percebe que não tem condições de ter ao menos o mínimo que se poderia desejar para um cidadão cônscio de seus deveres e também de seus direitos, imagina logo: de que adianta se matar de tanto trabalhar, apenas para gerar lucros e mais lucros para os patrões? Por que labutar tanto todo dia, se o único punido por não conseguir a mínima autonomia financeira e social é, em primeiro lugar, ele próprio?

Qual o tempo médio de casa? — É um dos itens mais importantes para se avaliar o nível do moral da equipe de operação, pois a tendência natural de qualquer empregado de nível mais baixo e de grande tempo de casa vai ser a acomodação e o acostumar-se com o *status quo* e erros de atuação das chefias. Apesar de ser um dos itens mais importantes, há de se levar em conta aspectos bem peculiares desse tempo de casa, como por exemplo: se existe muita distorção entre a moda do tempo de casa dos operadores e os picos para mais e para menos; se a moda representa pelo menos quarenta por cento de todos os operadores; se o tempo de casa é muito elevado e é aproximadamente o mesmo para a grande maioria dos operadores; se o tempo de casa é muito curto e é aproximadamente o mesmo para a grande maioria dos operadores.

Se existe muita distorção numa curva de Gauss entre o tempo de casa dos operadores mais novatos, a moda do tempo de casa dos operadores e o tempo de casa dos operadores mais antigos, a tendência será uma miscigenação adequada, desde que se saiba trabalhar bem a equipe, de modo que os operadores mais antigos procurem entrosar os mais novos, e assim por diante. É uma situação próxima do ideal, desde que haja sempre a preocupação de se encaixar os mais novos num ambiente de motivação no meio do grupo. Na verdade, o que se tem visto na maioria das empresas é justamente o contrário, pois o operador novato simplesmente chega, dá de cara com operadores de mais de quinze anos de tempo de casa, e é desmotivado completamente, numa comparação imediata: este vou ser eu amanhã, sem perspectiva nenhuma, com quinze anos de empresa, ainda operador? Na maioria das empresas, a turma intermediária, de tempo de casa mediano, simplesmente ali está até conseguir outro emprego melhor, e a turma de veteranos ali está porque já não consegue outro emprego melhor e não tem ânimo para mais nada, apenas espera a aposentadoria.

Se a moda representa pelo menos quarenta por cento de todos os operadores, bom sinal, de que há realmente uma base para manter a equipe, e deve-se trabalhar essa base com muito cuidado, pois representará o fracasso ou o sucesso de qualquer ação visando melhorar a motivação. Se representar menos de quarenta por cento, sinal de alerta, pois o *turn-over* deve estar alto, por algum motivo que deve ser pesquisado. Se estiver representado por mais de quarenta por cento dos operadores, nem assim a situação pode ser considerada totalmente tranquila, pois deve-se analisar o ambiente externo em volta da empresa, para definir com clareza a causa de tanta estabilidade do pessoal: às vezes, por falta de outra opção, o operador vai se mantendo no emprego, como único remédio para não ter que ficar desempregado, o que, em muitas situações, tende a não ser catastrófico em princípio, mas leva ao comodismo exagerado tanto de parte da empresa como dos próprios empregados.

Se o tempo médio de casa for muito elevado, representando a grande maioria do número de operadores, tipo mais de setenta por cento acima de quinze anos de serviço, em princípio é um sinal positivo, apesar de gerar algumas preocupações para o futuro, em médio prazo. Deve-se, antes de tudo, analisar o nível de produtividade da empresa em comparação com os melhores que existirem no mercado, pois a tendência natural será sempre a acomodação e um paternalismo mais caracterizado pelo costume e o companheirismo. Ainda assim, a empresa não se deve furtar de planejar um trabalho de melhoria da motivação, que preveja sempre desafios a serem alcançados.

Se o tempo médio de casa for muito baixo, tendo a empresa muito mais idade do que esse tempo de casa médio, deve-se analisar imediatamente as relações pessoais internas ou procurar o que anda errado na seleção de seu pessoal. Algo de muito ruim poderá estar acontecendo, sem que ninguém tome providências!

Algum dos atuais chefes já foi um operador ou funcionário de baixo escalão na mesma organização ou setor? — Esta pergunta parece um tanto marota, porém, é uma das mais importantes, porque abre uma perspectiva de crescimento do operador de máquina, pois o mesmo terá sempre um exemplo para lhe garantir que, se trabalhar com vontade e determinação, se a empresa conseguir enxergar isso, se a empresa tiver um programa de desenvolvimento de seu pessoal de nível baixo, e se tiver um programa de acesso garantido a todos os níveis hierárquicos, não restarão dúvidas de que um dia ele também poderá ascender a posições de chefia na organização.

Entretanto, não é isso que ocorre na maioria das empresas. Parte-se, como sempre, da desconfiança existente nos níveis de operação, e não se lhes dá possibilidade alguma de crescimento dentro de sua equipe. É muito comum os cargos de chefia serem ocupados somente pelos apadrinhados, pelos pára-quedistas, pelos estrangeiros, por quem teve oportunidade de se preparar **por fora** e adentrar a empresa já num nível mais elevado. Não que essa preparação seja totalmente errada, mas há de se pensar e dar oportunidade também a quem já está dentro da empresa e que, com um pouquinho mais de paciência, ajuda e preparação mais longa, poderá dar melhores resultados que os mais novatos, e aumentar a motivação dos colegas que assistirem à sua ascensão.

Outro fator que deve ser preocupação para as chefias, para os responsáveis por Recursos Humanos, — que deveria ser exercido pelas próprias chefias com auxílio de pessoa especializada — é o quando ocorreu, há quanto tempo ocorreu a última promoção de um operador a cargo de chefia. Se este tempo é por demais longo, é sinal de que a equipe não é boa e não consegue fazer o exercício secular da seleção natural, com os melhores sendo sempre promovidos, chegando outros para ocupar seus lugares, e assim por diante. Quando a empresa dá oportunidade de crescimento a seus níveis mais baixos, há uma relação de respeito muito grande, com todos eles acreditando que serão vistos e avaliados quando alguma vaga surgir.

É livre a abordagem (acesso) dos operadores aos escalões superiores da empresa? — É comum na maioria das empresas os escalões superiores, **os patrões**, — na visão holística dos operadores! — se posicionarem com um distanciamento tão grande em relação àqueles, que chega até a causar certo constrangimento ao serem abordados ou abordarem. A prática mais comum para se diminuir esse constrangimento têm sido visitas periódicas aos locais de trabalho, visitas-relâmpago, em que não se permite sequer a aproximação de quase ninguém. Na verdade, o que existe é o receio de a abordagem ser feita apenas com o intuito de reivindicação, não havendo tempo de se raciocinar numa resposta **não** mais convincente. E a imagem que permanece para esse nível mais baixo de pessoal é exatamente esta, que não se permite a abordagem, porque se tem medo de dizer um **sim** comprometedor, porque há muita coisa escondida e por esconder por parte dos patrões e das gerências.

Há algumas empresas que ainda tentam e tentaram estabelecer um regime de conversas programadas dos escalões superiores com os operadores de máquinas, mas são ou foram programas tão mal elaborados, tão malfeitos, que só podiam mesmo cair no ridículo de um fiasco total. Isto porque não se estava simplesmente preparado para ouvir e para falar numa mesma linguagem, e, principalmente, se já não existia um canal de comunicação eficiente entre os escalões superiores e suas chefias dentro do ambiente de trabalho, como estabelecer, de uma hora para outra, um canal de comunicação entre o maior e o menor nível? Esdrúxulo, pela própria natureza de ser, pois serve ou serviram tais programas apenas para exacerbar situações de fofocas e intrigas, pelo despreparo das partes.

Os operadores se ressentem é da falta de abertura para um diálogo amigável e franco, de igual para igual, em que eles possam expor suas dúvidas, usufruir o conhecimento maior do patrão, saber quais as perspectivas da empresa em que trabalham, ter noção de para que serve o que eles andam fazendo todo santo dia dentro da empresa. Só conversar, mais nada! Essas informações às vezes eles têm em casa, via meios de comunicação, mas eles querem ouvir a opinião do patrão, de como aquilo vai afetar a empresa, o que melhora, o que piora. Eles querem é ter um pouco de poder de projetar a sua vida, vislumbrar alguma coisa para frente, onde só o patrão tem o dom de lhes dar esta perspectiva. Na verdade, o que eles querem nada mais é do que exercer sua condição de cidadão, também ali, dentro da empresa, de modo a ter mais consciência política, ter opinião formada, fazê-la coincidir com a do patrão, com a da empresa à qual dedicam um terço de sua vida útil.

Há informações da empresa disponíveis para os operadores? — É comum, por não haver clima de confiança mínima entre patrões e empregados, simplesmente se censurar previamente todas as informações que são passadas para os empregados de nível mais baixo. Na maior parte das vezes, essa censura vem sendo exercida escalão por escalão, sem nenhuma determinação prévia, de modo que o primeiro escalão fica sabendo de toda a informação em sua plenitude, o segundo escalão de parte essencial dela, o terceiro da parte que lhe cabe na visão dos administradores, e o último, dos colaboradores de menor nível, daquilo que interessa à empresa que eles saibam. Há situações de empresas que têm ou alcançam bom desempenho e nas quais se informa exatamente o contrário para baixo, como também há empresas que só dão prejuízos e nas quais, se informa uma situação completamente diferente, ou não se informa nada.

Há empresas que sequer chegam a informar com clareza ao seu pessoal qual o seu nível de produtividade, qual a performance de sua produção, qual o nível de qualidade de seus produtos em relação ao mercado, qual o nível de suas vendas. Preços de vendas dos produtos, então, são um completo tabu na maioria das empresas, e a rentabilidade por produto, mais ainda.

Quando alguma empresa ainda mantém algum programa de incentivo à produção, como pagamentos de prêmios por tarefa ou por qualidade, adicionais por produtividade ou carga de trabalho etc., na maior parte das vezes inventam uma parafernália de cálculos ininteligíveis para o nível geral de colaboradores, que não fica sabendo como se chegou a calcular o que recebeu no final do mês como adicional, permanecendo mais como um favor concedido do que como um verdadeiro programa de incentivo.

Quando há alguma forma de comunicação da empresa com os empregados, esta comunicação é tão burilada e trabalhada, que acaba saindo um verdadeiro monstrengo de gabinete, na tentativa de se falar a linguagem mais inteligível para os operários e se informar o mínimo possível. Acaba-se, na maior parte das vezes, se desinformando e se permitindo interpretações as mais diversas do que se queria na realidade: muitas vezes, o que deveria ser para benefício é interpretado apenas como mais uma enganação por parte da empresa. E essa enganação, aos olhos dos operadores, é tão mascarada, que a empresa mantém órgãos especializados em refazê-la constantemente, tipo Relações Industriais e Recursos Humanos. E as chefias, claro, que se encarregam também de "burilar" e deturpar as poucas informações fidedignas que são passadas. É claro que, felizmente, ainda há as empresas que funcionam bem nesse aspecto, o que é uma exceção.

Como são os programas de incentivo à produção? — Quase todas as empresas mantêm um programa de incentivo à produção ou à qualidade, ou a ambas, mormente chamado de prêmio por produção, adicional de produtividade, prêmio por qualidade, ou qualquer outro nome mais pomposo que se queira arrumar. É claro que quase todas também têm um nível de salário-base tão baixo, que esse prêmio é por demais necessário, para manter um regime de carga de trabalho alto e não haver esmorecimento por parte do operador. Todos esses programas existem justamente em decorrência de um salário-base baixo e dessa necessidade de manter um regime de atividade operacional alto, tipo: eu não lhe pago quase nada, mas lhe pago o dobro, se você conseguir se matar todo dia e alcançar esse mínimo de produção ou qualidade ou produtividade. E, normalmente, nas condições mais adversas possíveis de conforto, salubridade e segurança.

Todos os programas, junto com as formas mais esdrúxulas de cálculo que se inventam para chegar a seus valores no fim de cada mês, servem apenas para desviar a atenção de problemas bem mais graves e que assolam todos os níveis operacionais ou mais baixos: a falta de um programa decente de incremento de produtividade e de crescimento real dos salários-base, como conseqüência; a falta de definição de metas e objetivos mais claros em relação à produção e seus fatores, de maneira que cada equipe saiba exatamente o que precisa ser feito e como deverá ser feito; a falta de um programa decente de incentivo à superação de resultados e a participação na sua consecução como um todo; a falta de confiança para se clarear aos níveis operacionais quais são os atuais resultados da empresa, de maneira a se definir o que se quer como resultados a serem superados; a falta de um programa pleno de desenvolvimento dos recursos humanos, que dê reais perspectivas de desenvolvimento e crescimento a todos os níveis, e não a apenas algumas exceções.

Qual o clima existente no nível operacional? — Este clima é importante na medida em que se vai saber exatamente como anda o relacionamento pessoal colaborador por colaborador, célula por célula de trabalho ou produção. O ambiente tradicional é o dos meros desconhecidos que se encontram na porta da empresa e, coincidentemente, entram para trabalhar no mesmo lugar, às vezes no mesmo setor, e até na mesma célula de produção. O ambiente de guerra que a própria empresa se encarregou de implantar, via programas de incentivo individual de produção, por exemplo, faz com que exista apenas um ambiente de disputas individuais, em que cada um quer se exaurir na capacidade de tudo fazer para mais ganhar e o que for possível prejudicar o mais próximo, para menos ganhar.

Muitas vezes, o ambiente é tão ruim, que os colaboradores exercem uma verdadeira batalha entre si mesmos, em busca da atenção de suas chefias, ou em busca de soluções que lhes minimizem os problemas com a manutenção de suas máquinas ou de organização de seus setores. Travam uma guerra principalmente para serem mais privilegiados que o colega ao lado na atenção aos seus problemas, que são os mesmos do colega ao lado, mas para terem solução mais rápida, para permanecerem na dianteira em termos de produção, em termos de mais dinheiro no fim do mês, ou em termos de menos penalidades a lhe serem atribuídas, sejam elas disciplinares ou financeiras.

Nesse ambiente de guerra não é difícil ver inimizades serem geradas e crescerem e serem objeto de fomento de intrigas, e até brigas pessoais. A pouca cordialidade existente ainda é fruto de alguma amizade pessoal fora da empresa e que, por uma questão de convivência e conveniência, permanece dentro do ambiente de trabalho. Auxílio ao colega do lado é coisa inexistente, pois não passa de obrigação dos chefes e das equipes de manutenção, que são muito bem pagos para isso.

6. Organização e transparência

O local de trabalho é limpo e bem arrumado? — Há situações de fábricas ou locais de trabalho que se parecem mais com um depósito de lixo ou um chiqueiro do que propriamente com um ambiente onde alguém presta seus serviços. Nesses casos, até desmerecem o nome pomposo de indústria ou de fábrica, ou de locais de trabalho, pois deveriam ser chamados de usinas de compostagem de lixo, ou de reciclagem de lixo, que, às vezes, são até mais bem organizados. Nesses lugares, é normal se encontrar restos de alimentos, trapos e estopas sujas, pedaços de peças quebradas, óleo esparramado pelo chão, graxa nas paredes, banheiros sujos e entupidos, tambores de lixo abarrotados e despejando pelo ambiente pedaços de papelão e papéis rasgados, água escorrendo pelo chão, goteiras por toda parte, vapor escapando das tubulações, mecânicos e operadores extremamente sujos andando de um lugar para o outro, produtos sendo trabalhados sem nenhum cuidado por pessoas sujas e sem um mínimo de higiene.

É normal também se encontrar em meio a essa sujeira toda, alguns operários sujos e maltrapilhos, em meio a algumas máquinas cujas pinturas estão descascadas pelo tempo, algumas cordas penduradas pelo teto, e alguns arames amarrando algumas peças das máquinas, ou, se for algum escritório, papéis escorregando pelas mesas, cestos de lixo quebrados e abarrotados, telefones e tomadas aos pedaços. Mais ao canto, em alguns locais de trabalho, algumas roupas penduradas nas paredes, alguns sapatos debaixo delas, algumas marmitas junto a alguma estufa de máquina. No meio dessa confusão toda, algum produto ou peça tentando passar despercebido pelas máquinas, para que não seja notado e incluído no meio de tanta sujeira, com o que se pretende atender a algum cliente.

Imagine-se que tipo de produto pode se esperar de uma empresa dessas! Imagine-se o ambiente de qualidade que existe num local desses! Imagine-se também quando alguém precisar de uma peça de reposição, para algum conserto mais urgente, o que deverá primeiro fazer: ir ao almoxarifado e buscar não uma, mas várias peças, para guardar — e perder na bagunça! — a que não for utilizar; e, depois, em outra oportunidade, tornar a buscar mais peças, tornar a guardar, pedir nova compra, e o círculo vicioso permanecer por um longo tempo.

Essas empresas deveriam convidar seus clientes para uma visita às suas instalações, e depois, se é que eles ainda permanecem clientes, pedir a sua opinião sobre o produto que lhes será entregue e sobre o que viram dentro daquele ambiente. Na certa, tais empresas não conseguiriam mais vender seu produto para o mesmo cliente!

Resultante dessa **organização** toda existente no ambiente de produção ou de trabalho, imagine-se então o clima de ânimo existente entre os operadores, mecânicos, lideranças, chefias, e todo o restante da organização: quanto mais desorganizada a área de trabalho, maiores tendências e possibilidades de desorganização administrativa, desânimo, falta de motivação para a qualidade e o atendimento do cliente, interno ou externo.

E se no ambiente de trabalho existe essa desorganização, o colaborador leva automaticamente para casa tal exemplo e passa a ser um autêntico favelado, embora até morando em uma casa boa, em um bairro bom: é que o ambiente de maloca existente dentro da sua área de trabalho se transfere para sua casa. Arrumação, ordem e limpeza no ambiente de trabalho, além de fazer bem para a empresa, traduz-se na vida cotidiana do empregado, ensinando-lhe boas maneiras e educação, de maneira que leve para casa as lições que aprender dentro do serviço. Por outro lado, desarrumação, desordem e sujeira no ambiente de trabalho, fará com que, além da sua desmotivação conseqüente, o empregado leve para casa todo aquele aprendizado ruim, e sua família comece por pegar os mesmos vícios.

A empresa é também escola e exemplo para a vida de seus empregados de nível mais baixo! Deixá-los mergulhados num ambiente totalmente avesso ao que deveria ser, além de ser uma irresponsabilidade para com os mesmos e sua família, é também uma covardia que se faz para com o país, pois não ensejará o crescimento moral e cívico das pessoas envolvidas.

O local de trabalho é insalubre ou desconfortável? — É bom se diferenciar local de trabalho insalubre ou desconfortável de local de trabalho desarrumado e sujo. Neste, a razão de não existir um ambiente melhor, mais arrumado, mais organizado, é simplesmente a falta de chefia para exigir e ensinar como se arruma, como se mantém limpo, como se mantém organizado. Naquele, a insalubridade é conseqüência do processo de produção, ou o desconforto é conseqüência do tipo de trabalho que se faz, do tipo de produto que se elabora. Nada impede, no entanto, que um local de trabalho insalubre seja totalmente organizado e limpo, ou um local de trabalho desconfortável também seja organizado e limpo.

Há de se entender, no entanto, que a insalubridade existente no local de trabalho deve ser trabalhada para ser minimizada e tolerada por quem estiver exposto a ela. Na maioria das empresas, por terem um salário nominal baixo demais, o que se faz é simplesmente conviver com ambientes às vezes totalmente insalubres, e, às vezes, fáceis de serem corrigidos, porém paga-se por essa insalubridade um adicional sobre o salário nominal. Na verdade, se **compra** a saúde do empregado, que não vai percebendo isso, pelo contrário, até aceita de bom grado, uma vez que recebe alguns trocados a mais no fim do mês. Mal sabem os coitados dos empregados que sua expectativa de vida, pelo menos de vida útil à sua família, vai caindo ano a ano, num processo irreversível de aproximação com seu próprio fim.

Apesar de os empregados aceitarem com relativa facilidade o trabalho em local insalubre, por receberem a contrapartida no final do mês, não deixa de ser uma causa de insatisfação a cada dia, e de revolta contra a empresa: afinal, pensam eles ao fim de algum período, por que é que não se aumenta o meu salário nessa mesma proporção e não se melhora essa condição do ambiente de trabalho? Essa pergunta às vezes fica martelando a cabeça dos mesmos, e acaba se transformando em um bom item para reivindicação sindical que, através da exploração apenas do ângulo econômico, consegue algumas vantagens transitórias para os empregados. Só que essas pequenas vantagens, alardeadas pelas duas partes, empregador e sindicatos, como benefícios, nada mais são do que pequenas enganações, para não se buscar efetivamente o que é mais necessário: salário condigno e solução ou minimização da própria insalubridade.

Quem paga, no final das contas, é só o operador, que percebe com clareza toda a enganação que lhe fizeram, mas fica sem para quem apelar. No final das contas, desconta sobre a empresa, produzindo mal, transformando toda a sua revolta em uma má prestação de serviço. E joga a conta para o cliente, que não aceita pagá-la.

Há sindicatos representando os empregados? — Isto é o maior pavor de alguns gerentes, chefes de setores, líderes, enfim, de qualquer pessoa que exerça um posto de comando dentro de uma empresa. Por outro lado, o exercício da atividade sindical muda por completo a postura e a forma de encarar as obrigações do colaborador que é eleito para tal fim: aproveitando-se do pouco preparo das lideranças e chefias para conviverem harmonicamente em benefício do empregado em geral, os dirigentes sindicais, com ajuda das próprias lideranças da empresa, se tornam entidades totalmente indigestas e antipáticas, assumindo a postura do tudo contra e nada a favor, mesmo que a situação esteja tão destrambelhada que apenas manter o nível de emprego já seja um excelente negócio para ambas as partes.

Nesse ambiente de guerra declarada com os sindicatos, ou melhor, com os dirigentes sindicais, alguns muito despreparados intelectual e estruturalmente para exercer um cargo de representação de suma importância, e os representantes dos patrões, que são no dia-a-dia os chefes ou os líderes, ou os gerentes, quem leva a pior é sempre o empregado de menor nível, que não sabe a quem procurar, diante do fogo cruzado. O que é mais comum é nenhum dos dois lados, nem patrões nem sindicatos, falar abertamente a verdade, sempre exercendo um jogo de esconde-esconde, cada um tentando enganar o outro, cada um tentando tirar melhor proveito da situação, sem pensar um só momento no grande cliente que têm, e que, nessa hora, é simplesmente relegado a segundo plano: os empregados de menor nível hierárquico, que produzem, que fazem a organização produzir ou transformar riquezas!

Os patrões, representados por toda a linha hierárquica da empresa, se esquecem completamente que não dependem de nenhum dirigente sindical para se relacionarem com seus colaboradores mais íntimos e que mais dependem de sua aproximação e de sua amizade, por serem uma parte frágil, sujeita a várias intempéries sociais, e que podem, dependendo de seu grau de insatisfação, ir fazendo naufragar vagarosamente o navio representado pela área produtiva da empresa. Não se sabe, até hoje, porque as empresas delegam a atividade de relacionamento pessoal entre seus representantes e os níveis hierárquicos mais baixos aos dirigentes sindicais, quando têm muito mais estrutura para exercê-la, quando têm muito mais tempo para exercê-la, quando têm muito mais adequação intelectual para exercê-la. É como um Poder Executivo delegando ao Judiciário toda a autonomia para o relacionamento e para negociações com o Legislativo, ou vice-versa!

Os sindicatos, por outra via, se especializam sempre em fomentar um ambiente de intolerância, diante do qual seu discurso de antagonismo sempre vai encontrar terreno mais fértil. Não exercem uma atividade coerente com o que o país precisa, com o que as pessoas de menor nível precisam, de fomento ao crescimento das relações, ao crescimento da empresa e, como conseqüência, o correspondente crescimento dos empregados. Quase sempre pregam a discórdia entre os dois **contendores**, mesmo que o entendimento seja completamente possível.

Todos os dois lados, tanto sindicatos quanto patrões, têm muito a aprender! Os primeiros, para saberem que, sem o crescimento dos segundos, não conseguirão o crescimento proporcional dos seus representados; para saberem também que devem atuar mais como parceiros, discutindo os problemas abertamente, sem sua costumeira e contumaz postura radical. Os segundos, para entenderem que, sem um crescimento real da capacidade de compra de seus empregados, baseado no crescimento da própria empresa, portanto crescimento compartilhado, não terão um futuro muito promissor, pois faltará comprador para seus próprios produtos muito brevemente; para entender que a atividade sindical não deve passar de parceria, numa atividade moderadora, independente de suas relações com seus próprios colaboradores.

O que se vê, no entanto, são dois contendores radicais se enfrentando de período a período, desperdiçando tempo e energia, mentindo descaradamente para o cliente comum, que acaba, mais uma vez, não tendo a quem apelar: no fim, a empresa será a prejudicada, porque será o objeto do ódio de seus próprios empregados.

As instalações são bem-feitas? As máquinas são novas? — Um dos itens que mais provocam desânimo, descontentamento e falta de motivação para o trabalho no nível operacional é ver o estado lastimável das instalações elétricas, hidráulicas, sanitárias, pneumáticas de seu ambiente de trabalho. Como resultado dessa situação, todas as máquinas também ficam a dever muito em seu estado de manutenção mecânica e conservação. O que o empregado imagina logo é que, se não se importam com os equipamentos e as instalações que geram a produção em que trabalha, por que ele deve se preocupar em trabalhar com afinco e dedicação? Se os patrões não se importam com o que é seu, ele, empregado, é quem vai se importar? O que vai ganhar com isso?

Diante disso, tome-se mais produção errada, mais atendimentos errados, mais defeitos, mais perda de produtos, mais desperdícios! E quem consegue descobrir a razão de tanta perda e de tanto custo alto? E quem consegue descobrir quem provocou tudo isto, inclusive a ira do cliente que recebeu o produto malfeito e não volta mais para comprar? E quem vai dar a desculpa para o cliente, de que seu pedido não vai ser entregue na data solicitada, por que simplesmente as máquinas teimam em não andar justamente quando aparece um pedido que precisa ser atendido com mais presteza?

Ao contrário dessa situação, quando as instalações são bem planejadas, bem executadas, bem mantidas, e se faz questão absoluta de mantê-las em perfeito estado durante todo o tempo de trabalho, cuidando para que o mínimo defeito seja logo reparado, quando as máquinas são cuidadas com o enfoque de que é ali que se gera parte da riqueza que será passada para o cliente que deverá recebê-la com toda a satisfação, o ambiente, se bem que mais apertado, mais exigente, menos condescendente, é muito mais salutar! Quando se faz assim, a satisfação de vitória a cada momento em que se faz uma partida, a cada momento em que se atende a um pedido novo, com produtos de primeira qualidade, a tempo e à hora que o cliente pediu, simplesmente é inigualável! É como se no íntimo de cada operador, ele repetisse para si mesmo: **eu sou o máximo, não existe ninguém melhor do que eu!**

Há muito desperdício? — Uma das maiores características de empresas em desordem e descontrole sobre si mesmas é o desperdício desenfreado no chão de fábrica, ou no ambiente mais baixo de operação, tanto no que se refere à mão-de-obra, quanto a materiais e tempo. Na verdade, há alguns desperdícios que não são muito perceptíveis a pessoas menos esclarecidas, para não dizer pessoas menos competentes. Os operários, de uma maneira geral, são os que mais rapidamente percebem os desperdícios, e percebem também muito rapidamente como as suas chefias não percebem os desperdícios.

Muito pouco se faz, dentro do ambiente de trabalho, para diminuir os desperdícios de uma maneira geral. Para diminuí-los de verdade é necessário, antes de tudo, uma conscientização muito forte de todos os envolvidos para, de fato, diminuírem todas as perdas de produtos, de tempo, de mão-de-obra, e não apenas diminuírem as perdas **visíveis** e aumentarem as perdas **invisíveis**: simplesmente, na maioria das organizações, é comum se jogar para o esgoto restos de materiais e de produtos, de maneira que não se acha simplesmente onde se deu aquela perda.

Uma empresa que não se importa com a quantidade de material, ou tempo, ou homens/hora jogados fora, simplesmente tende a ir aumentando gradativamente essas perdas, com o grande combustível que elas têm, chamado desmotivação ou falta de motivação para não tê-las. E os custos finais simplesmente vão ficando nas alturas, quando a necessidade premente é de diminuí-los e achatá-los para se conseguir algum nível de competição: a maioria das empresas, ao se ver premida pela concorrência, simplesmente corta produção e pessoal, ou corta alguns itens supérfluos e inócuos na sua formação de custo, sem, no entanto, descobrir que as causas dos custos elevados estão justamente em detalhes dentro de suas unidades de produção. Ou na produção em níveis não condizentes com aquele para o qual foi projetada.

Perde-se tempo, ou desperdiça-se tempo, dentro de qualquer fábrica, com uma simplicidade de fazer inveja a qualquer burocrata que se preze: basta não decidir nada, não resolver, dizer que vai procurar quem decida, enquanto a produção espera, enquanto um sem número de pessoas aguarda o retorno e se encosta em máquinas paradas, ou em pilhas de embalagens, ou em um canto qualquer, esperando que a decisão ou a ordem chegue: enquanto isso, o prazo para atendimento prometido ao cliente simplesmente está correndo ao sabor de quem não soube decidir na hora. E um tanto de horas de possível faturamento está sendo perdido, para nunca mais ser recuperado! Pode se perder preciosas horas também simplesmente se solicitando a quem quer fazer alguma coisa, que espere, **já volto imediatamente para verificar isso com você!** Daí a duas ou três horas, a pessoa se lembra daquilo, mas já é tarde, as horas já foram irremediavelmente perdidas!

Perdem-se materiais dentro de uma empresa como se calça um sapato todo dia para sair de casa! E não só materiais componentes do produto, mas também produtos semi-elaborados e até acabados! Simplesmente o pessoal de operação tem a tendência de desvalorizar aquilo que vê todo dia, com que lida oito horas por dia, e se torna lugar comum em seus afazeres: o produto que elabora! Não entende, e as chefias não procuram enfiar pela sua cabeça, que o produto em elaboração não passa de verdadeiro **sangue** que corre pelas veias da organização, para lhe dar vida, para lhe dar sustentação. E se se maltrata o próprio sangue, o que dizer das demais coisas? A idéia que se tem de passar para os operadores é que eles, ao elaborarem o produto, estão tratando com o **sangue** da empresa, que, se maltratado, ou mal elaborado, só vai adoecer a organização: quem gostaria de ter um sangue todo deteriorado, sujo, defeituoso, dentro de seu próprio corpo?

A perda de mão-de-obra se dá também da forma mais simples possível: basta um quadro inchado de pessoal, com gente sobrando para todo lado, basta ter pessoas inadequadas e que não trabalhem direito e ainda prejudiquem quem queira trabalhar, basta não saber comprar adequadamente o serviço de quem foi contratado para fazê-lo durante oito horas por dia, quarenta ou mais horas por semana. Um sistema de produção de qualquer empresa se assemelha muito a um barco a remo, com uma tripulação do tamanho do quadro de pessoal da empresa, e com o objetivo de chegar a determinado lugar em um tempo predeterminado; cada membro da tripulação tem seu remo e é obrigado a remar numa única direção, para manter a velocidade; se o barco tiver muita tripulação para um número limitado de remos, significa que haverá pesos mortos, sobrecarregando os demais que irão remar; se o barco contiver a tripulação adequada e alguém deixar de remar, significa que algum outro remador terá de remar com o dobro do vigor, para compensar quem não estiver remando, para manter a mesma velocidade; se alguém remar ao contrário, significa que no mínimo um outro remador a mais deverá ser colocado para neutralizar, e, então, dois remadores terão de fazer um esforço dobrado, para manter a mesma velocidade; o que quer dizer, quatro pessoas envolvidas para dar o mesmo resultado, em lugar de uma só remando para o lado certo!

Há receptividade para perguntas inoportunas? — O normal da grande maioria das empresas é procurar **gelar** o impertinente que aparecer com **aquelas** perguntas fora de hora, principalmente em reuniões com maior número de pessoas. Ora, muitas vezes a impertinência da pergunta é só por parte de quem a recebe, e não por parte de quem a faz, que a acha extremamente natural. Não é incomum ver-se dirigentes, gerentes, chefias intermediárias etc, ruborizarem-se e se sentirem acuados frente a uma pergunta totalmente impertinente e despropositada. Isso só demonstra despreparo, pois, se se é realmente um membro de escalão da empresa, tem-se de estar preparado para isso, para, com naturalidade, responder com clareza ou transferir o assunto para melhor oportunidade, sem passar para quem estiver ouvindo que simplesmente se **escorregou** para responder mais tarde. Há que se tomar cuidado, porque, para o nível de operador, ficará quase sempre a imagem negativa de algo a esconder.

*****

Esses são alguns sintomas de um clima de concorrência interna na área operacional de empresas. Muitas delas passam por isso como se fosse a coisa mais normal do mundo, como se tudo estivesse correndo às mil maravilhas, não imaginando que estejam sendo solapadas aos poucos, em detalhes imperceptíveis às vezes. Há de se levar em conta que algumas situações são por demais visíveis a olho nu, e quase nunca se toma alguma providência, simplesmente por não se dispor de coragem para isso. Muitas vezes alguém do meio da organização até se dispõe a consertar, a endireitar alguma coisa, mas, sozinho, sem ninguém ao lado para dar a mão nos momentos mais difíceis, sem ninguém ao lado para ouvir e dar respaldo e apoio, não conseguirá nada mais do que ficar perdido e zonzo, em meio às feras e vermes que corroem a empresa por todos os lados.

> "Quando se sugerem muitos remédios para um único mal, quer dizer que ele não pode ser curado."
>
> *Antón Tchekhov*

CAPÍTULO 10

Eliminando a concorrência interna

Como vimos, o processo de concorrência interna, que é a forma mais desleal de concorrência, por estrangular a organização dentro de seu próprio interior, como um câncer às vezes perceptível e muitas vezes não, se estabelece como um vírus e se vai fortalecendo e ramificando, até sugar toda a capacidade da empresa, inanimando-a vagarosamente, tornando-a, pouco a pouco, apenas um jogo de manipulações e de interesses particulares, para sobrevivência das pessoas envolvidas nesse processo. Para o interesse escuso das pessoas isso funciona, e bem, pois é bastante atrativo para quem desse sistema depende, até que, como uma árvore tomada por ervas daninhas parasitas, toda a seiva vai sendo sugada sem a percepção dos responsáveis. E continuará matando a empresa até o ponto em que, sem conseguir saber exatamente a razão da própria morte, pois parecia ir tudo tão muito bem, a poda se tornar o necessário e único caminho viável para a correção de rumos. E, mesmo nessa hora, haverá a tentativa de sobrevivência do sistema corporativista que a corrompeu e que, depois de sanada a organização, poderá voltar a se instalar e a se ramificar novamente, se não se tomarem alguns cuidados básicos.

Quais alternativas temos para corrigir, então? Se a empresa permanecer no mesmo ponto em que está, o final, por mais que delongue tempo, é inexorável: o desaparecimento, através do enfraquecimento gradativo. Se não se tentar a única alternativa para se corrigir o rumo, ainda assim correndo o risco de permanência do vírus dentro da organização, a situação, com o passar do tempo, poderá voltar a ter um crescimento dos sintomas e, o que é pior, com o sistema mais fortalecido, devido às experiências dos protagonistas, que não repetirão mais os mesmos erros para se deixarem à mostra, acelera o definhamento.

Mas, há alternativas, não muito fáceis, bem dolorosas, na verdade; difíceis mesmo de serem tomadas como ações visando salvar a organização. Essas alternativas são um verdadeiro processo de desmontar e montar novamente a organização, sem perder sua força de trabalho, mas dentro de um outro enfoque, que a torne leve, eficiente, competitiva e rentável. E, como processo que deve ser extremamente radical em sua filosofia de execução, lento e um pouco vagaroso, para se ter controle e segurança do que deve ser realmente feito, para perdurar. Às vezes, há necessidade de um processo mais rápido, para garantir, em princípio, a sobrevivência da empresa, em detrimento da segurança e da eficácia das ações; há ainda a possibilidade de se promover o desmonte em estágios ou etapas, garantindo ao mesmo tempo segurança, mas pouca rapidez: não se perdendo a filosofia-base, analisa-se a área ou processo mais crítico, faz-se o desmonte e remonta da estrutura; com um certo tempo, suficiente apenas para se avaliar o primeiro estágio, tiram-se lições dos possíveis erros e se os corrige, partindo-se para uma segunda etapa, do setor ou área menos crítica para a sobrevivência da organização; por último, o terceiro estágio, de limpeza, lubrificação e ajuste da máquina empresarial como um todo, para conduzi-la ao ápice do que espera ser; corre-se, entretanto, o risco de não consecução de qualquer das etapas, por desânimo ou por se concluir erroneamente que o processo de desmontar-montar já chegou à suficiência.

Essa última forma, em etapas, a meu ver, não é a mais conveniente também por outra razão muito forte: o paternalismo. Normalmente, procura-se preservar algumas pessoas e cargos, para não maltratar demais a organização: não se procura o caminho da racionalidade das ações e admite-se que, quanto mais necessária e quanto mais dolorosa for uma ação, mais ela vai sendo postergada, até se acostumar a conviver com o defeito novamente. A tendência natural é não causar impactos, com a justificativa de que o processo produtivo deve ser preservado. Acontece que ele, nessa situação, vai ser preservado, porém com todos os seus vícios e defeitos e o retorno ao status de decadência será ainda mais inexorável, pois já se estará numa situação de mais concorrências, tanto interna quanto externa, possivelmente e com toda a certeza, também muito mais acirradas. De outra forma, o processo produtivo deve ser preservado, não de imediato, mas para o futuro, garantindo-lhe performance absolutamente estável e competitiva e, ainda mais, sem perigo de retrocessos que só fazem atrasar todo o projeto de desenvolvimento da **projeção** empresarial **para o futuro**: como parâmetros das ações de desmontar-montar, ou no jargão muito comum em todas as literaturas atuais, **reengenheirar**, procura-se preservar toda a capacidade futura de produção e de atendimento ao cliente, já dentro de um enfoque geral, de garantia de todos os seus fatores num nível bem superior, quanto aos aspectos quantidade, qualidade, produtividade e, principalmente, pois não deve ser relegado por ser um dos fatores mais importantes, da qualidade de vida — higiene e motivação! — de quem estiver envolvido com o processo.

Assim, vamos ver que todos os fatores devem ser completamente integrados uns com os outros, como forma de se garantir a consecução do objetivo final da empresa, ou seja, de ela ter condição de tornar-se competitiva e a melhor, no tempo e no espaço, isto é, em qualquer época e em qualquer lugar em que ela queira atuar. Esse objetivo, na verdade, como vimos, é a razão de existir, sobrepondo-se a tudo e a todos, e o desmantelamento do processo de concorrência interna nada mais é do que uma das primeiras ações — **se bem que a mais importante de todas elas!** — para começar a pavimentar a longa estrada que a organização deverá trilhar. E essa concorrência interna dever ser total e radicalmente eliminada, de todas as áreas da empresa, pois, embora estejamos discorrendo sobre sua existência e a eliminação apenas no processo produtivo, — que é, novamente repetindo, a única forma de geração de riquezas na organização, portanto o processo mais importante! — se permanecer em qualquer das demais áreas, irá contaminando novamente, por indução, desmotivando e retornando de forma gradativa a todos os processos: aí, principalmente no processo produtivo, estará bastante fortalecida para não sair mais, e para sufocar a existência da organização como um todo. Devemos nos lembrar de que os beneficiários dessa situação de concorrência interna têm muito pouco tempo de vida, se compararmos com a vida longa que a organização deve ter: assim, a sobrevivência deles, nefasta e danosa, se dá por um período de vida profissional apenas, mas são capazes de, para sobreviverem nesse relativo curto espaço de tempo, inviabilizar a empresa para sempre.

Pois bem, vamos tratar de cada um dos meios de se desmontar-montar a organização ou, para ser um pouco mais brando, de se repensar a organização, ou **reengenheirar** o processo de produção da mesma, transferindo o *modus operandi* às demais áreas, com uma visão muito mais abrangente, totalmente voltada para a sua **projeção para o futuro**.

Em primeiro lugar, por qualquer das três alternativas que se escolher, o princípio básico e fundamental, do qual não podemos prescindir de estar vinte e quatro horas com ele na cabeça, que norteará todas as ações e pensamentos: que viva a competência! Preservar a competência será, antes de tudo, preservar a empresa e motivar para passar incólume pelas tempestades. As pessoas têm de reconhecer que, se se é competente, haverá sempre um lugar ao sol, em detrimento de outro menos competente, o que quer dizer: não cometer injustiças conscientes. E competência não é só saber fazer bem-feito, não é só saber fazer o que deve ser feito, é também ser honesto, ser transparente, ser profissional na acepção da palavra! Ou ainda, para ser mais didático e exaustivo: ter noção absoluta do que se está fazendo, e ser firme na execução das ações! Melhor ainda: não ter dó da incompetência, que deve ser execrada, esmagada e jogada na sarjeta: expulsá-la nada mais será do que obrigação moral, obstinada e profissional de quem quer que seja que estiver na liderança de qualquer organização, setor, unidade etc., ficar com ela, nada mais será do que o demonstrativo de fraqueza de propósitos, ter espírito de corporativismo, ter paternalismo que afetará o emprego dos demais competentes que trabalham na organização. Responsabilidade é o que precisa ter, acima de tudo, principalmente de poder encarar as pessoas e não ser questionado sobre uma ou outra atitude mal tomada.

E como fazer isso?

Para a primeira alternativa, de se fazer de uma vez tudo — e há empresas que necessitam fazê-lo assim mesmo, tal o estado em que estão, — o primeiro passo é, começando do primeiro escalão, redefinir-se, avaliar a sua própria necessidade de existência: é preciso haver um primeiro escalão? Para quê? O que faz o primeiro escalão? Contribui de alguma forma para aumentar a competitividade dos produtos da empresa? Como? E em que patamar? E se não houvesse o primeiro escalão, não haveria alguém que faria as mesmas funções, alguém que pudesse ser, inclusive, mais rápido nas decisões? Há alguma coisa na empresa que só um primeiro escalão resolveria? Às vezes, até nem mesmo só a existência em si de um primeiro escalão deve ser questionada, mas a quantidade e a qualidade de quem ali está, observando-se com muito rigor, bom senso, honestidade e, sobretudo imparcialidade, os seguintes quesitos principais:

1. É mesmo necessário ter (existir) tal cargo ou função?

Muitas vezes, por uma razão de apenas conveniência política, se "arrumou" um cargo ou posição para determinada pessoa, no primeiro escalão, ou nível executivo; mudou-se organograma, remanejaram-se pessoas e, principalmente, montou-se um *staff* completo, para um cargo que não faz a mínima diferença, não precisaria existir, porque não traz nenhum benefício de qualidade e rapidez à tomada de decisão e, como conseqüência, não traz nenhum benefício de qualidade ao produto final e aos clientes. **E tome distribuição de custos indiretos sobre os produtos! E tome-se, além disso, falta de qualidade das decisões, e, principal conseqüência, falta de qualidade do produto final!** Essas conseqüências acontecem, principalmente, emparelhadas com chacotas e olhares de mofa de todas as demais áreas, e o ocupante do cargo, além do menosprezo de ali estar de favor, passa desmotivação, pois transpira-a a todo momento após adentrar a empresa, contaminando todas as áreas, principalmente as mais adjacentes e dependentes dos resultados da sua própria. É preciso, então, num exercício de neutralidade empresarial, esquecendo-se de quem estiver ocupando o cargo, avaliar, de maneira isenta e profissional, a necessidade de se ter aquele cargo ou não. Se se passar a avaliar o impacto de custo indireto rateado ao produto final, é bem possível que se chegue a uma decisão de permanecer com o cargo e com a pessoa dele ocupante, mas é preciso avaliar-se o valor despendido com um cargo desnecessário por ano, inclusive seus encargos, o valor a ser despendido com o *staff* e analisar que, num ambiente de moeda estável, qualquer centavo economizado é lucro que se vai ganhar, ou, pelo menos, custo a menos que o produto poderá ter; qualquer centavo despendido a mais que o necessário, no fim de um ano representará um valor muito alto, se se levar em conta que nunca mais será recuperado. Nessa hora, é bom pensar em dois personagens muito importantes, e que deveriam ser o objeto final de uma hipotética decisão: a) será que os acionistas ficariam insatisfeitos de receberem dividendos a mais, resultantes de uma decisão de se diminuir um cargo na linha hierárquica da empresa? b) será que esses centavos a menos de despesas não poderiam se reverter em preços menores do produto, de maneira a se repassar aos clientes os ganhos de um enxugamento interno? Não estamos falando de ganho de competitividade empresarial? É por aí mesmo que começa o caminho!

No fim, se permanecerem pelo menos dúvidas sobre a continuidade ou não de um cargo, o mesmo deve ser considerado desnecessário e ser um forte candidato à eliminação.

2- A empresa iria parar ou sentir muita falta do cargo a ser eliminado?

Na maioria das vezes, a resposta é **não**! Mas, normalmente, por afeição à pessoa ocupante do cargo, costuma-se ser levado a dizer **sim**! É necessário se estabelecer diferença entre sentir a falta da existência de um cargo e sentir a falta da presença, do comando, da postura de uma pessoa. Na maioria das vezes, a empresa sentiria falta da pessoa ocupante do cargo, por várias razões que já relatamos e ainda podemos acrescentar: a) centralização excessiva, por medo ou incompetência ou desconhecimento: só a pessoa decide, amarra as decisões, todos dependem dela, ninguém mais pode decidir e não tem autonomia suficiente para nada, pois começaria a abalroar o Diretor ou começaria a ofuscá-lo, o qual não quer e não pode, de maneira alguma, deixar transparecer o seu total despreparo para o cargo; b) alguém, ao lado, é também incompetente, e o ocupante desse cargo começa a assumir mais as obrigações daquele, para a organização andar; c) o ocupante do cargo, além de despreparado ou incompetente, segura a "barra" de vários incompetentes abaixo de si, e todos dependem de sua existência no cargo para também continuarem a existir na organização: corporativismo puro e simples! d) por ser um dos poucos que ainda enxergam alguma coisa, mas não tendo posição política forte, o ocupante do cargo se esmera em desfazer as burocracias dos seus pares, sem deixar transparecer nada, para não perturbar a paz política da empresa: no dia em que resolve sair, todos sentem falta do carregador do piano, e o sistema se desmantela; e) o ocupante do cargo é apenas um olheiro de uma ala de acionistas, que enxerga ali a possibilidade de estar ciente de tudo que acontece dentro da organização, por não receber informações fidedignas da realidade da empresa. Enfim, a análise deve ser feita, com todo o critério, mas com enfoque apenas no cargo, por enquanto, e não na pessoa que o estiver ocupando. Se a resposta for positiva, ou até um talvez, tesoura no cargo!

Passando agora para a análise das pessoas, ainda no primeiro escalão, algumas questões devem também ser formuladas, e respondidas com bastante seriedade e honestidade, sob pena de se comprometer todo o futuro da organização. Aqui cabe um parêntesis: quem seria o responsável por formular tais perguntas, o próprio primeiro escalão? Não! Normalmente, escolhe-se uma liderança mais proeminente do órgão diretivo maior, normalmente do Conselho, nas sociedades por ações, ou o dono, ou o representante do dono, ou uma comissão especialmente encarregada do assunto, junto com uma Consultoria externa de alto nível. Importante é se garantir um processo totalmente isento, alheio às políticas internas, e com uma visão voltada totalmente para frente, para o futuro, não de um ano, mas de décadas até. E aí, formada a equipe de uma ou mais pessoas de alto nível de âmbito interno, com a Consultoria externa também de alto nível, parte-se para as questões a serem analisadas:

1- Quem deve ser o principal executivo da empresa? — Simples: dos ocupantes atuais do primeiro escalão, aquele que, sem se medir sua capacidade técnica ou conhecimentos específicos, tenha amplas condições de garantir, que todo o processo e todas as ações de reestruturação sejam cumpridas criteriosamente, em todos os escalões; aquele que tenha visão mais ampla do que a visão intrínseca da própria empresa, que consiga imaginar o caminho a seguir para o futuro e tenha condições de conduzi-la por esse caminho, com todos os percalços que ele possa ter; aquele que tenha, pelo seu modo de ser e de agir, principalmente, o respeito de toda a organização, de modo quase incontestável, ou, se não o tiver ainda, que tenha grandes possibilidades de vir a tê-lo, ou, ainda, aquele que melhor tenha possibilidade de vir a tê-lo. Não há dúvida de que essa pessoa seria adequada. Pode ser que se chegue até a seleção de duas pessoas, e em algumas empresas é bem possível que isso venha a ocorrer, devido ao bom plantel de executivos que possuam. Tanto melhor, pois, através do trabalho da Consultoria externa, se promove à escolha, passando por todas as fases de recrutamento de uma pessoa desse nível: entrevistas, bateria de testes, cursos específicos de desenvolvimento e avaliação etc, onde os enfoques principais tenham de ser a isenção de princípios, a firmeza de propósitos e a capacidade de visão interna e externa. Pode ser também que se chegue à seleção de nenhum. Não há problemas, ainda aí, e, por um lado, até melhor do que fazer uma escolha inadequada: busca-se no mercado, pelo menos para um período médio que gira em torno de cinco anos, profissional que, dentro do perfil adequado, seja capaz de empreender as ações necessárias e treinar um sucessor, de dentro dos quadros da própria empresa. A empresa, no entanto, deve ter maturidade suficiente para absorver esse profissional externo, esse *corpo estranho* na organização, que terá poderes amplos de atuação e, com o tempo, que promova a seleção e recrutamento e preparação de elemento interno que possa, no futuro, assumir o comando e a continuidade da empresa, nos mesmos moldes do profissional externo. Este, inclusive, ao ser contratado, deve ser cientificado da transitoriedade de sua contratação e o período aproximado da utilização de seus serviços, para que, junto com a garantia das ações eficazes de reestruturação da organização como um todo, possa o mesmo garantir, principalmente, o treinamento do futuro comandante. Para isso, seria de bom alvitre contratar-se profissional-master sem muitas ambições pessoais, ao invés de pessoa mais jovem.

2- Quem não deve ser executivo da empresa? — Em primeiro lugar, os incompetentes e incapazes de terem uma visão macro mais realista do mercado globalizado: esses, por mais disfarçados que estejam, são e serão por demais conhecidos, seja pela organização interna, seja pelo entorno da mesma. E precisam ser eliminados, fria e cruamente, num processo de seleção natural: obedecendo à lei de Darwin, da evolução das espécies, sobrevivem os mais fortes, os mais competentes, os que dão melhores resultados. Aqueles que não se moldam através dos tempos, absorvendo do seu mundo ao redor as lições imprescindíveis à sua própria melhoria de condição de vida, que não evoluem, estão fadados a desaparecer, exterminados pela própria incapacidade de absorverem novos conhecimentos. Preservar a competência deve começar então pelo próprio primeiro escalão, como exemplo inexorável para os escalões inferiores: ninguém deverá sobreviver na organização se não souber prestar-lhe melhor serviço do que há disponível no mercado! E por que eliminar de uma vez por todas os incompetentes? Simples, porque cada um deles carregará consigo tamanha penca de incompetentes para lhe darem suporte e cobertura, um penduricalho de pessoas como assessores e subordinados, para parecerem extremamente competentes, que o custo para a empresa, por ano, transforma-se num problema gigantesco. Pode-se optar por uma eliminação gradativa, desde que se assumam os riscos desta operação mais retardada no tempo. E essa turma de penduricalhos, quando fica, só atrapalha e desmotiva quem é competente: a burocracia, os memorandos, os *eu não fui informado sobre isso, eu estou como marido traído, sou o último a saber, você não podia ter feito isso sem minha autorização* etc., começam a chover por todos os recantos e departamentos. Em segundo lugar, os meio-competentes não devem ser executivos da empresa, ou só o devem ser quando não houver disponibilidade de outro melhor, mas só na área em que são bons, pois são aqueles que só e mal entendem do seu pedaço, da sua área, do seu ofício. Esses não têm como aprender, e na maioria das vezes não querem aprender os conhecimentos básicos das demais áreas: como é que, sendo do nível executivo de primeiro escalão, responsável pelos resultados gerais da organização, essa pessoa vai cobrar da Contadoria a sua atuação, se aquele emaranhado de números lhe causam o maior pavor e ele nem sequer imagina como é que foram gerados? Como vai avaliar o desempenho de sua própria empresa, se um balanço de final de exercício lhe diz tanto quanto uma simples tabela de vendas? Como saber se a produção vai bem, se o *seu* negócio é tratar com os bancos, para não perder um centésimo a mais nas aplicações ou nos empréstimos, e não sabe nem por onde andam as máquinas nas fábricas? Como ser de primeiro escalão, se não souber discutir com os próprios pares, em benefício da empresa, em igualdade de condições, problemas daquelas áreas de atuação? Não! Para ser executivo de primeiro e alto escalão, sem ser o principal líder da organização, a pessoa deve saber dar aulas sobre alguma área específica e saber explicar sem pormenores qualquer outra: deve saber de resultados empresariais! Principalmente, deve saber avaliar resultados frente a qualquer projeção que tiver sido feita e que se lhe apresente: ninguém pode ser obrigado a entender piamente de um resultado por si só, se está bom ou ruim, porque, sozinho, um resultado não vai dizer nada; mas, entender de um resultado frente à sua projeção anterior, comparando o que aconteceu com o que deveria ter acontecido, projetar essa performance para frente, cobrar soluções que ele achar as mais corretas, discuti-las abertamente com seus pares e realinhar ações para a consecução dos resultados esperados, isso qualquer executivo, em qualquer parte do mundo, deve saber fazer. Do contrário, estará no lugar errado.

3- Quantos membros deve ter o primeiro escalão?

Ora, um primeiro escalão que se preze não deve se empanturrar de membros, tantos quantos forem necessários para dar equilíbrio político à organização. É imprescindível, nessa hora, se pensar apenas em rapidez de decisão, em flexibilidade, em competência pura e simples, de maneira que o primeiro escalão tenha exatamente a dimensão necessária para complementar as atividades do presidente da empresa, de seu executivo-mor. A quantidade, por conseguinte, vai depender muito do porte da empresa: de acordo e observando os questionamentos expostos anteriormente, se houver necessidade do cargo, busca-se interna ou externamente a pessoa mais apropriada a exercê-lo.

Normalmente, afora o presidente, que não deve ter atividade específica interna nenhuma, sob pena de não presidir de verdade, deve haver equilíbrio de atividades entre os membros do primeiro escalão: é necessário não deixar alguém sobrecarregado com sua área e outro que ali está apenas porque sobraram algumas áreas que, ou não são comportadas pelo primeiro diretor escolhido, ou ninguém quer, por ser um dos grandes pepinos da organização. O número de diretores, primeiro escalão como aqui os denominamos, só depende do porte da empresa e do equilíbrio das atividades que eles vão exercer. Virtualmente, o que se procura é evitar os superdiretores, de maneira que cada um, trabalhando em harmonia com o outro, e tendo seu tempo de trabalho totalmente preenchido com atividades que enriquecem o seu dia-a-dia, possa contribuir, de maneira efetiva, para aumentar o nível de qualidade dos produtos e serviços oferecidos pela organização aos seus clientes. Também é necessário observar se uma determinada área não é demasiada para algum membro de primeiro escalão, que o obrigue a gastar mais do que seu tempo normal diário para dirigi-la: se o for, nada mais normal do que parti-la ou colocar alguém de apoio mais ostensivo, de bom nível.

Não se deve falar em cargo que não acrescente nada aos produtos e aos serviços oferecidos aos clientes, principalmente no primeiro escalão, onde as decisões tendem a ser as que mais repercutem no destino da empresa. Uma decisão mal tomada vai dar tanta repercussão negativa, e se não tomada também, vai gerar os mesmos resultados, que não há outra opção senão se investir na pessoa certa para o lugar certo: quem tem de tomar decisões tem de fazê-lo da maneira certa, da primeira vez, com o mínimo de risco de erro possível: deve, por conseqüência, ser uma pessoa extremamente competente, do contrário, ali não poderia estar para tomar tais decisões a tempo e à hora.

Muitas vezes as empresas se impressionam com aquele *indefinido, o medroso, o sombra*, aquele que não decide nada, que sempre vai consultar alguém, que muito apregoa e pouco faz, que faz propaganda do que ainda não fez, que alardeia muito para conseguir respaldo e confirmar a sua hipotética decisão. Às vezes, até em escalões inferiores, por falta de um treinamento mais adequado, podemos contemporizar com isso, mas, no primeiro escalão, que é pago essencialmente para tomar decisões, isto é inconcebível: o diretor que não estiver preparado para assumir os riscos de suas decisões, e não estiver preparado para tomá-las o mais acertadamente possível, na hora em que for solicitado a fazê-lo, simplesmente está numa posição que não é a sua. Primeiro escalão quer dizer responsabilidade pela gestão executiva da empresa, portanto, quer dizer decisões rápidas, certas e tempestivas, de modo que a empresa possa andar à frente de seus concorrentes. Quem não estiver preparado para isso, seja em que nível for, mas, principalmente, no primeiro escalão, não deveria nem ter sido elevado ao cargo. Possivelmente não deveria estar também na empresa. Diretor, portanto primeiro escalão, tem mandato, para exercer seu conhecimento e seu poder em nome da empresa, e precisa exercê-lo na sua plenitude absoluta, em todos os momentos, principalmente **decidindo coisas!** Quem não souber decidir, e decidir bem, fora!

Uma das preocupações que se deve ter, em qualquer empresa, não é com os inúmeros erros de decisão de executivos: esses, muitas vezes, por temores os mais variados possíveis, simplesmente passam a não decidir nada, para também não errarem nada. É muito mais fácil, na verdade, não errar, mas não tentar. O executivo deve ser incentivado a errar, e errar, e errar; cada vez menos, cada vez menos, cada vez menos; portanto, decidir, decidir, decidir e decidir; cada vez mais certo, mais certo, mais certo. Um bom presidente de empresa deverá sempre bancar, por algum tempo, o seu diretor novo e com potencial: ninguém nasce sabendo todas as coisas, mas deve ter inteligência suficiente para as ir aprendendo através do tempo e dos exemplos e dos erros, de modo que, antes da concorrência, consiga ser um expert no seu campo de atuação.

* * * *

Em seguida à escolha e definição do primeiro escalão, passando, é claro, pelo seu pouco *staff*, define-se, sob a coordenação do presidente, a necessidade dos demais escalões, sem ainda se pensar em pessoas para ocupá-los. Imagina-se, de antemão, que a empresa vai ter os melhores profissionais de mercado, que conseguiriam ocupar plenamente as funções e cargos, e aí se imagina também que um mínimo de pessoas será necessário, por serem as pessoas melhores que existirem disponíveis no mercado. É o primeiro escalão quem tem, porque escolhido com critério absolutamente profissional, a incumbência de definir, também com a mesma isenção, a necessidade de todos os demais escalões, até o nível superior ao do operacional, pois não deve chegar a entrar na discussão da estrutura do nível operacional, permanecendo apenas como crítico da definição do mesmo.

Na definição dos escalões, ou seja, do organograma, ou melhor, para algumas empresas mais modernas em termos de desenvolvimento empresarial, do **funcionograma**, tem-se por obrigação levar em conta, em todos o níveis, que as pessoas ocupantes de cada cargo serão extremamente competentes e que poderão ajudar a definir os escalões abaixo do seu próprio. Mas enquanto a maturidade não chega, é bom dar uma conferida, de vez em quando, verificando se realmente a equipe de nível imediatamente abaixo está agindo dentro dos padrões esperados de profissionalismo e isenção de princípios. É preciso se exigir, nessa hora, que os profissionais que serão ocupantes dos cargos e das funções que o primeiro escalão definir como os estritamente necessários ao funcionamento da empresa, tenham em mente que aquilo que deles será exigido na vida diária da empresa, deve também ser feito deles para suas equipes: a prestação de um bom serviço, que será comprado no imediato instante da contratação de cada um deles, durante todos os momentos em que estiverem dentro da empresa; a absorção integral de toda a filosofia da empresa e a comunhão com seus princípios e diretrizes fundamentais; a postura crítica e ética, observando todos os valores, históricos ou não, que enriqueceram e ainda enriquecem a organização; o sentimento de que, na sua área de trabalho, o profissional de primeiro escalão é o dono absoluto, no sentido de autonomia para tomar decisões e implementá-las e ser criticado quanto aos seus erros; a atitude de humildade para reconhecer a inteligência dos demais membros da equipe; o reconhecimento de que a empresa é uma teia de profissionais que têm por objetivo maior fazer melhor que todos os concorrentes, mais barato e em menor tempo; o reconhecimento de que, sem uma boa equipe, integrada e coesa entre si e com as demais, seria melhor desistir no princípio e entregar a tarefa a quem tiver mais competência para desempenhá-la, ao invés de despender dinheiro da empresa para uma empreitada sabidamente impossível; a postura consciente de que não há ninguém melhor do que ninguém dentro da organização, e se algum resultado melhor for alcançado, se deverá unicamente à equipe, e não ao coordenador, ou ao líder, ou ao chefe da mesma; a postura consciente de que qualquer fracasso deve ser encarado como momentâneo e transitório, que deve ser rapidamente superado, não abandonando destarte a análise de suas causas para prevenção futura; a postura consciente de que qualquer crítica será e deverá ser sempre bem-vinda, se feita na hora certa, da maneira correta, pela pessoa certa, e no local mais adequado.

Para as definições de organograma ou funcionograma dos escalões de segundo nível em diante, as mesmas questões efetuadas para o primeiro escalão se repetem. Nessa hora, as perguntas "eu preciso realmente deste cargo abaixo de mim?", "será que eu não consigo ficar sem este cargo?" e "com pessoas mais competentes eu não poderia prescindir deste cargo?" ou "o que uma pessoa competente em meu lugar pensaria sobre a criação/ma-

nutenção deste cargo?" se tornam as questões mais importantes e devem ser refletidas sem receios: qualquer permanência de dúvidas, as mesmas questões terão de ser discutidas abertamente entre os membros do primeiro escalão, de maneira clara e objetiva, sem subterfúgios ou dissimulações. Excetuando-se o presidente, todos os membros do primeiro escalão devem assumir em parceria, no caso de persistir a dúvida da supressão ou manutenção de um cargo ou função: aí, sim, caso se opte por suprimir um cargo e se houver sobrecarga na atuação de alguém por esse motivo, deve haver auxílio dos demais ao sobrecarregado, até se conseguir redistribuir as tarefas entre eles.

A terceira parte do processo de definição da necessidade dos escalões abaixo da diretoria é a da escolha de pessoas para ocuparem os cargos ou funções. As mesmas perguntas feitas para definição de primeiro escalão também servem para esses escalões inferiores, seguindo os mesmos princípios, principalmente o de se pensar apenas na **projeção da empresa para o futuro**, de maneira a que ela obtenha não a sua própria sobrevivência, mas o seu nível máximo de excelência, competindo de igual para igual ou em melhor condição, em qualquer parte do planeta onde ela imaginar querer atuar, em qualquer época, com quaisquer concorrentes. Assim, a empresa, principalmente no seu processo de produção deve se manter enxuta e ágil, não se dando ao luxo de perder o mínimo de tempo e agilidade sequer, com todo o seu corpo gerencial e diretivo tomando suas decisões tempestivamente e certas. Dessa maneira, não resta alternativa nenhuma à empresa senão tentar ser competente, e o primeiro passo é ter uma equipe realmente competente, melhor do que a dos concorrentes.

A parte difícil é definir os escalões de gerência abaixo do primeiro nível: nessa hora, o espírito de isenção tem de se fazer presente com muito mais força, pois alguns expurgos e não aproveitamentos de pessoas doerão muito: como não aproveitar um amigo de longa data, que nunca deu nenhum trabalho, se ele é cordato e ordeiro? E o fulano, pai de família, vinte e tantos anos de casa, o que fará daqui por diante, sem este emprego? E o outro, coitado, quarenta e nove anos de idade, uma vida ainda útil pela frente, onde arranjará nova colocação? E se os novos escolhidos não derem certo, não forem de minha confiança? E se os resultados não forem os esperados, não teria sido melhor não ter promovido tanta confusão? O que pode afetar os resultados se uma e somente uma pessoa, minha amiga de tanto tempo, permanecer? Como é que eu vou me explicar para a família de meu amigo do peito, eu que freqüento a sua casa há muito tempo, e agora vou ter de demiti-lo?

Essas interrogações vão retumbar dia e noite, principalmente na consciência do profissional que deixar permanecer alguém inadequado dentro da empresa. Essas interrogações deverão ser todas resolvidas pensando somente na empresa, porque, se já surgiram na mente de algum gerente, foi porque alguém não deveria ter permanecido na empresa há muito tempo. A resposta deve ser sempre uma só: o profissional deve permanecer não para a sobrevivência da empresa, mas para uma existência sadia e por muito longo tempo da mesma; assim, a linguagem deve ser única e universal: **viva a competência!** E só se é competente até o ponto de se descobrir um outro mais competente ainda: competência é, pois, uma medida transitória, de momento.

A se ter dó das pessoas, é melhor guardar o sentimento para quando se estiver definindo o último escalão, o dos operadores: aí, sim, se for necessário algum expurgo ou racionalização, há de se ter dó, pois são as únicas vítimas do processo de incompetência e corporativismo gerado pela concorrência interna, além de a própria organização como um todo ser também vítima, e os clientes, por fim. Quem deve ser preservado é tão-somente a organização, como instrumento de prestação de serviços e soluções aos clientes, como oportunidades para quem é competente mostrar seu serviço, como suporte ao desenvolvimento da comunidade, para fazer crescer o país, para irrigar-se com o dinheiro em circulação. Preservar o incompetente é injusto para com os competentes, para com a sociedade e para com o país, porque se estará propugnando a estagnação e o não desenvolvimento.

Pois bem, como vimos, esse processo de definição de quadros do segundo escalão para baixo, porque passa a ter uma importância apenas relativa comparada com os primeiros escalões, tende a ser menos drástico politicamente, se acima já tiver sido realizado, com todos os traumas por que foi capaz de passar. Abaixo, pela própria experiência dos primeiros escalões, deve-se exigir os mesmos critérios: a composição de quadros deve ser feita, escalão por escalão, pelo imediatamente superior, de acordo com as questões já levantadas anteriormente para os escalões de cima, e embasada numa análise criteriosa pessoa a pessoa, se possível acompanhada por profissional de consultoria externa, que possa garantir a isenção de todo o processo de escolha, principalmente pelo enfoque de consecução de resultados: definida, pois, a necessidade de existir determinado nível e quantas pessoas, — e esta definição deve levar em conta que quem ali ficar será pessoa extremamente competente para a função — a escolha de cada ocupante passa a ser de critério mais técnico do que pessoal. Não se pode deixar de levar em conta nenhuma afinidade pessoal, procurando garantir efetivamente que quem ficou foi porque realmente tem méritos para isso, ou tem mais méritos do que quem não ficou. Novamente, na dúvida entre se é competente ou não se é para a função, tendo-se outro melhor ou de melhor potencial, expurga-se o primeiro.

Um dos erros mais comuns até hoje cometidos por quem faz um tipo de trabalho como este, de definir, de organizar e de montar equipes de produção, se bem que sempre tenha sido um trabalho feito pela metade, pois nunca começou nos escalões superiores, foi, além de deixar alguma função dúbia, que possivelmente poderia ser eliminada mais tarde, — e o ocupante dela percebia isto com muita facilidade! – foi deixar também ocupando a função alguém que não deveria nem poderia ali estar: e aí começou todo o processo errado, começaram todas as fofocas e todas as inquietações, principalmente provocadas por essa pessoa que ficou de maneira inadequada.

O processo de desmontar e montar a empresa deve ser feito transparente de tal modo, que todos os escalões reconheçam-no como necessário, isento e profissional.

* * * *

A segunda alternativa é simplesmente a primeira, com rapidez maior, sem etapas nem avaliações intermediárias de impacto. No entanto, é preciso ficar claro que essas duas alternativas têm em comum o fato de serem executadas na organização como um todo, em todas as áreas ao mesmo tempo. A empresa é sacudida para deixar cair suas gorduras, seus vícios e seus defeitos, sua poeira acumulada e seus penduricalhos gerados durante anos. E isso feito de uma maneira séria e competente. Não se deve dar oportunidade, em nenhuma das duas alternativas, de maneira mais rápida ou de maneira mais devagar, de permanecer dúvida sobre a necessidade da existência de algum cargo ou função e, principalmente, de permanecer dúvida sobre a competência de quem ficar exercendo qualquer cargo ou função, de qualquer nível, principalmente nos mais elevados. Mesmo assim, alguns erros serão cometidos e, se em qualquer tempo se detectar qualquer inconveniência de se manter ou não determinada pessoa ou cargo ou função, mesmo que em dúvida ainda, essa inconveniência deve ser bem discutida e amadurecida, primeiro pelo escalão imediatamente acima, e, após, incontinenti, decidida pela Diretoria. Isso porque não se devem abrir muitas alternativas de mudanças sem terem sido planejadas. Elas devem ser realizadas dentro da necessidade, mas o mínimo possível após a sacudidela, de modo a terminarem rápido todos os transtornos das mudanças. É necessário ter em mente que a fase de discussões e definições de necessidades é uma, e a outra é a de ação, dentro dos princípios e objetivos traçados. Necessário ainda se observar que, por mais profissionais que sejam, todos os ocupantes de cargos e funções são pessoas humanas, sujeitas a períodos de insegurança, depressão e dúvidas: ninguém gosta de prestar seus serviços, nem tem segurança para isso, numa organização que está em constante mudança de princípios, mudança de diretrizes, de organograma: sintomas inequívocos de desorganização e mau planejamento empresarial. Efervescência é muito bom, mas não de princípios, não de regras básicas de funcionamento, não de políticas e diretrizes empresariais.

Na execução de uma dessas duas alternativas, depois de implementada a mudança, o choque, qualquer situação que enseje a não-consecução de metas, de objetivos estratégicos, e que, por conseqüência, vá afetar ou delongar a velocidade de recuperação ou a consolidação da recuperação, deve ser fria e impassivelmente analisada pelo presidente que, junto com seu primeiro escalão, deve eliminá-la, seja a que custo for.

A partir da implementação das mudanças na empresa, todas as pessoas que lhe prestam serviços devem entender que ali estão como parte integrante, ativa e atuante de uma equipe cujos objetivos já foram traçados e devem ser cumpridos; entender que situações adversas aqui e ali são normais, que os administradores e profissionais ali estarão e existem para procurar meios de solucioná-las e superá-las, se elas não estiverem dentro do âmbito de solução da própria equipe; entender que para um corpo funcionar bem, todos os membros têm de estar funcionando bem, não adiantando nada as pernas estarem muito boas, com o coração ruim, os braços querendo fazer alguma coisa, com o pescoço duro, os olhos enxergando maravilhosamente bem, com os ouvidos tapados: todos têm de funcionar em consonância, sincronizados e coesos. É, no entanto, bom frisar que as dificuldades e situações adversas que acontecerem e que são de solução simples e de âmbito de solução interna são e serão sempre superáveis, bastando para isso apenas coragem e boa vontade para resolvê-las em nome da empresa, da equipe, do próprio futuro dos membros da equipe; e devem ser resolvidas com boa dose de bom senso, com transparência e com visão do objetivo final: **a projeção da empresa para o futuro!**

* * * *

Na terceira alternativa de solução, por estágios, normalmente se escolhe a área mais crítica da empresa, após ter sido feito o trabalho de remodelação no primeiro escalão e ter-se escolhido o mandatário-mor. Essa área coincide sempre com a área de produção, por ser a única realmente geradora de riquezas e a mais desorganizada em termos de concorrência interna, a que mais se desgasta em termos de alcance de resultados.

O processo é o mesmo: faz-se toda a mudança na área escolhida, como se a estivesse fazendo para a empresa como um todo. A única desvantagem é se privilegiar as demais áreas, que começam a se resguardar no seu corporativismo, começando por *esconder* coisas e documentos para se preservar e permanecer, e se tornar imprescindível. E essa alternativa tem ainda a desvantagem de tratar cada área individualmente, impossibilitando o aproveitamento mútuo de funções e o acréscimo de trabalho distribuído, com o intuito de racionalizar; coloca na berlinda a área que estiver sendo modificada, pelo menos durante as modificações, e na visão das demais áreas. Algumas empresas podem, inclusive, cair na desdita de ir prolongando as mudanças, transferindo uns daqui para ali, remanejando-os e retornando para os mesmos lugares, mascarando a mudança e, no fundo, não deixando mesmo que ela ocorra: é que os problemas do dia-a-dia às vezes tomam um espaço de tempo demasiado de quem é responsável pelas mudanças, que o mesmo acaba aceitando apenas parcelas daquilo que deveria ser feito no total; ou ainda alguém, no escalão abaixo do seu, finge que mudou e continua a manter pessoas indesejáveis para a organização, mas que fazem parte de sua turma corporativista: com pouco tempo, todo o trabalho estará perdido, sem ninguém perceber onde foi cometido o erro inicial.

A melhor alternativa mesmo é, definindo-se pela necessidade de mudança de postura da empresa, a mesma fazer as mudanças de uma vez, bem embasada e discutida, num processo de solução rápido, mas que tenha sido muito bem discutido e clarificado, em que as pessoas remanescentes tenham ímpeto redobrado de soerguer a empresa e empurrá-la para o alto, continuando a sua vida, numa situação nova: além de se sentirem seguros para, como parceiros da nova administração, levá-la para as primeiras posições, as pessoas têm de estar extremamente motivadas a trabalhar, na verdade a prestar seus bons serviços, num ambiente de francas oportunidades, de profissionalismo, de não compadrismo, de transparência e de cobrança imediata de resultados efetivos.

Nessa nova fase da empresa, os administradores deixam transparecer aos demais membros das diversas equipes, principalmente da de produção, que para qualquer um que ali estiver prestando seu serviço, desde que a exigência de qualidade do serviço prestado seja a maior em termos de comparação com o mercado adjacente, também há motivos de franca motivação, principalmente no que concerne a oportunidades de acesso aos cargos mais altos. Para isso, é necessário ter-se em mente que todos estarão sempre em constante avaliação: de sua postura, da qualidade do seu serviço, da qualidade do serviço que sua equipe lhe presta, da qualidade, principalmente, do produto que ele está, em nome da empresa, entregando aos clientes. É necessário que o profissional sinta que, acima dele, ao invés de um amigo ou um pai, que relevará erros e os acobertará até, existe uma pessoa também extremamente profissional, que poderá e deverá sempre ser seu amigo, — **fora da empresa!** — mas que ali estará para orientar, avaliar, treinar e, sobretudo, **cobrar resultados!** E deverá sempre ser uma pessoa acessível à abordagem de qualquer tema, por qualquer pessoa dentro da organização, subordinado ou não; que deverá ter respostas, positivas ou não, para todos os problemas que lhe forem apresentados. Principalmente, deverá ser fácil de ser abordado, por ser sempre uma pessoa polida e educada, que sabe dizer **não** com educação e sabe dizer **sim** sem deixar transparecer que o está fazendo por um favor pessoal.

Um dos piores fatores de desmotivação de equipe dentro da área de produção de qualquer empresa é a falta de definição de objetivos e a conseqüente falta de cobrança de resultados. Ninguém gosta, em qualquer nível, de trabalhar solto, quando, se o resultado for bom ninguém fica sabendo, ninguém fala, ninguém se importa; se for ruim, quando cobram é para escolher o bode expiatório. Mesmo quando os resultados são os exatamente esperados, há que haver sempre, além da informação de que os resultados esperados foram alcançados, a proposição de novos desafios, de novas metas; há que passar a responsabilidade de, pelo menos, manter-se os resultados dentro do esperado, ou seja: se já se conseguiu a consolidação de um resultado, qual o desafio logo imediato? Melhorá-lo? Nem sempre, pela situação atual das empresas, isso é possível. Às vezes, mantê-lo já é um desafio por demais abrangente e de grande monta: não deixá-lo cair passa a ser o patamar a partir do qual a empresa replaneja as ações para o próximo período. Para isso, a cobrança diuturna de resultados passa a ser um dos instrumentos mais eficazes de consecução de objetivos. Há, ainda hoje, situações em que as próprias chefias entram para seus turnos de trabalho sem saberem a razão de ali estarem. O que esperar de uma empresa, numa situação dessas? Já discorremos sobre isto, capítulos atrás!

* * * *

Bem, com o desmantelamento da situação anterior e a remontagem da empresa já moldada em novos princípios de atuação gerencial, por meio de seu primeiro escalão, ela deve cumprir e fazer cumprir, agir e fazer agir, dentro desses novos princípios, — tendo-se preservado a competência, — de **exigir** que cada colaborador, seja de que nível for, funcione de acordo com o nível de seu próprio conhecimento: a idéia é que cada pessoa, sendo a mais competente para aquela função, pelo menos a mais competente até o momento encontrado no mercado de trabalho, a exerça plenamente e com consciência absoluta, com ampla autonomia de decisão dentro do âmbito de soluções internas: aquelas que a própria pessoa tenha condições de resolver sem envolver outras pessoas ou recursos maiores que os colocados à sua disposição.

Cumpre aos escalões imediatamente superiores estabelecer metas, cobrar a sua execução e complementar algum treinamento que se fizer necessário para a coesão de cada equipe: deve-se levar em conta que cada pessoa deve saber exatamente o seu trabalho, a sua função, a importância da consecução de suas metas, os prazos que deve cumprir, a qualidade que deve empreender em cada ação, não necessitando de um fiscal que a fique aporrinhando a toda hora, sem ter nenhum embasamento mais profundo para isso.

Cada chefia deve fazer cada membro de sua equipe sentir-se participante dela por completo, contribuindo para o seu desenvolvimento, durante 100% do tempo disponível; quem não conseguir se sentir membro da equipe, ou quem a equipe sentir que não coaduna com o sentimento comum, deve ser simplesmente expurgado; a equipe deve saber que todos, inclusive seu líder, ou seu chefe, ou seu coordenador, e ademais em todos os escalões, estão constantemente em processo de avaliação salutar, no que concerne a, principalmente, seu comportamento profissional, o cumprimento de suas metas no prazo, na qualidade e nos custos convenientes, na obtenção dos resultados esperados concomitantemente com a coesão de todos com os princípios e fundamentos da nova postura da empresa.

A partir da remodelação do processo de gerenciamento da empresa, passa a ser dever preponderante em todas as suas chefias, mormente princípio **imposto** pelo primeiro escalão para os demais, propugnar por um ambiente saudável nas relações, de maneira que todas as ações que devam ser implementadas possam ser discutidas, criticadas — e até **contestadas!** — pelas pessoas que sofrerão suas conseqüências, de qualquer nível, sem receios. Isto requer um exercício muito grande de democracia, pois a maioria dos chefes e líderes não têm condição, por incompetência ou falta de conhecimento e falta de domínio da situação interna, de confabular com seus parceiros mais imediatos e discutir as idéias, entabulando um regime de participação total tanto nas ações, quanto na distribuição do mérito dos resultados. No novo modelo proposto, isto é condição *sine qua non* para o sucesso do empreendimento, pois cria um ambiente de salutar envolvimento entre parceiros, de modo que a parte mais fraca — os empregados! — se sinta segura de que, em nenhum momento, será pega de surpresa com alguma decisão intempestiva da outra parte — os patrões! O que as empresas fazem ainda hoje é deixar que os sindicatos exerçam esse papel, e perdem a oportunidade de diálogo com quem mais contato tem com os produtos e serviços que oferecem aos seus clientes externos. Deve-se, inclusive, incentivar a discussão dos assuntos, solicitando a opinião dos envolvidos, acatando-as quando forem a melhor alternativa, ou dizendo-lhes claramente que a sua — deles! — alternativa é boa, porém ou a empresa não está, por diversas contingências, em condições de assumi-la, ou tem uma melhor, mas que, de qualquer maneira, a alternativa apresentada poderia vir a ser utilizada noutro momento. Um dos fatores de maior motivação de equipe é reconhecer que o parceiro teve uma idéia melhor e que a mesma será aproveitada.

É necessário se impor a cada chefia ou liderança dentro da empresa que as frases-chave de antigamente, tipo "**eles querem assim, por isso vamos fazer assim**", já estarão mortas e enterradas, e, em nenhum momento, serão retiradas desse lugar, do cemitério em que estão! É necessário que os escalões superiores sejam os apologistas da responsabilidade e dos méritos distribuídos: qualquer erro é de todo mundo, inclusive chefias, qualquer acerto é de todo mundo, mesmo das chefias. É necessário cada chefia entender esse princípio, e compreender que os erros podem e devem ser evitados, e se ele tiver um bom domínio da situação interna de sua equipe, não como vigia de seus membros, mas num regime de confiança mútua, de parceria em que cada um cumpra a sua parte, sabendo o que se espera dele e auxiliando o companheiro ao lado que estiver mais devagar, o objetivo a alcançar vai ser conseguido com mais rapidez e muito menor custo. Nesse aspecto, a chefia ali estará apenas como apoio, como o cérebro coordenador das atividades, e deve fazer o possível para apenas não atrapalhar: assim é que os erros são de todos, inclusive e principalmente das chefias, e os acertos devem ser creditados totalmente às equipes. A chefia que conseguir se eximir de assumir os méritos pelos resultados de sua equipe, terá chegado a um nível alto de maturidade profissional. Isto porque, ao assumir seu posto de comando, ele deve ter em mente, principalmente, que ali estará na condição de uma pessoa que obrigatoriamente terá tido oportunidade maior que os demais de ter mais conhecimento e, assim sendo, só lhe restará como alternativa de sucesso seu próprio e da empresa, se colocar esse seu manancial de conhecimentos à disposição da equipe: ensinar tudo, sem receios, será o melhor caminho para o desenvolvimento da equipe e o alcance de resultados.

É necessário que cada chefia ou liderança reconheça que, por parte de sua equipe, por mais que haja um trabalho de planejamento e prevenção contra erros, ainda assim, devido à condição humana de ninguém ser um autômato, acontecerão ainda alguns, cometidos sempre por quem tentar **fazer**, e devem ser estimulados, para acontecerem, mas cada vez **menos**. Erros devem ser fontes de aprendizado e de prevenção para o futuro, e não instrumento que é comumente usado para chantagem, para dissimulação, para manipulação ou como carta guardada na manga para utilização numa oportunidade mais conveniente. A primeira pergunta que uma chefia deve fazer ao constatar um erro é **"onde foi que eu errei, e como não cometer mais o mesmo tipo de erro?"** Por que é erro da chefia, que deve assumi-lo? Simples, porque se algum erro for cometido pela equipe, normalmente terá sido um erro provocado pela própria chefia, principalmente o erro de não ter clareado direito suas funções, não ter prevenido os riscos da operação, não ter alertado para os cuidados no processamento. É muito comum nas empresas a chefia cobrar da equipe um desempenho acima de seus limites, sem considerar que, primeiramente, não ensinou adequadamente ou não treinou convenientemente cada membro em sua tarefa. Então, a segunda pergunta é **"será que minha equipe está suficientemente treinada?"** Normalmente, não está. E se estiver, será que a chefia estará se preocupando em acompanhá-la, em procurar evoluí-la junto com o passar do tempo, — a concorrência estará a mil por hora, para andar na frente e ser a primeira do mercado! — em desenvolver novos métodos, em reestudar processos e retreinar, em rediscutir tarefas, em enriquecê-las? Os erros devem ser abertos à discussão e para lição da equipe, sem menosprezo por quem quer que seja, principalmente por quem errou: se não houver a liberdade de se expor, de criticar e de definir soluções e correções, por parte da própria equipe, sem medo de retaliações e zombarias depreciativas e medíocres, haverá sempre a dissimulação de erros e a manipulação de resultados.

Isto tudo, a princípio, parece filosofia demais com pouco sentido prático. Assim, superficialmente, parece até um discurso fácil. Na verdade, não o é. Só com o tempo, com o exercício pleno dessa democracia gerencial, mais uma vez com a **imposição** do escalão principal, com o apoio deste, a organização vai se moldando e se sentindo segura de que o caminho é por aí mesmo: há de se ter muita maturidade, no princípio, para ouvir e depurar, principalmente críticas injustas, mas críticas há de se ter sempre, infundadas, às vezes.

Só com decisões anteriormente muito discutidas e criticadas se chega a uma boa solução, e, para isso, será necessário observar alguns princípios fundamentais de convivência e harmonia dentro da empresa.

Acreditar nas pessoas: normalmente, em qualquer empresa, a tendência é de se acreditar em **algumas** pessoas, que se tornam os porta-vozes e os informantes, principalmente após o expediente. São pessoas que freqüentam as casas das chefias ou lideranças, principalmente das gerências, no intuito de apenas lhes repassar, por via extra-oficial o que vai pelo ambiente de trabalho. É muito comum, nesse ambiente, um colaborador, ou uma chefia, ou um líder chegar no outro dia de trabalho e ser cobrado por alguma coisa que sequer está sabendo ter acontecido, pois o informante já repassou à chefia logo acima: trata-se de um sistema danoso e desmotivador, pois toda a equipe se ressentirá disso e, num sistema moderno de administração, não poderá ser tolerado. Acreditar nas pessoas significa que elas foram muito bem escolhidas e **todos**, sem exceção, são merecedores do mesmo nível de confiança; desestimar preferências pessoais de tratamento, procurando abordagem igual para com todos; acreditar que as pessoas estão falando a verdade, até prova em contrário, mas não perdoar a mentira e a dissimulação; não faltar com a verdade para com a equipe, e exigir o mesmo dela.

Desestimular "recados": é muito comum, na maioria das empresas, uma chefia ou liderança necessitar conversar um pouco mais duro com um membro de sua equipe e não ter coragem de o fazer. A opção mais comum tem sido chamar uma terceira pessoa e chamar-lhe a atenção, até com veemência, mas num assunto referente à pessoa ao lado, para ver se a carapuça serve; outras vezes, chama-se um amigo do faltoso e se lhe pede passar para o "fulano" a mensagem, com o recado clássico **"eu estou evitando falar com ele, porque**

poderia tomar uma atitude mais drástica". Nada pior do que isso! Demonstra, antes de tudo, uma incapacidade clássica de assumir seu posto de comando, um despreparo total para ali estar, e o resultado não poderia ser pior: nenhum! Quem cometeu a falta continuará impune do mesmo jeito, e continuará a cometê-la mais vezes, com a mesma sem-cerimônia de antes, com a complacência da chefia e de todos os colegas de equipe. Assim, as críticas devem ser sempre feitas, mas, obedecendo-se a quatro princípios básicos, para que ela seja construtiva: a) **na ocasião oportuna**: é aquela ocasião em que ela possa produzir seus melhores efeitos, e ficar marcada indelevelmente na memória do faltoso de maneira que, de outra vez, ele vá se lembrar dela e não cometer a mesma falta ou o mesmo tipo de erro; nem sempre a ocasião oportuna é a primeira que aparece: o líder ou chefe deve levar em conta que o efervescer de uma crise não é a ocasião mais oportuna de se levar a efeito uma chamada de atenção ou uma crítica; há casos em que se aguarda até um ano, para se chamar a atenção de alguém, mas se tirou sempre o melhor proveito na oportunidade; b) **da forma correta**: é a forma mais conveniente para que a pessoa depreenda de uma maneira clara, aquilo que lhe está sendo dito; nem sempre uma crítica ou chamada de atenção em altos brados é a forma conveniente; deve-se levar em conta que as pessoas que estão trabalhando, muito bem escolhidas, por sinal, são pessoas educadas, que gostam de ser tratadas como gente educada; altos brados são a forma conveniente de chamar a atenção de bois e outros animais irracionais, que muitas vezes, por assim o serem, não nos conseguem transmitir sua discordância com tal tratamento; a forma correta leva, acima de tudo, uma grande dose de educação para se promover a uma crítica objetivando efeitos mais duradouros; às vezes, ela deve ser pesada o bastante para surtir efeitos, mas com educação; c) **com a pessoa certa**: quer dizer, não adianta nada promover uma crítica a uma atitude ou ato de uma pessoa, falando com seu vizinho; não se estará passando da institucionalização da fofoca; através deste instrumento, muitos administradores têm gerado um ambiente de desconforto e desconfiança no meio de sua equipe, simplesmente por não ter a coragem de, cara a cara, sozinho, conversar abertamente com seu parceiro ou seu colaborador; uma crítica pessoa a pessoa é a melhor forma de chegar a bons resultados e evitar o ambiente de intrigas e fofocas; d) **no lugar conveniente e certo**: a tendência natural para alguém chamar a atenção de outro é com um teatro como platéia; não se pensa, nessa hora, que o erro foi cometido por alguém que estava tentando fazer alguma coisa; não se pensa que qualquer membro da platéia, embora no momento possa até gostar de ver aquela impecável atuação do chefe-ator, se imagina, daí a pouco, na posição daquele que está levando aquela carraspana: simplesmente gera um ambiente de intranqüilidade, de medo de errar, e, naturalmente, mais erros serão cometidos, mas serão escondidos, para não serem objetos da humilhação que presenciaram; uma crítica ou chamada de atenção tem de ser feita discretamente, de maneira que só o interessado saiba dela, o que não impede que o **erro**, e apenas ele, seja discutido com a equipe, de modo a preveni-lo no futuro.

Ouvir: uma organização que se preze, e que se imagine num ambiente de futuro, projetando-se para ele, deve pensar em abrir espaços para ouvir, principalmente os níveis mais baixos, que se ressentem de não terem a quem se expressar, senão através da **hierarquia**; quem sabe o que acontece, principalmente dentro de uma fábrica, é o pessoal de chão de fábrica, o último escalão; quem está em contato direto com todos os produtos e serviços oferecidos ao cliente externo, — razão de ser de toda a empresa! — é o pessoal de chão de fábrica; portanto, quem deve ser tratado com maior carinho e educação é o pessoal de chão de fábrica; que quer, na maioria das vezes, apenas ser ouvido e ser levado em conta; é claro que se deve estar preparado para uma minoria que tentará deturpar todo esse processo de *escuta*, mas isso é normal, e o bom administrador, com pouquíssimo tempo, saberá expurgar esses excessos. A razão de tantas dificuldades com sindicatos, é que os líderes não dão atenção e não ouvem e não levam em conta o pessoal de chão de fábrica, e este terreno é por demais explorado pelos sindicatos. Não existe razão para não ouvir, com toda a alegria e atenção, aquele que está envolto, nas oito horas diárias que passa dentro da organização, com a maior fonte de riquezas que a empresa tem: o seu próprio produto! Como não confiar em quem é responsável pelo que de melhor pode acontecer dentro de uma fábrica? Se não, então não haverá razão para a própria empresa existir, se não se puder confiar em quem é o responsável por entregar, em nome da empresa, o produto ao cliente! E esse pessoal quer tão pouco, é uma irresponsabilidade fechar-lhe o acesso a ser ouvido, que é o mínimo que se pode fazer por ele: uma empresa projetada para o futuro deve ter em cada colaborador um agente multiplicador de entusiasmo e confiança, sem dúvida um integrante do **time**, e, para isso, deve provocar oportunidade, constantemente, de ouvir o que ele quer, o que ele sente.

Trabalhar a motivação e alegria: ninguém, em qualquer nível da empresa, deve ir para seu ambiente de trabalho como se estivesse indo para um patíbulo ou para a forca, ou para um matadouro, para ali ficar pendurado, passando suas oito horas diárias de trabalho mal remunerado; por ser um ambiente salutar no tratamento com as pessoas, todos devem sentir, mesmo fora dali, falta de estar no ambiente de alegria e companheirismo que é seu ambiente de trabalho. Para isso, com suas lideranças muito bem escolhidas, deve-se lembrar que todos os colaboradores, de qualquer nível, têm seus problemas particulares, que afetam emocionalmente sua vida, e talvez até seu trabalho; neste vão sempre encontrar um lugar e as condições propícias para, prestando sua colaboração, com outros companheiros que também têm seus problemas particulares, superar suas dificuldades, por meio de uma relação de amizade e de confiança. Assim, todos, ao se dirigirem ao trabalho, devem sentir orgulho de laborar na empresa, que lhes propiciará condições pelo menos higiênicas de sobrevivência: não estar trabalhando e pensando em problemas deixados para trás: assistência à sua família, alimentação, educação e saúde, principalmente. A empresa deve estar voltada, dentro do fundamento de projeção para o futuro, a que todos os colaboradores, — **todos!** — sejam passíveis de serem promovidos a uma posição melhor, não para lhes dar um melhor salário, em princípio, mas para lhes propiciar uma condição de prestar serviço mais aprimorado e de maior importância; o acréscimo de salário deve ser conseqüência direta do melhor serviço prestado, e não pode ser nunca a razão da promoção!

Justiça nas decisões: a maioria das empresas, em especial as de formação familiar, ainda teima em tomar decisões movidas pela emoção e pelo calor dos acontecimentos: são decisões pouco pensadas e pouco elaboradas, sem levar em conta que o executivo ou o líder foi preparado para ter sangue frio nas ocasiões mais tempestuosas possíveis, e se esquece ou passa por cima dessa premissa, nas ocasiões difíceis. Normalmente, ao se tomar uma decisão precipitada, no mínimo ela vai estar eivada de vícios e erros banais, que terão de ser corrigidos mais tarde, mas a pior conseqüência é a injustiça causada e que gera seqüelas por longo e longo tempo. No campo das relações humanas, as decisões emocionais levam, invariavelmente, a injustiças e erros. Além disso, há as injustiças conscientes, feitas às avessas, ou seja, sendo injusto a mais para alguns e injusto a menos para outros: privilegiando os amigos e prejudicando os "inimigos". Numa empresa projetada para o futuro, esse tipo de comportamento é completamente inaceitável, pois se existir alguma oportunidade, ela terá de ser igual para todos, sem distinção; cada pessoa deve ter confiança plena na posição e na decisão das chefias ou lideranças, por saberem que um critério bem definido e justo foi e será sempre levado em conta para as decisões. E será sempre o mesmo critério, justo e imparcial, não importando quais as pessoas que estarão sendo beneficiadas ou prejudicadas por ele.

* * * *

Empresa pode não ser algo muito tangível, pode ser apenas uma idéia, uma estratégia, um posicionamento. Empresa é um domínio de situações, é um abraçar de causas e efeitos, com o fito de cobrar dos clientes a facilitação e a melhoria de suas vidas, conseguindo até a consecução de seus sonhos mais íntimos.

Empresa é a representante de Deus para criar facilidades para o homem viver melhor. Trabalhar numa empresa, em qualquer de seus níveis, é estar com o pensamento voltado para Deus, para dar oportunidade à sua criação maior — o homem! – de se desenvolver à imagem Dele!

CAPÍTULO 11

> "Se assim foi, assim pôde ser; se assim fosse, assim poderia ser; porém, como não é, não é. Isso é lógica."
>
> *Lewis Carroll*

Conclusões

O administrador competente deve se lembrar sempre de que o mundo é feito de homens estereotipados de três maneiras diferentes: a) há aqueles que sabem que o bonde vai passar: eles se preparam para isso, sabem exatamente a hora, a velocidade e para onde ele irá; b) há outros que vêem o bonde passando: não sabem por que, para onde vai, para quê vai; c) há ainda alguns que ouvem dizer que o bonde passou: não sabem onde, nem quando, não sabem nem que o bonde existe. O bom administrador sempre estará classificado como um dos que sabem que o bonde vai passar, e esperam por ele, e o tomam, indo aonde quiserem ir, com o mínimo de dificuldade.

* * * *

Como lembrete último, para ser levado em conta sempre pelos administradores e gerentes de organizações em busca da competência absoluta: há sempre um incompetente batendo à sua porta; não o deixe entrar na sua empresa; se ele, por algum meio ludibriá-lo e conseguir entrar, não o promova; aos primeiros sintomas de demonstração de incompetência, não tenha dó dele: mande-o embora imediatamente! Caso contrário, você estará começando a decretar o fim de sua empresa!

> "Quem julga pelo que ouve e não pelo que sabe, é orelha e não juiz."
>
> *Quevedo*

> "Não devemos esperar pela inspiração para começar qualquer coisa. A ação sempre gera inspiração. A inspiração quase nunca gera ação."
>
> *Frank Tilbot*

> "Se A é o sucesso, então é igual a X mais Y mais Z. O trabalho é X; Y é o lazer; e Z é manter a boca fechada."
>
> *Albert Einstein*